U0723346

童年到成长

1926 年，杨振宁于合肥留影
（杨振宁提供）

1927 年前后，杨振宁与母亲罗孟华于合肥留影（杨振宁提供）

1927 年，杨振宁与父亲杨武之、母亲罗孟华于厦门留影（杨振宁提供）

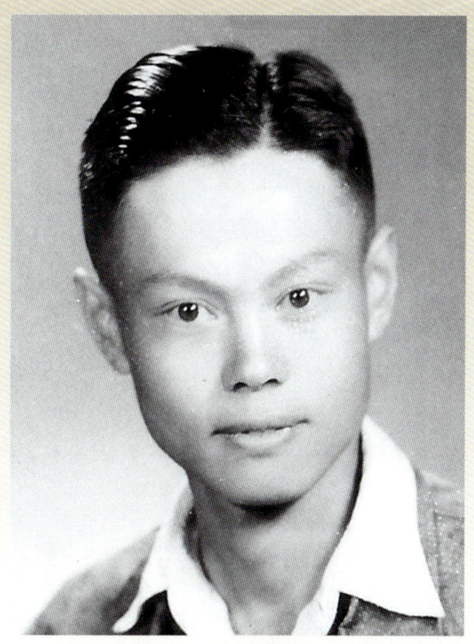

1944 年，杨振宁于昆明留影（杨振宁提供）

1938 年 2 月，于汉口留影。
后排左起：堂兄杨振声、杨振宁。
中坐者左起：父亲杨武之、母亲罗孟华、堂姐杨振华。
前排左起：二弟杨振平、五弟杨振复、妹妹杨振玉、三弟杨振汉（杨振宁提供）

成家

1947 年的杜致礼（杨振宁提供）

1949 年秋，杨振宁于美国费城留影（杨振宁提供）

從天而頌之，孰与制天命而用之

荀子天论

振寧致礼嘱

胡適

20 世纪 50 年代初胡适书赠
（杨振宁提供）

1950 年 8 月 26 日，杨振宁与杜致礼在普林斯顿结婚
（杨振宁提供）

胡适的书赠后来挂在杨振宁香港中文大学的办公室里（江才健摄）

20 世纪 90 年代初，杨振宁在香港中文大学的办公室里（江才健摄）

20 世纪 50 年代后期的杨振宁（杨振宁提供）

1955 年夏天，杨振宁与杜致礼于旧金山留影（杨振宁提供）

1957 年,（左起）杨武之、杨光诺、杜致礼、杨振宁于日内瓦留影，这是杨振宁和父亲第一次在日内瓦团聚时的合影（杨振宁提供）

1962 年，华裔大数学家陈省身（左）和杨武之（右）于日内瓦留影（杨振宁提供）

1966 年夏天，杜致礼和杨振宁于普林斯顿住宅留影（杨振宁提供）

1967 年感恩节，于家中留影。左起：次子杨光宇、杜致礼、长子杨光诺、女儿杨又礼、杨振宁（杨振宁提供）

1978 年，杨光宇（左）、杨振宁和杨又礼（右）于北京北海公园留影（杨振宁提供）

1983 年，杨振宁与母亲罗孟华于香港中文大学教师宿舍十一苑留影（杨振宁提供）

1993 年 11 月，杨振宁与杜致礼于西班牙托莱多留影（杨振宁提供）

1994 年 8 月，杨振宁和杜致礼于长城留影（杨振宁提供）

1994 年 6 月，杨振宁和杜致礼于日本箱根“雕塑之森”亨利 · 摩尔作品前留影（杨振宁提供）

1996 年 10 月，杨振宁和杜致礼于印度泰姬陵前留影（杨振宁提供）

1997 年 5 月，于杨振宁石溪家门前留影。杨振宁（右三）与太太杜致礼（右四）、杨振平（右一）与太太史美（右二）、杨振汉（左四）与太太谭茀芸（左一）、杨振玉（左三）与丈夫范世藩（左二）（杨振宁提供）

2000 年 4 月，杨振宁和杨振平（中）、杨振汉（右）于昆明西北郊龙院村老家门口留影（杨振汉、谭茀芸提供）

2000 年 10 月，杨振宁和杜致礼于云南丽江留影（杨振宁提供）

2006 年，杨振宁与翁帆在青海（杨振宁提供）

2009 年，杨振宁与翁帆在台湾新竹县内湾（杨振宁提供）

2009 年，杨振宁与翁帆在香港沙田（杨振宁提供）

2011 年，杨振宁与翁帆在纽约大学石溪分校住所（杨振宁提供）

2018 年，杨振宁与翁帆同杨振宁的大儿子杨光诺（左三）、小女儿杨又礼（左二）和次子杨光宇（左一）同游三峡大坝（杨振宁提供）

1992 年，杨振宁于天津留影，背景是他的画像（江才健摄）

1993 年 8 月 19 日，于澳门大炮台（又名三巴炮台）留影（杨振宁提供）

1993 年，杨振宁于吉林长白山留影（杨振宁提供）

1993 年 7 月，杨振宁于台湾阿里山附近留影（杨振宁提供）

1995 年，杨振宁在厦门日光岩留影，他于 1929 年在同一地点拍过照片（杨振宁提供）

2000 年 4 月，杨振宁在云南丽江远眺云山（江才健摄）

生日庆会

1982 年，吴大猷（右）参加杨振宁六十岁生日庆祝宴会前合影（杨振宁提供）

1992 年，于香港中文大学的杨振宁七十岁生日晚宴上留影。台上的讲话者是冼为坚。坐着的左起：吴大猷、杨振宁、利国伟（杨振宁提供）

杨振宁的儿时玩伴熊秉明 1992 年写的立轴与对联（杨振宁提供）

杨振宁对熊秉明的艺术工作十分推崇（江才健摄）

清华大学于 2002 年 6 月 17 日为杨振宁教授八十岁寿辰举行晚宴的会场（杨振宁提供）

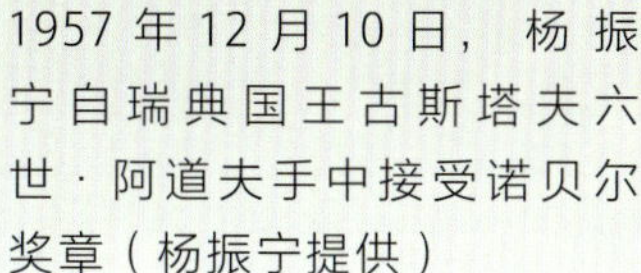

1957 年 12 月 10 日，杨振宁自瑞典国王古斯塔夫六世·阿道夫手中接受诺贝尔奖章（杨振宁提供）

杨振宁和杜致礼在 1957 年诺贝尔颁奖宴会后共舞（杨振宁提供）

1957 年 12 月 10 日，杜致礼与瑞典国王古斯塔夫六世 · 阿道夫于斯德哥尔摩留影（杨振宁提供）

杨振宁 1957 年获得的诺贝尔奖章与奖状（杨振宁提供）

1986 年，美国总统里根（右）授予杨振宁美国国家科学奖（杨振宁提供）

2001 年 2 月 16 日，杨振宁在利雅得的费萨尔国王国际奖颁奖典礼上演讲
（杨振宁提供）

杨振宁获得的 2000 年沙特阿拉伯费萨尔国王国际奖的奖章和奖状（杨振宁提供）

2001 年 2 月 16 日在费萨尔国王国际奖颁奖典礼上，左起：杨振宁、费萨尔国王基金会的总裁哈立德 · 阿 · 费萨尔王子、王储阿卜杜拉、英国王储查尔斯王子（杨振宁提供）

杨振宁和李政道（左）早年在学术上合作密切、情逾兄弟（普林斯顿高等研究院档案馆提供）

1961年前后，当时均在普林斯顿高等研究院的派斯（左一）、李政道（左二）、杨振宁、戴森（右一）的一张历史合影（杨振宁和A. 理查兹提供）

摄于 1963 年 11 月。左起：陈省身、拉比、戈德伯格、杨振宁（杨振宁提供）

1986 年，杨振宁于石溪办公室内留影（杨振宁提供）

1981 年，杨振宁于石溪的研讨室中留影（杨振宁提供）

1999 年，杨振宁正式退休以后，石溪的理论物理研究所改名为杨振宁理论物理研究所（江才健摄）

2002 年 6 月，施泰因贝格尔与杨振宁于清华大学留影（杨振宁提供）

2002 年 6 月，盖尔曼和杨振宁于清华大学留影，盖尔曼是最早提出夸克的著名理论物理学家（杨振宁提供）

1998 年 5 月 20 日，香港中文大学授予杨振宁荣誉理学博士学位，左起：李国章、杨振宁、何文汇（杨振宁提供）

2000 年 11 月，杨振宁（左）与教皇约翰·保罗二世（右）于梵蒂冈留影（杨振宁提供）

2015 年 3 月，杨振宁与翁帆在台湾大学荣誉博士学位颁授式上（杨振宁提供）

2017 年，清华大学庆祝杨振宁九十五岁会议上，杨振宁与诺贝尔物理学奖得主朱棣文（左一）谈话，中坐者为翁帆（杨振宁提供）

杨振宁与翁帆在庆祝杨振宁九十五岁会议上（杨振宁提供）

2019 年，杨振宁在北京举行的科学探索奖颁奖典礼上讲话（杨振宁提供）

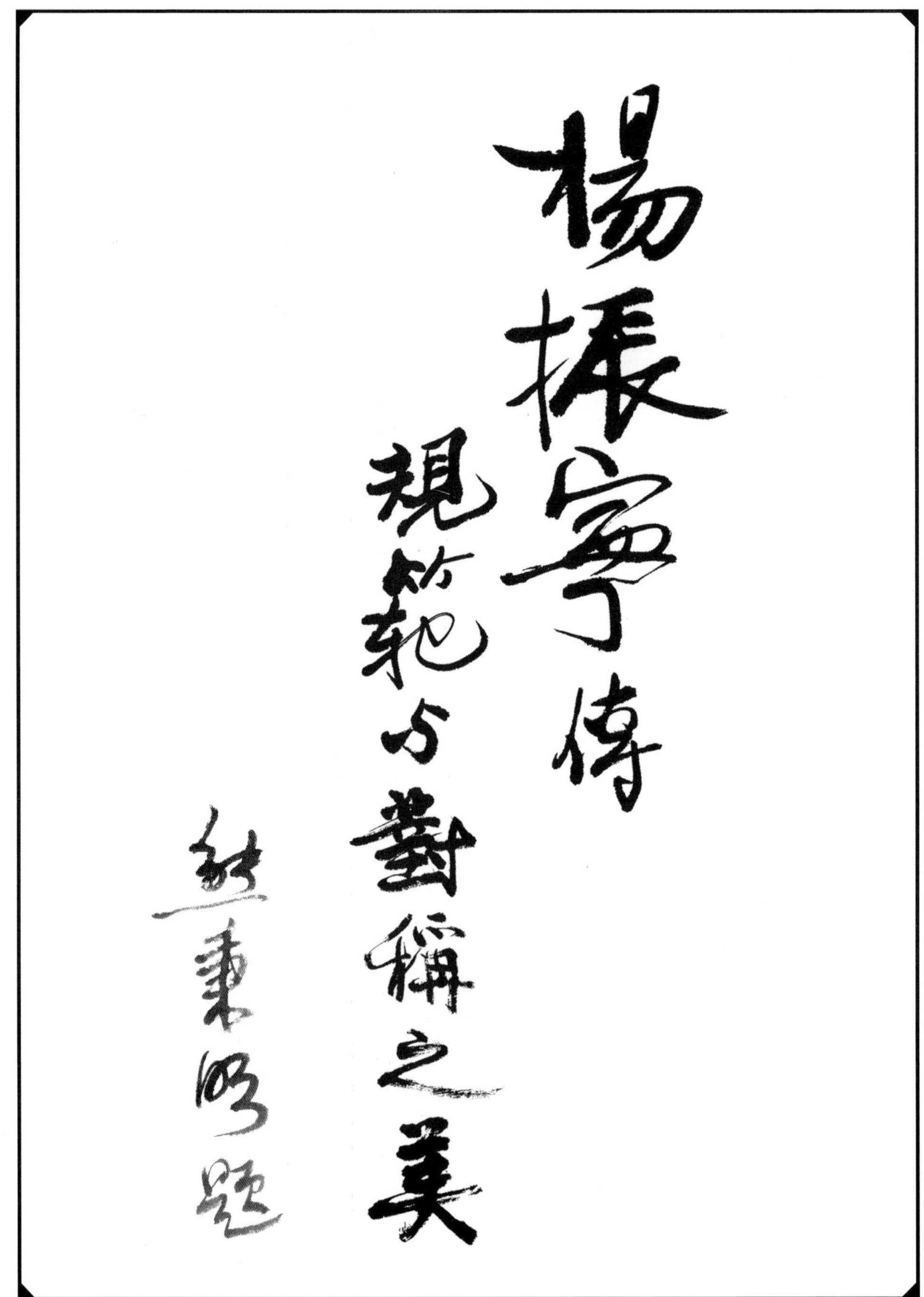

熊秉明先生为本书题写的书名——编者注

楊振寧傳

規範與對稱之美

江才健 著

后浪

贵州出版集团
贵州人民出版社

图书在版编目（CIP）数据

杨振宁传：规范与对称之美 / 江才健著. -- 贵阳：贵州人民出版社, 2022.10

ISBN 978-7-221-17200-6

Ⅰ. ①杨… Ⅱ. ①江… Ⅲ. ①杨振宁－传记 Ⅳ. ①K837.126.11

中国版本图书馆CIP数据核字(2022)第153485号

著作权合同登记图字：22-2022-043号

杨振宁传——规范与对称之美

YANGZHENNING ZHUAN—— GUIFAN YU DUICHEN ZHIMEI

江才健 著

出 版 人：王 旭
筹划出版：银杏树下
出版统筹：吴兴元　　编辑统筹：杨建国
责任编辑：王潇潇 汪琨禹　　特约编辑：谢 霄 赵 晖
装帧制造：尬木
出版发行：贵州出版集团 贵州人民出版社
地　　址：贵阳市观山湖区会展东路SOHO办公区A座
印　　刷：北京盛通印刷股份有限公司
版　　次：2022年10月第1版
印　　次：2022年10月第1次印刷
开　　本：787毫米×1092毫米 1/16
印　　张：28.25
字　　数：374千字
书　　号：ISBN 978-7-221-17200-6
定　　价：98.00元
官方微博：@后浪图书　　读者服务：reader@hinabook.com188-1142-1266
投稿服务：onebook@hinabook.com133-6631-2326　　直销服务：buy@hinabook.com133-6657-3072

江才健 2002 年出版的《杨振宁传》是一本有深度、有文采的好书。

十多年过去了，现在补上一章，

增加一些相片，重新出版，

我认为是极好的事。

杨振宁

2020年7月31日

1992 年，杨振宁与江才健（右）合照于山西太原（江才健提供）

/ 再版序 /

《杨振宁传》是2002年出版的，迄今已有18年时间，对于杨振宁在科学上的历史评价，《杨振宁传》已做了完整的表述，无须添足。在繁体版出版之后9年，大陆出版了简体版，繁简体两个版本的出版相隔了9年，个中有些缘由。而这9年当中，杨振宁的生活有较大的改变，因此简体版曾经加过一个后记，对那段时间杨振宁的一些行止，稍做些补足。这回繁体版再次发行增订改版，则加了一个特别的篇章《再版后记：东篱归根》，它不只是杨振宁这18年来的行止，更有对杨振宁在物理科学历史上的地位的一个总体评价。

对于18年后《杨振宁传》的再版，因应时代的变迁，或可以多说几句话。一般都知道，杨振宁是一位诺贝尔奖得主，但是杨振宁与李政道同得诺贝尔奖的“宇称不守恒”的工作，并不是他在科学历史上最有贡献的工作，在那项工作之前杨振宁所做的“杨–米尔斯规范理论”，早已被世界公认是20世纪第二次世界大战之后最重要的理论工作，简单来说，如果和“杨–米尔斯规范理论”相比较，“宇称不守恒”在物理科学上的探索深度和在科学历史上的重要性，都相去甚远。

苏联时代有位十分杰出的理论物理学家朗道，他不仅本身的科学成就杰出，对苏联、俄罗斯的物理科学以及学术传承都有很重要的贡献。朗道在 1962 年遭遇了一次严重的车祸，伤及脑部，尔后不能从事物理工作，但是由于他在理论物理方面早有杰出成就，当年就获颁诺贝尔物理学奖。

朗道在 1968 年去世，除了在理论物理方面的许多重要工作，还留下一个所谓的“朗道尺度”，是一个衡量科学家的标准。根据这个“朗道尺度”，一般认为牛顿、麦克斯韦与爱因斯坦是顶级的跨世纪的伟大物理学家，第一级的世纪大科学家则包括费米、狄拉克、杨振宁与费曼等人，再下来一级则是包括诺贝尔奖得主在内的物理学家。

杨振宁跻身如此大科学家行列，主要原因就是他的“杨-米尔斯规范理论”的理论成就。1994 年杨振宁因“杨-米尔斯规范理论”成就获得美国地位崇隆的鲍尔奖，鲍尔奖的颁奖颂词说，“‘杨-米尔斯规范理论’的重要，可以与麦克斯韦与爱因斯坦相提并论”。当然杨振宁在国际物理学界受到普遍推崇的道理，不只因为“杨-米尔斯规范理论”，也来自他半个世纪物理工作所展现的深邃精简的美妙风格。

在物理科学的领域，一般公认 20 世纪有三位极为杰出的理论物理学家，他们的理论工作都展现出精简美妙的数学风格，这三位理论物理学家当中最年长的是爱因斯坦，爱因斯坦之后公认风格最像爱因斯坦的是英国大物理学家狄拉克，而狄拉克之后风格最像狄拉克的就是杨振宁。

许多人或许未必清楚，爱因斯坦虽说是公认的 20 世纪最伟大的物理学家，但是他晚年的工作重心却不在当时物理科学的主流大潮之中。原因是爱因斯坦对于 20 世纪 20 年代发展大起而蔚为风潮的量子力学，一直抱持怀疑态度，认为那不是一个完备的理论。因此许多年轻的物理学家甚至认为，爱因斯坦在晚期失去了他原有的物理眼光，落入自我封闭的执念之中。

一向对爱因斯坦的科学视野十分赞叹的杨振宁，在科学生涯的后期，也有类似于爱因斯坦的情形，对于基本理论物理科学的晚近走向，杨振宁也有着针对其根本完备性的质疑。虽说他由物理现象出发，从数学完备性推演而得到的“杨-米尔斯规范理论”，对于近几十年的理论物理的核心理论具有关键的贡献，但是杨振宁却因着一种思想完备性的直观视野，质疑这些理论，认为其对于宇宙结构认知有瑕疵，甚或是误谬。

其实杨振宁对于近代物理理论的质疑，启始甚早，在他得到诺贝尔奖 4 年之后，年方 39 岁的杨振宁于麻省理工学院 100 周年庆的讨论会上，就发表了《物理学的未来》，对于近代物理科学基于一些简近方式所累聚的思想进程提出质疑，也对于人类认知宇宙的智能局限，提出警示。2015 年，杨振宁在新加坡的量子力学 90 年会议上，发表《物理学的未来：重新思考》，为他 54 年前的物理思考再续新篇。我认为，杨振宁的这些思考，将会是物理科学历史中的不朽文献。

也因着这种对于物理科学理论根本性质的思考，近 40 年来，杨振宁对于基本物质结构现象学探究的大潮流，一直持着审慎质疑的态度，对于如此探究物质基本结构的主流实验工具大型粒子加速器，不只是不甚热衷，甚至要反对其事，这造成他一再反对中国建造大型加速器的计划，引起一些物理学同侪的不快与批评。我在新版的《再版后记：东篱归根》中也对此做了讨论。

一般认为，如果要举出当今在世的影响最深远的理论物理学家，杨振宁必然要列名居先，现今九八高龄的杨振宁，虽说因年岁而有不可避免的生理衰退，但智虑清明、思绪敏锐，他的思想视野，特别不同于一些西方顶尖科学家，是根植于深厚的中国文化传统的，其作出的对于近代科学宇宙思维的典范评价，应该是杨振宁在近代科学历史中最为深远的贡献。

江才健

2020 年 7 月 22 日　中国台北

/ 以诗代序 /

爱翁初启几何门
杨子始开大道深
物理几何是一家
炎黄子孙跻西贤

陳省身

注：爱因斯坦的广义相对论将物理释为几何。规范场论作成大道，令人鼓舞。
[本诗作者陈省身为 20 世纪的数学大师，1984 年沃尔夫奖（Wolf Prize）得主。]

“始开大道深”的杨振宁演说时的神情（杨振宁提供）

楊振寧傳

規範與對稱之美

目　录

有人说，

一个人的生命长短不应用年份来度量，

而应历数他所经历过的成功事业。

——杨振宁

第一章

去来中国情

1971 年 8 月 4 日杨振宁在南口长城上远眺，感受中国文化悠长传统，内心澎湃不已（杨振宁提供）

杨振宁记得很清楚，那是 1978 年的 8 月 19 日，一个星期六。那天晚上吃过晚饭以后，他由住的北京饭店走到附近天安门广场，那时虽然是夏天，但时间有点晚了，广场上没有什么人，天安门广场北边的紫禁城和四周巨大的建筑，都沉在夜色里，杨振宁在广场边上绕了一圈，心中很不痛快。[1]

杨振宁是 1971 年最早由美国到中国去访问的华裔科学家。当时中国还处于半封闭的状态，那一年美国国务卿基辛格密访中国之后，野心勃勃的尼克松总统正准备完成他的雄图大略，想要打开和中国这只沉睡狮子打交道的大门。杨振宁在尼克松第二年正式访问中国之前，率先公开访问中国。他顶着诺贝尔奖得主的桂冠，那时候在美国物理学界，他已经被公认是顶尖的几个理论物理学家之一。他回到中国，不只在华人科学界，就是在美国的科学界，也都成了一个非常具有象征意义的行动。

1971 年以后，杨振宁差不多每一年都来中国访问。他是中国最高领导人的座上嘉宾，中国媒体称颂他对祖国的伟大贡献，科学界人士也普遍对他极为敬重。

在这样一种地位崇隆、备受礼遇的情况之下，杨振宁会有不痛快的感觉，岂不奇怪？

杨振宁在1971年首度访问中国，看到离开26年之久的中国这些年的发展，印象非常深刻。1972年他又再到中国访问，一方面因为他的父亲，中国有名的数学家杨武之因糖尿病常年卧病在床，杨振宁负笈在美多年，无法随侍父母左右，为了父亲的健康，也为了心所向往的中国的发展，他自然是非常热心于回中国访问的。

1971年7月，杨振宁回到中国访问了一个多月。在这次访问中，他先到上海家里探望卧病的父亲以及家人，然后又访问了中国许多的地方，行程当中的一站是他的出生之地安徽省合肥市。

杨振宁在合肥访问时，住在专门接待外宾的稻香楼宾馆，那是一个在湖边的建筑。晚上，杨振宁在所住的稻香楼宾馆的房间墙上，看到毛泽东写的“为有牺牲多壮志，敢教日月换新天”的诗句。杨振宁看到这两句诗，想到他1945年离开昆明到美国留学，中国在这26年当中所发生的惊天动地的变化。当年非常破旧的合肥，如今已发展成为一个中等的工业城市。他想起几位多年老友，在国外念书学成后回中国建设祖国的努力；想到父亲几次在国外和他见面，说起祖国发展并要他回国报效的谆谆告诫，他心中的激动之情久久难以平息，对于自己对中国没有什么贡献，他有着一种难以言喻的罪疚之感。

几天之后，杨振宁到北京访问。中国科学院在北京饭店的顶楼举行了一个欢迎杨振宁的盛大宴会。当时中国科学界最著名的代表人物，像周培源、吴有训、竺可桢等杨振宁老师辈的人物，都等在大厅门口。杨振宁一走进大门，周培源就上前握着杨振宁的手说：“振宁啊，我们等了你好多年啦！”[2]

在那一天的晚宴上，杨振宁也做了公开的讲话。杨振宁面容上那种坚毅诚恳的神情，声音中有些许喑哑的嗓音，使得他总是情意真切、言词优雅的演说，更加有一种感动人的力量。杨振宁在那一次讲话中，特别提到他在合肥稻香楼宾馆房间墙上看到“为有牺牲多壮志，敢教日月换新天”诗句时内心激动的感触。那正是一个典型的杨振宁式的充满感情的演讲。[3]

影响杨振宁对中国印象更为真切的，恐怕是他和一些老友见面的经验。杨振宁在这些老友身上，看到了“为有牺牲多壮志”诗文的真实写照。

和杨振宁在西南联大时就相识的黄昆，是杨振宁年轻时代做学问和人生启蒙阶段最好的朋友之一，他们在昆明铁皮屋顶的教室里上课，在人声嘈杂的茶馆里论学议事。后来黄昆考上庚款留英，1945 年到英国去留学。黄昆在英国书念得很好，还跟当时英国著名的量子力学大师玻恩（M. Born）合写过一本书。1951 年黄昆学成立刻回到中国，后来成为中国半导体研究方面顶尖的代表人物之一。

黄昆在英国的时候认识了一位英国女孩里斯（A. Rhys），也是念物理的，两人还合写过一篇论文，感情很好。1951 年黄昆回到中国以后，里斯小姐在第二年也到中国和黄昆相聚结婚，后来就一直住在中国，也有了一个中国名字叫作李爱扶。

黄昆回到中国以后，中断了他原本做得非常杰出的科学研究，和几位中国的物理学家开始进行物理基础教育的工作，培养了几代年轻的物理学家，后来又倡议开始中国半导体的研究。

邓稼先是杨振宁从小一起长大的朋友，他们的父亲都是清华大学的教授，家里人也都认识，两人在北京念崇德中学的时候还是同学。1948 年邓稼先比杨振宁晚三年也到美国留学。邓稼先是自费留美，经费上十分拮据，他几乎可以说是在枵腹向学的情况下，只花了 11 个月就念完博士学位，拿到学位之后 9 天就坐上了回中国的轮船。后来邓稼先成为中国造原子弹和氢弹计划中几个最重要的领导科学家之一。

杨振宁 1971 年回到中国，中国还在“文革”当中，邓稼先这样顶尖的核武专家，虽然受到保护，但是后来“四人帮”也开始迫害到他们头上。杨振宁回到中国后，接待单位问他要见什么人，他就提到了邓稼先，这也使得邓稼先可以说是逃过了一劫。[4]

杨振宁在美国一直很注意中国的发展，1964 年 10 月 16 日中国成功试爆了第一颗原子弹，在《纽约时报》的报道中就提到了邓稼先是领导工作的科学家。杨振宁回到中国，知道中国对于做原子弹是保密的，所以并没有问邓稼先这方面的事情。

杨振宁访问将要结束，在由北京回上海之前，邓稼先送他到了飞机场。杨振宁临上飞机，突然回过头来问邓稼先说："稼先，我听说中国做原子弹计划，有一个美国人叫寒春（Joan Hinton）的参加了，是不是真的？"[5]

寒春是杨振宁在芝加哥大学的一个美国女同学，曾经跟随意大利裔的著名物理学家费米（Enrico Fermi）参加过美国的原子弹计划。她因为不满美国在第二次世界大战之后军事秘密研究的狂热发展，1948年就到中国延安等地参加中国共产党的活动，后来一直住在中国，往后大部分时间在农场从事乳牛的改良工作。但是在美国却一直流传着一种说法，认为寒春是出卖美国原子弹秘密给中国的间谍。[6]

邓稼先回到家里跟他的太太许鹿希说："今天在飞机场，振宁问了我一个问题，他问得真聪明，我是说也不是，不说也不是。"中国参加原子弹工作的科学家的情况，当时还没有解禁公开，因此杨振宁的问题确实让邓稼先左右为难。面对多年老友无法说出实情，邓稼先心中甚为不安。[7]

后来邓稼先向上面提出报告，由周恩来总理亲自批准让邓稼先如实告诉杨振宁。邓稼先于是连夜写了一封信，由于还得用繁体字，所以折腾了一个晚上，赶在第二天特别托人坐民航班机送到上海给杨振宁。

那封信送到上海的那天晚上，正好上海市"革命委员会"主任给杨振宁饯行。专人把这封信送给正在吃饭的杨振宁，杨振宁看了邓稼先的信，知道中国做原子弹的艰辛，知道中国是在完全没有依赖外人帮助情况下完成这一工作的，一时之间情绪激动难抑，热泪盈眶，立即起身告退到厕所里整理仪容。[8]

杨振宁当然知道，新中国的改造，并不只是靠黄昆和邓稼先，还靠着更多的千千万万个黄昆和邓稼先，这是一个世代一个世代的“为有牺牲多壮志”所造就的。

因此杨振宁 1972 年 6 月第二次回到中国，除了探望病情日益严重的父亲，还在北京做了 10 次演讲和座谈，这些活动延续了一个多礼拜之久。其中特别有代表意义的一次座谈是 7 月 4 日下午在北京饭店举行的“高能物理发展与展望”座谈会。在这个座谈会上，杨振宁独排众议，不赞成中国在那个时候建造高能量的加速器、全力发展高能物理实验研究的计划。这一个座谈会的记录，后来在中国科学界有一个“杨振宁舌战群儒”的名称。[9]

中国科学界的人士，在那个时候之所以会有建造高能量加速器的想法，一方面是中国在高能物理方面的发展比较落后，一方面也是认为中国这么大一个国家，应该要对人类的知识领域做出一些贡献，这其实有一点呼应毛泽东当时“中国应当对人类有较大贡献”这句话，而高能物理就是可以达到这个目的的一个科学领域。

从中国科学院原子能研究所做的座谈会记录来看，这个座谈会的发言是坦率而直接的，没有人因为杨振宁当时的贵宾身份而有所保留。

这个座谈会由当时的中国科学院原子能研究所副所长张文裕主持。张文裕是中国老一辈的相当有地位的物理学家，由英国留学回来以后，在西南联大还做过杨振宁的老师。1945 年杨振宁初到美国，又在普林斯顿大学和在那里做研究的张文裕见过面，张文裕那时和美国著名的物理学家惠勒（John Wheeler）有一项共同合作的工作，在物理科学上有“张氏辐射”之名，可惜未受到应有的重视。

在这个座谈会上，杨振宁一开始就不赞成中国要花上一亿美金的代价，去建造一个高能量的加速器。当时就有人质疑杨振宁说，难道中国就一直不要发展高能实验物理吗？

杨振宁的回答是：“中国去年的钢产量是 2100 万吨，可以等这个数字增加三倍以后再来讨论。这个数字是美国和苏联的六分之一，但是美国和苏联的人口是中国的三分之一。中国有很多别的事情要做，中国应当对人类有较大的贡献，但我不觉得应当就是在高能加速器方面。”[10]

参加座谈会的物理学家包括徐绍旺、汪容、何祚庥、严太玄、冼鼎昌等一些人，分别从中国发展高能物理需要时间培养，可以从小的、能量低的加速器做起，日本的高能加速器的发展经验，中国发展高能物理的战略目标，以及中国必须自力更生建立自己的实验基地等几个方向，挑战杨振宁的看法。

杨振宁显然对高能物理的发展已有他非常固定的看法，他对每一个人的挑战都有相当直接而明确的答案。他反问道：“如果有一亿美元，为什么不拿来造计算器，发展生物化学，培养更多的人才，而一定要拿来研究高能加速器？”他认为当时中国的物理人才还太少，由于“文革”，教育中断了，加紧培养更多的物理人才是更优先的要务。[11]

经过很长的近乎是辩论的谈话，杨振宁说：“我有个感觉，在座的有许多位赞成中国造大加速器，这是我没有预料到的。对我来说，这问题是很明显的，造贵的加速器与目前中国的需要不符合。我的想法也许是错的。但据我的观察，我相信，我的想法是对的。”[12]

在这个座谈会上，张文裕并没有发表多少意见。事实上张文裕是十分主张中国自己建造高能加速器的物理学家，而且就在那一年的秋天，由他领衔的十八位科学家联名给周恩来总理写了一封信，提出发展中国高能物理的建议。周恩来总理很重视这个建议并亲笔批示，随后就成立了高能物理研究所，张文裕被任命为第一任所长。[13]

杨振宁的物理研究工作范围非常广泛，在高能物理方面更是成就非凡，他得到诺贝尔奖的工作就是在这个领域，因此他对整个高能物理的发展有非常清楚的认识，也因而有着自己的一种不同于潮流的看法。对于高能物理在 20 世纪 70 年代以后走向一种唯象研究的发展方向，杨振宁事实上是不太满意的，他不但认为那不会是最后的解答，还认为虽然整个高能实验物理当时发展蓬勃，但是前景并不乐观。

因为有这样的一种看法，杨振宁自然认为当时经济能力十分有限、国家发展百废待举、人民生活还那样苦的中国，去发展高能物理，特别是花大钱去建造一个高能加速器，绝对不是优先要做的事情。

显然当时中国对于发展高能物理的兴趣非常之大，成立高能物理研究所以后，科学界虽然几经讨论和波折，但是朝向自己建立起一个有大加速器的高能物理基地的方向，却一直没有改变。

1978 年，那一年的春天中国召开全国科学会议。会议中决定了一个科学计划，中间有一百多项要做的科学项目。那个计划里面定出了一些大的题目，比如说宇宙的起源、生命的起源等，高能物理也是其中的一个项目，那是为了要探讨物质的基本结构。

杨振宁认为，那样的一个计划，只是反映了那时候中国对于发展近代科学缺乏经验和认识，而中国的科学家也只是拼命地强调自己那一门科学领域的发展，因而就制造出来这么一个漫无边际的、和中国当时的现实一点也扯不上关系的大政策，而高能物理是当时这些政策里头花钱最多的一个项目。[14]

1978 年 8 月，杨振宁到了北京。8 月 18 日的早上，熊向晖请杨振宁吃早饭。熊向晖曾经做过中国驻墨西哥的大使，也曾经做过周恩来总理的秘书。熊向晖在吃早饭的时候向杨振宁说，对于科学方面有什么建议，都希望杨振宁再提出来。

在那以前，杨振宁反对造加速器不成之后，他得知张文裕等人向周总理写了一封建议发展高能物理的信，而且又得到周恩来总理的大力支持。因此熊向晖在邀请他吃早饭的时候说出那样的话，令杨振宁相当地意外，因为熊向晖是代表政府的人，难道是政府里面还有其他的想法？这让杨振宁因为重燃起一线希望而感到有些振奋。

那一天早上 10 点半的时候，邓小平亲自和方毅到北京饭店来和杨振宁谈话。方毅那个时候是中国科学方面的总负责人，是国务院副总理，在科学政策的决定方面，可以说有一言九鼎的地位。邓小平和方毅跟杨振宁谈话之后，还请他吃午饭，当然杨振宁还是反对建造加速器的。因此吃完饭以后，邓小平就跟方毅说，杨教授还有没有讲完的意思，请你再跟他谈一谈。[15]

结果第二天下午 5 点钟，由方毅代表政府，还有张文裕、周培源、吴有训、钱三强、朱洪元等许多最有资望的科学家，再到北京饭店和杨振宁谈话，并且一起吃晚饭。杨振宁在跟他们的谈话当中，发现他们讲话的口气是一致的，他知道中国政府已经下决心要做这件事情，事情已经不可挽回。

因此吃过晚饭以后，杨振宁便到天安门广场去转了一圈，当时他的感觉是中国要白花很多的钱，而他自己好像非常失败，心中自然不大痛快。杨振宁说他那天晚上回去睡了一觉，第二天早上起来以后，感觉比较好一点，觉得至少自己已经做了应做的事情，成不成功是另外一回事了。[16]

到了 1978 年下半年和 1979 年的时候，对于建造加速器的计划有两个决定，一个决定就是要把这个高能物理基地建在明十三陵的附近，一个就是要做 500 亿电子伏特（50 GeV）能量的质子加速器。对于这个加速器的能量等方面的一些建议，这时候有许多海外高能物理学家参与，负责这个计划的张文裕也曾经邀请吴健雄、袁家骝、邓昌黎等一些科学家，共同向政府表达支持这个计划的意见。

那个时候，在海外重要的物理学家里头，大概只有杨振宁一个人是反对中国建造加速器的。杨振宁的这种坚持反对的立场，自然让许多人不大高兴。比如负责这个计划的张文裕，虽然他在西南联大就做过杨振宁的老师，后来两人在普林斯顿大学也见过面，关系可以说还算密切，对于杨振宁的一个劲的反对，他自然不大舒服。

在1978年的时候，也许基本上只有杨振宁在反对这个高能加速器的计划，但是很快中国科学界也有人开始反对了，因为做生物的人、做工程的人、念数学的人都说，这样一来所有的钱都被高能物理给吸光了。

由于受到国内科学界许多人的反对，这个盖加速器的高能物理计划，就变得有一点情况危急。于是1980年1月，在广州附近一个有温泉的叫从化的地方开了一个高能理论物理会议。这个会议虽然是其他人组织起来的，却是由杨振宁和李政道两个人出面做发起人，这也因为他们两人是最早得到诺贝尔奖的两个华人物理学家，在华人物理学界最有资望。

从化会议在当时是一个非常重要的高能物理的会议，除了中国的科学家之外，由美国去了四五十位华裔的理论物理学家，那个时候中国大陆出国的人还很少，这些物理学家大多数是由中国台湾毕业到美国留学的。参加会议的人数总共100人左右，可说是当时高能理论物理学界群贤毕至的一个聚会，所以很受到中国政府的重视，当时的广东省省长习仲勋和副省长杨尚昆还设宴请他们吃饭。

饭局之后，由李政道出面安排了一个座谈会，讨论中国高能物理的发展。杨振宁知道这个座谈会的目的，无非就是要海外许多人来签字背书，共同支持中国造一个500亿电子伏特的加速器，杨振宁说他想了一想，决定不去参加这个座谈会。当时参加从化会议且和杨振宁有合作关系的吴大峻和邹祖德二人，因为杨振宁不去，还来问杨振宁他们要不要去。杨振宁说没有什么不可以去的，他们于是就都参加了。

这个由李政道主持的座谈会讨论了一两个钟头以后，草拟了一封信，大力支持中国建造一个500亿电子伏特的加速器，并且要大家签字。吴大峻跟邹祖德受到很大的压力，也都签了名。然后这些开会的人就都坐飞机到了北京，并且立刻把这封信直接交给中国政府的最高层。后来邓小平还出面请所有物理学家吃饭，但是没有再讨论加速器的事情。[17]

1980 年从化会议以后没有多久，杨振宁在美国听到有人对他很不满意，认为为什么大家一致签名支持的事情，只有杨振宁要反对。于是杨振宁在 1980 年的 3 月 12 日写了一封公开信，说明他的立场。

到 20 世纪 80 年代中期，因为国内反对的声浪很高，加上经济的考虑，于是这个 500 亿电子伏特质子加速器的计划，就改变为一个能量比较低的电子加速器，经费也缩减为原来四分之一的 2500 万美金。此时这个计划改由谷羽主持，谷羽是担任过毛泽东政治秘书的胡乔木的太太，她曾经做过中科院新技术局局长。

谷羽主持其事以后，到美国去了一趟，并且和杨振宁见面，当然是要听听杨振宁的意见。杨振宁说当时中国在高能物理方面的情况，和 10 年以前不一样，已经有了很多的人才，相关的了解也比较多，所以他们这些海外华人的意见已经不是最重要了。

另外，杨振宁认为用 2000 多万美金盖一个加速器，应该对于应用的方面多加注意，也就是除了高能物理外，还可以做同步辐射的研究。杨振宁说，持此意见的并不只有他一个人，也有很多其他的人讲。后来在北京的正负电子对撞机加速器，也就加入了同步辐射光源的应用设施。

中国的高能加速器计划，也就是北京正负电子对撞机（BEPC），在 1984 年由邓小平亲自主持破土动工，到 1989 年完成。邓小平非常支持这个计划。杨振宁认为这个对撞机做得很成功，代表中国有相当聪明而且很有能力的人，而包括李政道在内许多人帮忙联络与美国和欧洲实验室的合作，都是有功劳的。[18]

杨振宁虽然反对造加速器的计划，但是后来对于中国派人出国进修高能物理与加速器研究，也还是热心地帮忙联络安排。不过杨振宁认为，如果从物理科学的意义来说，北京正负电子对撞机的物理结果，事实上在物理方面没有真正重要的意义，宣传成就超过实际太多。另外就是在高能物理方面训练了几千人，这些人将来的发展怎么办，也是没有完全解决的问题。

杨振宁一直认为他自己是很幸运的，因为他的科学研究生涯正好碰到高能物理向上快速发展的时机，但是这个美好的时代已经过去了。他说如果他现在做研究生，绝对不会再搞到高能物理里头去，他也不鼓励自己的学生搞到高能物理里头去。

杨振宁一直有着这样的信念，他也坚持着这样的信念，因此回到中国的头十几年，虽然贵为中国政府最高领导的上宾，但是因为他坚持反对高能物理的立场，使很多人不高兴。

杨振宁说，他今天还是认为他当时说的话完全是对的，他说今天的中国政府了解到这个道理，所以他们不再做新的一个高能加速器的计划。

杨振宁在 1980 年 3 月 12 日那一封以“亲爱的朋友们”开头的英文信上写着：

> 我了解到一些参加从化会议的人认为我不在那一封信上面签字是很奇怪的事情。以下是一个简短的解释。
>
> 当然我们每一个人都可以由他们各自对于中国社会，对于中国高能物理发展的历史和问题的了解，来形成他们自己的意见，而这里面最重要的是中国人民的需要和殷望。在中国有很强烈的意见，反对 500 亿电子伏特加速器的计划……
>
> 我有意地不参加广东那个会议，因为我知道那个问题非常复杂，有许多是我不了解的。我觉得我不应该积极试图去影响其他人的意见。而且，中国的领导人和科学家已经十分清楚我的意见。[19]

差不多 20 年以后，杨振宁不但说自己的看法依然没有改变，还觉得当年他的那一封信写得很好，他以为里头最重要的一句话就是：

> 我不能够无愧于心地去签署这个文件，因为我认为真正需要的不是我的签名，而是中国人民的签名。[20]

注　释

1 杨振宁访问谈话，1999 年 5 月 11 日，纽约州立大学石溪分校。

2 杨振玉访问谈话，1999 年 9 月 10 日，纽约州立大学石溪分校。

3 杨振玉访问谈话，1999 年 9 月 10 日，纽约州立大学石溪分校；另外所有听过杨振宁演讲的人都认为他的演讲风格是充满了动人的情感的。

4 许鹿希、葛康同访问谈话，1998 年 9 月 22 日，清华大学。

5 同上。

6 江才健:《北京见寒春》，载《中国时报》，1995 年 3 月 27 日、28 日，人间副刊。

7 许鹿希、葛康同访问谈话，1998 年 9 月 22 日，清华大学。

8 同上。

9 杨振宁访问谈话，1992 年 6 月 22 日，上海新锦江饭店咖啡厅。

10 美籍中国物理学家杨振宁学术活动记录(之八)，1972 年 7 月 4 日。

11 同上。

12 同上。

13《中国现代科学家传记》，第四集，北京，科学出版社，1993 年，第 121 页。

14 杨振宁访问谈话，1999 年 5 月 11 日，纽约州立大学石溪分校。

15 同上。

16 同上。

17 同上。

18 同上。

19 杨振宁，公开信，1980 年 3 月 12 日。这封信原来是英文写的，中文是作者的翻译。

20 同上。

第二章

早熟的童年

1935 年杨振宁（右后）和妹妹杨振玉（左一）、二弟杨振平（左二）、三弟杨振汉（右前）在清华园西院十一号门前合影（杨振宁提供）

杨振宁是安徽太湖县都司杨家驹落籍合肥以后的第四代长孙。合肥在历史上曾经出过宋朝廉吏包拯和清朝重臣李鸿章等一些代表性人物，但是整体而论还是贫穷落后的地方。

清光绪三年（1877 年）杨家驹任满回到安徽原籍凤阳，途经合肥，拜望他的老同学张厚斋。张厚斋是合肥著名书法家张琴襄的父亲，两人相聚甚欢，流连数月。杨家驹在原籍凤阳并无恒产，亲友也少，看到合肥物产丰富、民俗敦厚，加上张厚斋的力劝，于是就在合肥落户。

杨家驹因官卑俸薄、家境清贫，生养的五子二女之中，只有长子杨邦盛和幺子杨邦甸读书，其余都经商维生。

杨家的大排行是“家、邦、克、振”。杨振宁的祖父杨邦盛是杨家第二代的长子，生于清同治元年（1862 年），自幼读书，清光绪六年（1880 年）参加应考。本来按照旧例，客籍童生可以不回到原籍报考，但是就地应考须廪生二人具保，而请廪生具保要花二两银子送礼，当时杨家经济拮据，连这二两银子都筹不出来，杨邦盛不得不步行数百里回到原籍凤阳应考，得中秀才。

杨邦盛考上秀才之后，先在家开馆授徒，后来到天津投入担任津南巡警道的合肥人段芝贵幕中，司笔札，有了固定收入，后来加上二弟杨邦瑞的营商所得，在合肥四古巷买下市房一所，前后七进，前面三进租给启源泰中药店，后面四进自用。1922 年的农历八月十一日（公历 10 月 1 日），杨振宁就在这一间老房子第五进正东房中出生。[1]

杨振宁的父亲杨克纯是杨邦盛的长子，号武之，清光绪二十二年（1896 年）生，他虽 9 岁丧母，12 岁丧父，却立志发愤念书。1914 年他毕业于安徽省立第二中学，第二年考入北京高等师范预科，1918 年毕业于北京高等师范本科。毕业后受聘回到母校安徽省立第二中学任教，并且担任训育主任。

杨武之对教育事业忠诚尽责，对于当时学校中少数纨绔子弟不守校规，在外赌博宿娼深夜不归的现象，严加管教整顿，引起了这些学生的不满，甚至扬言要将杨武之打死，学校亦未有对策，杨武之乃愤而离开位于合肥的省立二中。

杨振宁的母亲罗孟华还没有出生便许配给了他的父亲杨武之，这种指腹为婚的旧习在那个时候的中国并不罕见，而这一联姻还有特别原因，那就是杨振宁做土郎中的外祖父罗竹泉，治好了他祖父杨邦盛的病。两人的夫人接着怀上的孩子便在腹中定了亲，后来罗孟华和杨武之在 1919 年结婚。[2]

杨振宁出生的时候，他的父亲杨武之正在安徽当时的省会安庆某中学当数学老师，安庆旧名怀宁，杨振宁的“宁”就是这样来的。

杨武之在安庆做数学老师大约两年，考取了安徽省的官费留美学生。不同于全国性的官费留学如中英、中美庚款留美，这种由各省教育厅考选的官费留美必须自己筹措部分经费。1923 年杨武之赴美留学，先在斯坦福大学读书一年，得到数学学士学位。第二年进入芝加哥大学，到 1928 年得到数学博士学位。由于补助金额不足生活用度，杨武之曾经做过餐馆洗碗和农场摘葡萄等临时杂工，以维持生计。

1923 年，杨武之出国留学之前，一家三口在合肥老家院子的一角照了一张相片，穿着长袍马褂的杨武之站在一边，母亲抱着才 10 个月大的杨振宁坐着，年轻的父母两人表情都很严肃，倒是 10 个月大的杨

1925 年前后，杨武之于芝加哥大学留影（杨振宁提供）

杨振宁十个月大时与父母亲于合肥四古巷故居窗外留影（杨振宁提供）

振宁眼睛看向一边，一颗特别大的头颅显得格外有趣。此后一直到杨振宁 6 岁，他都是和母亲在合肥的老家相依度日。

罗孟华是旧式的妇女，没有受过新式教育，也没有受过多少旧式教育，但是意志坚强，对杨振宁终生的影响很大。杨振宁吃母亲的奶吃到两岁，感情上和母亲十分亲近，父亲不在的 5 年当中，母亲在大家庭中生活，有些委屈也只能跟儿子说一说，这不但让杨振宁成为母亲唯一的精神支柱，也造成他比较早熟。[3]

罗孟华虽然自己受的教育不多，但是对于杨振宁的教育十分注意，4 岁开始教杨振宁认识方块字，一年多的时间认识了 3000 个方块字，杨振宁说他终其一生认得的方块字，不超过当时的两倍。[4]

从 5 岁的时候开始，杨振宁和大家庭中的堂兄弟姐妹一起跟着一位老先生读书，他们念的头一本书是《龙文鞭影》，杨振宁把这一本包含着自然知识和历史典故的文言启蒙读物背得滚瓜烂熟。母亲对于杨振宁的生活教育也相当尽心，常教诲他做人的道理；杨振宁本来天生是一个左撇子，母亲也费了一番精力把他改成用右手吃饭和写字。[5]

对于在合肥前 6 年的生活，杨振宁只有很少的记忆，他曾经回忆道：

> 印象最深的是那时军阀混战，常常打到合肥来。我们经常要“跑反”，跑到乡下或医院里去躲避。因为医院是外国教会办的，在那里面比较保险。我印象中最深的第一个记忆，是 3 岁那年在一次“跑反”后回到“四古巷”家里，在房子角落里看到的一个子弹洞。[6]

1928 年，杨武之由美国留学回国，母亲带着 6 岁的杨振宁到上海去接他，杨振宁说他这一次看见父亲，等于是看见了一个陌生人，欣喜之中难免有一些羞怯。父亲问他念过书没有，他说念过；问他念过什么书，他说是《龙文鞭影》。叫他背，他就都背了出来，但是对于父亲问他书上讲的是什么意思，他完全说不出来。父亲显然是高兴的，送了他一支自来水笔，那是杨振宁从来没有见过的东西。[7]

杨武之那一代的留学生，许多人从国外留学回来之后，便和原本家里面定亲的旧式老婆离婚，这一方面是因为知识有了差距，另一方面也是当时一种追求爱情自主的新风气。因此杨武之要从美国回来的时候，杨振宁的母亲罗孟华心里也忐忑不安，不知道5年多没有见面，现在又得了博士学位的丈夫，对自己会是什么样的态度。

当时罗孟华其实已经做了最坏的打算，如果丈夫另外找了新式老婆，她就带着儿子到天主教修女院里面去避难，并且和修女都说好了，准备独自抚养儿子长大。结果杨武之从美国返回上海之前，就打电报要她带着儿子振宁到上海相聚，罗孟华喜出望外，一时间痛哭失声。[8]

父亲杨武之和母亲罗孟华的感情始终很好，杨武之曾经说："夫妇应始终如一，胡适之从来不嫌弃他的小脚太太，我很赞成他。"[9] 他们生养了四子一女，终生相互扶持。杨振宁尝谓，中国旧社会里成长起来的妇女，往往比男人意志坚强。他的母亲数十年克勤克俭辛苦持家，正是一个最好的例子。杨武之晚年在病榻上也曾经说："你母亲勤俭持家，一生奉献给丈夫和子女。"[10] 这些事情都在杨振宁对于人生和家庭的信念上起了积极正面的作用。

1928年秋天，杨武之受聘到厦门大学数学系任教，杨振宁跟随有些陌生的父亲，和母亲一块到南方海边的厦门住下。厦门的生活，在杨振宁的记忆中是很幸福的。厦门大学的校舍很漂亮，教授的住宅设备也很现代化，还有抽水茅坑，这些对杨振宁来说都是很新鲜的。6岁的杨振宁常和父母到海边去散步，和一般的孩子一样，他也喜欢捡拾海边的贝壳。杨武之特别注意到儿子挑的贝壳常常是很精致而且多半是极小的，显现出不同于常人的观察力。[11]

杨振宁在厦门进了比较现代化的小学，那是厦门大学教职员子弟集中念书的小学。有一位姓汪的老师教学很认真，杨振宁的数学和国文都念得还不坏，只有手工艺做得不大成功。有一回他用泥土做了一

1924 年于合肥留影。杨力瑳（杨振宁的叔父）与他的长女杨振华（右）、长子杨振声（左）和侄子杨振宁（中）（杨振宁提供）

杨振宁（右二）与大家庭中的堂姐和堂兄弟于合肥留影（杨振宁提供）

1929 年，杨振宁于厦门鼓浪屿日光岩留影（杨振宁提供）

只鸡，拿回家里给父母看，他们说做得很好，问："是一只藕吧？"[12]

杨武之是中国学习代数获得博士学位的第一人，对于中国近代数学教育有很大的贡献，对中国近代的大数学家华罗庚，杨武之有提携之功。

对于自己的儿子，杨武之也是悉心教诲。在厦门时，他就曾经给杨振宁介绍近代自然科学知识，并且教他一些简单的算术问题，同时也要杨振宁背唐诗和一些中国的古籍知识。杨武之自己喜欢唱京戏，不过他并没有教杨振宁唱戏，只教他唱民国初年的"中国男儿，中国男儿，要将只手撑天空……"之类的歌曲。那些歌曲反映了那一代中国知识分子看到国家积弱动荡不安，在国外留学又饱受歧视之后，心底最深沉的感情。

杨武之的围棋下得很好，在厦门的时候他就教杨振宁下围棋，但是杨振宁的围棋一直下得不算好，起初杨武之可以让杨振宁 16 个子，慢慢地杨振宁进步到 9 个子，但是他显然没有从后来在上海还得到围棋比赛优胜奖的父亲那里学到围棋的真传。到 1962 年，40 岁的杨振宁和父亲在日内瓦见面下棋，棋力的差距还是在 7 个子以上。[13]

1929 年秋天，杨武之应聘到清华大学数学系任教，杨家也举家北迁到北平，住在清华园西院十九号（后来在新建西院时门牌号改为十一号）。此后一直到 1937 年，杨振宁和父母一起在清华园度过了相当平静的童年和青少年岁月。

1911 年，用美国归还得自八国联军赔款半数的 1100 万美金而设立的"清华国立学堂"，本身就是中国近代史中混合着屈辱和自强情感的一个象征。因为"庚子赔款"的这个历史背景，老一代的清华师生都称自己的学校为"国耻纪念碑"。

这个学校是有远见的一批美国人在中国最好的投资。清光绪三十二年（1906 年）美国伊利诺伊大学校长詹姆士（E. J. James）在给美国老罗斯福总统的备忘录中写道："哪一个国家能够做到教育这一代年轻人，哪一个国家就能因这一努力而在精神和商业的影响上取回最大的收获。如果美国在 30 年前已经做到把中国学生潮流引向美国，并使之扩大，那么我们现在一定能用最圆满、最巧妙的方式控制中国的发展。”[14]

这一个“游美预备学校”，培养出了一个世代受美国精神影响的青年学子，这些人对于中国近代的发展确实产生了相当巨大的影响。

清华建校的校园，在北京西北郊繁盛的园林区，原是清朝初年康熙皇帝之行宫“熙春园”。到了道光初年，“熙春园”一分为二，西边取名作“近春园”。到了咸丰年间，“熙春园”改名为“清华园”。清咸丰十年（1860 年），英法联军入侵北京火烧圆明园，“近春园”亦遭到破坏。[15]

清宣统三年（1911 年），清华大学在清光绪二十六年（1900 年）八国联军侵华之后就荒废的这一片皇家园林上建立起来，它有着得天独厚的林园胜境，蜿蜒流过的万泉河和其间的湖泊小溪，更将其塑成“水木清华”。现在校园里荷花池畔有着朱自清塑像的“荷塘月色”，校园里闻一多和王国维的纪念碑，都述说着 20 世纪 20 年代和 30 年代清华大学梁启超、陈寅恪、赵元任一代大师荟萃鼎盛时期的绝代风华。

对于这八年在清华园的生活，杨振宁曾经回忆道：

> 清华园的八年在我的回忆中是非常美丽、非常幸福的。那时中国社会十分动荡，内忧外患，困难很多。但我们生活在清华园的围墙里头，不大与外界接触。我在这样一个被保护起来的环境里度过了童年。在我的记忆里头，清华园是很漂亮的。我跟我的小学同学们在园里到处游玩。几乎每一棵树我们都曾经爬过，每一棵草我们都曾经研究过。[16]

杨振宁小的时候头特别大，外号就叫作杨大头。杨大头是清华园里一群儿时玩伴的孩子头，他总是有许多奇怪的想法，领着大家玩新花样。当时在清华园里面他的玩伴包括清华大学数学教授熊庆来的儿子熊秉明，父亲是生物系教授的吴人美（吴人勉），数学系郑桐荪教授的儿子郑士京（郑师拙）。

杨大头带着这些孩子玩各式各样的花样，其中一个就是从清华大学气象台所在的坡顶上骑脚踏车冲下来，从一座没有栏杆而且只用两片木板搭成的小桥上疾驶而过。这种特技式的冒险，让这些孩子觉得十分刺激，玩了又玩。

另外，他们也在清华大学生物系所放的金鱼缸之间一条砖砌的沟中间，练习骑车的特技。那条水沟约有两寸深、六七寸宽，必须有一点不错的技术，才能够在窄沟里面疾驶而过。

对于这种把戏，杨大头玩了一阵子以后，显然觉得还不满意。后来他居然把 1930 年出生、当时才 4 岁大的弟弟杨振平放在脚踏车的小座位上来练习这个特技，结果技术不够纯熟，摔了一个大跤，杨振平的左额一头撞上沟边，开了一个大口子。杨大头赶紧把弟弟送到医院去止血缝合伤口，并且贿赂弟弟，给他吃平时难得吃到的金钱酥，要他不要声张，结果杨大头回家后还是挨了一顿骂。[17]

郑士京的姐姐，也就是后来嫁给中国大数学家陈省身的郑士宁也说，杨振宁跟她弟弟这几个小孩整天都在树上。[18] 杨振宁儿时玩伴之一，后来成为著名雕塑家的熊秉明说，他们常在树上的原因，是清华园里有很多桑树。后来他还替郑士京画了一张画，画里面是一棵树，树上有好多小孩，远方就是颐和园、万寿山、昆明湖，还有成志学校。熊秉明说，这就是郑士宁所说的他们整天都在树上的一个景象。

当然，杨振宁和这几个孩子并不是整天都在树上。杨振宁 1929 年跟父亲到清华大学以后，就进了校园里的成志学校念三年级。杨振宁回忆说，他每天从清华园西院的家里出门，先沿着一条小路向南走，然后向东南方越过一个小土山后就碰到清华的围墙，沿着围墙北边小路向东走就可以走到成志学校。杨振宁说，这样走一趟差不多要 20 分钟，假如路上没有看见蝴蝶或者蚂蚁搬家等重要事件的话。[19]

1931年前后于清华园留影。左起：郑士京（后改名郑师拙）、杨振宁、吴人美（后改名吴人勉）、熊秉明（杨振宁提供）

现在成志学校的房子还在清华校园里，依然留有一个学校名称的牌子，不过已经变成学校的工会所在地了。

在清华园的成志学校念书时期，杨振宁已经显现出对于知识的浓厚兴趣，在学习课业方面也有不凡的才分。杨振宁小的时候就喜欢看书，而且兴趣广泛，什么都看；另外他还有一个习惯，就是喜欢把看书得知的事情讲给别人听。有的时候杨振宁由成志学校放学回家，四个小孩越过山坡一路走回来，父亲老远就听到杨振宁一个人在那说个不停，一会儿天文，一会儿历史，一会儿地理，吴人美、郑士京和熊秉明都是他的听众。[20]

在杨振宁 9 到 10 岁的时候，杨武之已经看出他在数学方面的能力很强。但是杨武之对于杨振宁天分的发展，却是采取一种顺其自然的态度，并没有特别给杨振宁数学方面的训练。杨振宁说他念小学的时候，夏天放暑假父亲会带他到清华科学馆的办公室去，杨振宁就在那里做他的暑假作业；父亲偶尔会教他一些四则问题和等差级数等算术问题，但是并没有要他学更深的三角或者解析几何。[21]

1933 年，杨振宁进入了当时的北平崇德中学（现在是北京市第三十一中学）。这个学校在北平城里的西绒线胡同，和清华园有一段距离，所以杨振宁是住在学校，到周末才回到家里。这个学校校友中在国际上出名的人物除了杨振宁之外，还有世界著名结构工程大师林同炎、世界著名的中国建筑专家梁思成，其中和杨振宁交谊深厚的，就是在中国核武计划中有重大贡献，被誉为“两弹元勋”的邓稼先。

外号叫作杨大头的杨振宁和外号叫作老憨的邓稼先感情很好，两人常在一块，有的时候打墙球，有的时候一块儿玩打弹子。杨振宁比邓稼先大两岁，邓稼先个子比较小，有时候会受到别人欺负，杨振宁也会出面帮忙，劝告别人不要欺负他。[22]

杨振宁的个性里面有一种好打抱不平的天性，他倒也不会跟别人打架发生冲突，但是却勇于出面主持正义。杨武之有一次就说，因为杨振宁有这种好打抱不平、拔刀相助的个性，怕他将来在社会上要吃

1998 年，杨振宁于母校北平崇德中学（现在为北京市第三十一中学）门口留影（杨振宁提供）

亏的。[23] 杨振宁的这种个性，确实也在他往后的人生历程中，给他带来了一些有利的和不利的影响。

这个时期的杨振宁也确实开始对于科学有了一定的兴趣，他会买一些烧杯和试管之类的化学仪器，在礼拜六回家之后，把一些化学的溶液倒来倒去，让它们一会儿变蓝、一会儿变红地表演给弟弟和几个好朋友看。

另外，那个时候他们在北平清华园的家里有一个阳台，晚上杨振宁就跑到阳台上去看星象，比较大的弟弟杨振平也跟着上去，1932 年出生、那个时候还比较小的杨振汉不容易上去，不过心里却觉得哥哥真的很像是一个伟大的科学家。[24]

那个时候杨振宁也在家里自己动手做过一个幻灯机。他是用一个饼干盒，里面放一个灯泡，然后再加上一个透镜做成的。杨振宁的好朋友熊秉明很会画画，于是就由熊秉明负责画连续的图，然后他们就在自制的幻灯机中间拉动这些连续的图画，好像放电影一样。杨振宁还给他们的电影取了一个名字叫作《身在家中坐，祸从天上来》，剧情是讲日本飞机轰炸，家破人亡的故事。[25]

在崇德中学念书的时候，杨振宁在图书馆里看了很多的书。当时有一本杂志叫作《中学生》，每个月厚厚的一本，杨振宁每一期都看，从里面学到很多文学、历史、社会和自然科学的知识。他还特别记得曾经看到一篇谈论排列组合的文章，这是他头一次接触到这方面的数学概念。[26]

1934 年夏天杨振宁在崇德中学念完初一，父亲虽然看到他在数学方面显现出早慧的迹象，但是却没有特别在这方面去揠苗助长，反而是去找了自己在芝加哥大学念书时就认识的清华大学著名历史学教授雷海宗，要他介绍一个人来给杨振宁补一下古文，于是雷海宗就找了他的学生丁则良来教杨振宁念《孟子》。丁则良的学识很丰富，他不止教杨振宁念《孟子》，还讲了许多上古历史的知识。杨振宁连续念了两个暑假，结果可以把《孟子》从头到尾地背诵出来。

民國廿四年四月廿日攝於清華園之家中时年十二歲有半

振寧似有異禀，吾欲字以伯瓌

卌五，卌，于柏林。武之

（上）1935 年杨振宁于清华园西院十一号杨家院子中留影

（下）照片背后有父亲对他期许的文字“振宁似有异禀，吾欲字以伯瓌”（杨振宁提供）

杨振宁认为，他的父亲当年发现他有数学方面的天分，不但没有极力把他向那个方向上推，反而找人来教他念《孟子》，扩展他历史古籍方面的知识，是使他终生都大为受用的一件事情。[27]

1934 年秋天，杨武之从清华大学数学系休假，前往德国柏林大学研究一年，一向辛苦持家的母亲又要独自照顾整个家庭。这个时候家里不止有大儿子振宁，还有老二振平、老三振汉，以及刚刚出生的女儿振玉，母亲的责任和负担之重，可想而知。

12 岁的杨振宁，因为年纪比弟妹长一截，本来就长兄若父般地照顾他们，现在父亲不在家，母亲有繁重的家务要料理，他更是弟妹们生活和学习方面的总管。母亲虽然靠着自学认识了字，但是写得很慢，因此他每个礼拜都会替母亲给父亲写信。杨武之一直觉得大儿子的信写得很有条理，说北京的天气如何，说家里母亲很好，弟妹们又如何，清清楚楚的。信上当然是用吾夫开头，结尾则是爱妻，完全是超龄的大人口气。[28]

杨振宁在信上还会和父亲讨论代数和几何方面的问题，他在课业求知方面的聪颖早慧，在为人处世方面的早熟周虑，都使杨武之意识到儿子不凡的秉赋。在 1935 年杨振宁于清华园家门口照的一张照片的背后，杨武之曾经写下“振宁似有异禀，吾欲字以伯瓌”的字句。

杨振宁在清华园的 8 年生活期间，校园外的中国是动荡纷乱的。早些时候是民国成立，地方派系各为己利，加上背后列强在华势力的介入，造成军阀割据混战的局面。蒋介石领导国民党军队北伐之后，又有各派系联合反蒋的行动，造成 1930 年“中原大战”，此外还有国民党和共产党的斗争。1931 年 9 月 18 日日军侵入沈阳，造成了“九一八事变”，内乱的中国这时候要面对国家存亡的外患。

“九一八事变”之后，虽然有调停谈判之势，国际上亦有国联派来李顿调查团的行动，但是国民党内部派系纷争，各地仍有反蒋势力崛起，加上后来欧洲局势丕变，国际对中国问题失掉兴趣，日本国内军国主义势力当权，因此非但没有撤军，1932 年又发动“一·二八”事变。1933 年日军更侵入山海关，震动平津，国内此时虽有对日抗战的强烈要求，但因蒋介石“剿匪”先于“抗日”之考虑，加上各地有反蒋的军事力量，一时之间仍是阢陧不安的局面。

对于外面这样一个混乱变动的世界，在清华校园里度过童年和少年时期的杨振宁是受到保护的。他在初中时候有一次参加演讲比赛，以“中学生的责任”为演讲题目，似乎知道 1935 年学生要求对日抗战的“一二 · 九”“一二 · 一六”示威运动，[29] 但是整体来说，他是成长在一个安全而平稳的家庭和学校环境中的。

童年的成长环境，对于一个人的人格发展影响很大，尤其是关系到这一个人面对往后人生挑战的态度和能力。杨振宁后来也说过，虽然他从小成长在一个物质条件困难的年代，但是由于父亲给他安排的中国古文教育，使他对于中国文化有着因深刻认知而来的信心；安全稳定的家庭生活，又使他得到中国传统人伦观念的正面影响。这些都使得他的人格发展平稳均衡，也使得他后来在国外面对不同的文化和环境挑战时，能够适应调整得很好。[30]

1937 年 7 月 7 日，在杨振宁生活的北平城外西南方，以桥上数百个形态各异的石雕狮子而闻名的卢沟桥畔所开始的战争，终于还是结束了杨振宁这一段平静美好的少年生活。

注 释

1 刘秉均:《杨振宁文集·杨振宁家世述略》,上海,华东师范大学出版社,1998年,第871页。现在这个地方是合肥市安庆路的315号。

2 杨振汉、谭茀芸访问谈话,1998年9月26日,香港赤鱲角国际机场。

3 同上。

4 杨振宁:《读书教学四十年》,香港,三联书店,1985年,第111页。

5 杨振平:《杨振宁文集·父亲与大哥》,上海,华东师范大学出版社,1998年,第881页。

6 杨振宁:《读书教学四十年》,香港,三联书店,1985年,第111页。

7 同上。

8 杨振玉:《杨振宁文集·父亲、大哥和我们》,上海,华东师范大学出版社,1998年,第905页。杨振汉、谭茀芸访问谈话,1998年9月26日,香港赤鱲角国际机场。

9 刘秉均:《杨振宁文集·杨振宁家世述略》,上海,华东师范大学出版社,1998年,第871页。

10 刘培芳:《学术研究风气应加强》,杨振宁答记者问,载新加坡《联合早报》,1987年2月2日。杨振汉,《杨振宁文集·家,家教,教育》,上海,华东师范大学出版社,1998年,第889页。

11 杨振平:《杨振宁文集·父亲与大哥》,上海,华东师范大学出版社,1998年,第881页。

12 杨振宁:《读书教学四十年》,香港,三联书店,1985年,第112页。

13 杨振宁:《杨振宁文集·父亲和我》,上海,华东师范大学出版社,1998年,第858页。

14 张奠宙:《中国数理百年话旧》,载香港《二十一世纪》,第七期(1991年10月)。在文中张奠宙引用自姚蜀平所写未发表的《中国留学运动初探》一文。

15 黄延复:《水木清华》,桂林,广西师范大学出版社,2001年。

16 杨振宁:《读书教学四十年》，香港，三联书店，1985 年，第 112 页。
17 杨振平:《杨振宁文集·父亲与大哥》，上海，华东师范大学出版社出版，1998 年，第 882 页。
18 陈省身、郑士宁访问谈话，1998 年 10 月 6 日，旧金山艾尔塞里托市（El Cerrito）家中。
19 杨振宁:《杨振宁文集·父亲与我》，上海，华东师范大学出版社，1998 年，第 859 页。
20 杨振汉、谭茀芸访问谈话，1998 年 9 月 26 日，香港赤鱲角国际机场。
21 杨振宁访问谈话，1999 年 5 月 8 日，纽约州立大学石溪分校办公室。
22 许鹿希、葛康同录音谈话，1998 年 9 月 22 日，清华大学工字厅。
23 同上。
24 杨振汉、谭茀芸访问谈话，1998 年 9 月 26 日，香港赤鱲角国际机场。
25 杨振汉、谭茀芸的访问谈话，杨振玉写的《父亲、大哥和我们》以及熊秉明的访问中都谈到这件事情。
26《杨振宁与上海大学生谈治学之道》，载上海《文汇报》，1995 年 7 月 22 日。
27 同上。
28 杨振汉、谭茀芸访问谈话，1998 年 9 月 26 日，香港赤鱲角国际机场。
29 杨振宁:《建立友谊桥梁的责任》，载香港《七〇年代》，1979 年 4 月。
30 杨振宁访问谈话，1999 年 5 月 7 日，纽约州立大学石溪分校办公室。

第三章

昆明的岁月

西南联大物理系 1942 级毕业生（部分）于校门前（1942 年）留影。左起：郭耀松、刘导丰、黄永泰、姓名不详、戴传曾、向仁生、娄良京、杨振宁（杨振宁提供）

1937年杨振宁才真正地尝到战乱生活的滋味，那一年他还不到15岁，刚念完北平崇德中学的高一。

入侵中国的日本军队是有备而来的，到7月底北平和天津便相继被日军占领。杨振宁的母亲罗孟华那个时候已怀孕数月，分娩在即，杨武之于是带着全家大小，乘坐火车经过天津到了南京，改乘轮船到芜湖，再坐公共汽车回到合肥老家。杨武之在清华大学教书略有积蓄，早些年已托在老家的弟弟杨力瑳在合肥北油坊巷买下一栋住宅，杨家大小于是就住进这所房宅，杨家最小的男孩杨振复也就在这里出生。

北平和天津被日军占领以后，北平的北京大学、清华大学和天津的南开大学便南迁到湖南长沙，联合成立为临时大学，由三个学校的校长蒋梦麟、梅贻琦和张伯苓共同主持校务。杨武之在合肥安顿好家小之后，就兼程赶往长沙的临时大学去了。

杨武之和弟弟杨力瑳的感情很好，两人虽年幼便相继失母丧父，但一人念书，一人营商，皆有所成。杨振宁母子多人在合肥便由后来成为合肥商界代表人物的杨力瑳照顾。

1937年9月，杨振宁进入合肥大书院的庐州中学继续高二的学业。不久之后，日军的飞机便开始对合肥频繁空袭，庐州中学就转移到巢湖西岸的三河城，但是战争日益逼近，庐州中学也不得不停办。到那一年的12月13日，首都南京陷入日军之手，日军进城后大肆烧杀掳掠，为时一周，惨死者数十万人，是为“南京大屠杀”。

1937年12月，杨武之由湖南长沙赶回三河城附近的桃溪镇，这个时候临时大学已经决定迁往昆明。于是杨武之带着一家大小，由桃溪镇经过安徽的六安、宿松和湖北的黄梅等地，到达了汉口，再由汉口坐火车到了广州，经过香港搭船到了越南的海防，然后取道越南河内，沿红河北上，经过老街到中国云南河口，又再搭滇越铁路火车，整个行程5000公里，到1938年2月才到达昆明。

1938年，杨家七口在昆明城内西北角文化巷十一号租赁的房子住下之后，杨振宁进了昆华中学念高二。那个时候辗转流离而来的中学生非常之多，教育部在那年夏天公布一项措施，所有学生不需要文凭，可以凭同等学力报考大学，所以杨振宁念完高二以后，就参加了统一招生考试，在两万多的考生中，以第二名考进西南联大。

杨振宁报考的时候，因为对化学很感兴趣，于是报考了西南联大的化学系，后来发觉物理更合他的口味，便转到了物理系。

1938年到1942年，杨振宁在西南联大念了四年大学，他后来回忆道：“那时联大的教室是铁皮屋顶的房子，下雨的时候，叮当之声不停，地面是泥土压成的。几年以后，满是泥坑。一些教室和图书馆的窗户没有玻璃，风吹时必须要用东西把纸张压住，否则就会被吹掉。”[1]

相对于如此贫弊的物质条件，西南联大却有着最优秀的师资，他们不只是北大、清华和南开大学的教授，更是当时中国文化思想界的代表人物。[2] 另外当时民气凝聚，一心要打赢这场事关民族存亡的战争，这些因素使得从1938年到1946年，西南联大存在的短短八年时间，成为中国近代教育史上一个有点像是奇迹似的辉煌年代。

杨振宁正是这一个教育奇迹中的受益者。西南联大当时因为名师如云，像一年级的国文，就采用轮流教学法，每一个教授讲一两个礼拜，这种可能在教学上产生混乱的办法，因为老师的优秀，却使得杨

当年西南联大校园的景象
（杨振宁提供）

振宁受益甚多，当时教过杨振宁的国文老师有朱自清、闻一多、罗常培和王力等人，皆一时之选。

在科学方面，教杨振宁大一物理的赵忠尧，大二电磁学的吴有训和力学的周培源，以及大三原子核物理的张文裕，都是在美国和英国受过良好科学训练，后来在中国近现代科学史上有代表地位的科学家。

杨振宁说对他影响最深的两位教授是吴大猷和王竹溪。吴大猷引领他走上对称原理的研究方向，王竹溪给了他统计力学方面的启蒙，而这正是杨振宁后来在科学上获得顶尖地位的两个领域。[3]

中国做理论物理研究得博士学位的第三人是吴大猷，他 1934 年由美国密歇根大学回到北大任教，培育了许多中国现代物理人才。杨振宁认为吴大猷带头将量子力学引入中国，对中国近代科学发展贡献很大。[4] 1941 年吴大猷在西南联大教古典力学和量子力学，杨振宁成为他班上的学生，同班的同学还有黄昆、黄授书和张守廉。吴大猷说，这是一个不容易碰见的群英会。[5]

杨振宁在物理方面得到很好的启发，而他在数学方面是很有天分的，这个时候也在西南联大教书的父亲杨武之，不像早几年那样不鼓励杨振宁太快进入数学领域，而是开始主动介绍一些数学的书给他看。杨振宁记得父亲介绍给他最早的关于数学的两本书是哈代（G. H. Hardy）所著的《纯数学教程》（*A Course of Pure Mathematics*）和贝尔（E. T. Bell）写的《数学大师》（*Men of Mathematics*）。

哈代是英国著名的数学家，他曾经通过通信发掘了印度近一百年最伟大的天才数学家拉马努金（Srinivasa Ramanujan），这一事传为美谈。哈代的这本书，是一本范围非常广泛，从微积分到数论，谈论数学精神的书，中间还有很多 19 世纪数学家才会问的问题。这本书给了杨振宁在数学方面很大的启发。[6]

其实杨振宁早几年就已经喜欢在父亲的书架上翻看一些英文和德文的数学书籍，虽然有许多地方看不懂，杨武之总是叫他不要着急慢慢来。后来杨武之虽然给杨振宁介绍了数学的精神，却不赞成杨振宁念数学，因为他认为数学不够实用。

1941 年杨振宁要写学士毕业论文，去找吴大猷寻求指导，吴大猷给了他一本物理期刊《现代物理评论》(*Reviews of Modern Physics*)，叫他研究其中一篇讨论分子光谱学和群论关系的文章。杨振宁回家把文章给父亲看，杨武之不是念物理的，却很了解群论，于是就给了杨振宁他芝加哥时代的老师迪克森（L. E. Dickson）所写的一本小书《近代代数理论》(*Modern Algebraic Theories*)。

杨振宁非常欣赏这一本小书，他说因为它很精简，没有废话，在 20 页之间就把群论中的“表示理论”非常美妙地完全讲清楚了。杨振宁说他学到了群论的美妙和群论在物理中应用的深入，这对于他后来的工作有决定性的影响。[7]

杨振宁在数学方面受到的这些启蒙，事实上对他一生物理工作中都带有的清简美妙的数学风格有着非常大的影响。他后来曾经写道：

> 我的物理学界同事们大多对数学采取功利主义的态度。也许因为受我父亲的影响，我较为欣赏数学。我欣赏数学家的价值观，我赞美数学的优美和力量：它有战术上的机巧与灵活，又有战略上的雄才远虑。而且，奇迹中的奇迹，它的一些美妙概念竟是支配物理世界的基本结构。[8]

杨武之对于杨振宁几个弟妹的教育也都非常注意，在战乱迁徙的时候他们难免失学，杨武之就在家里亲自教导这几个孩子。杨家有一面小的黑板，这面小黑板除了用来教育几个小弟妹的古文、诗书、算术和英文之外，也常常是杨振宁和父亲讨论数学的天地。杨振平一直都还记得，大哥和父亲常常一面在黑板上写着许多奇怪的数学符号，一面在讨论中提到什么“香蕉”（相交）和听起来像是“钢笛浪滴”(*Comptes Rendus* ）的法国学术杂志的名字。[9]

杨振宁也常常把父亲介绍给他的《数学大师》中一些著名数学家

的故事，分章分节讲给弟妹们听，因此在杨家的孩子中间，像笛卡尔、费马等一些数学历史上的名人，很早就是他们耳熟能详的人物，杨家确实可以算是一个数学家庭了。

杨振宁因为比弟妹大上 8 岁到 12 岁，因此不但常常把在学校里的事情和在书本上看到的故事讲给弟妹听，弟妹们的课业和行为也都是由他来督导教育的。毫无疑问，杨振宁是一个有权威的兄长，弟妹很服气他的管教。他常常用花生米来做奖赏，如果弟妹在课业和家里行为上有好的表现，他就记上一颗红星，一个礼拜以后每一颗红星可以得到一粒花生米的奖赏；如果红星够多的话，甚至还有到昆明城里去看电影的机会。不过据杨振宁的弟妹说，也有一些花生米一直到杨振宁出国都没有兑现。[10]

1940 年秋天，杨家在昆明小东角城租住的房子被日本飞机的轰炸炸中，幸好家人都躲在防空洞里，但是仅有的一点家当全部化为灰烬。杨振宁还记得几天以后，他带着一把铁锹回去挖出几本还可以用的书时那种欣喜若狂的心情。[11]

杨家遭此巨变，一家人只得迁到昆明西北郊的龙院村居住。那是一个地处穷乡僻壤的农村，住家生活条件更加困苦，白天可以看到蛇行屋梁之上，夜半时分后面山上还有狼嚎之声。杨武之每天要骑脚踏车往返昆明西南联大和龙院村的家，有一天夜里因为天黑，脚踏车从崎岖泥泞的堤埂上滑到下面水沟里，杨武之浑身是泥，身上几处受伤。[12]

杨振宁家里的情况，在当时的西南联大并非罕见，许多学校的教授都有家无隔宿之粮、需靠典当度日的窘境。杨家到战争结束时，也是到了无隔夜之炊的境地。杨振宁说，他的母亲是一位意志坚强而又克勤克俭的妇女，为了一家七口的温饱，她年复一年从早到晚辛苦操劳，孩子身上穿的，都是她补了又补、改了又改的旧衣服，连袜子都要补。那个时候杨振宁也经常是穿着一身军装改的旧衣服，连报考庚款留美报名表上用的都是那一张“戎装”照片。

1942 年于昆明西北郊龙院村大院中留影。左起前排：杨振汉、杨振玉、杨振平；后排：杨振复、杨振宁。杨振宁全家于 1940 年至 1943 年间为了躲避轰炸在此大院中住了三年。同院中住了联大教授将近十家（杨振宁提供）

2000 年，杨振宁和杨振平（中）、杨振汉（右）重回到昆明龙院村老家的门口（杨振汉、谭茀芸提供）

杨振宁说，他母亲坚忍卓绝的精神支持全家度过了抗战时期。战争结束时，全家个个清瘦，但总算人人健康。[13]

这个时期的杨振宁在西南联大校园里已经有了天才的名号，不少人觉得他将来一定大有成就，杨武之也认为杨振宁是90分以上的学生，确实可能得到诺贝尔奖。[14]

杨振宁对自己也很有信心和大的志向，他于1942年西南联大物理系毕业以后，又考进了研究院，这个时候他和已经认识的黄昆和张守廉成了同班同学。从燕京大学毕业的黄昆，考的是北京大学研究院，跟随吴大猷做研究；张守廉和杨振宁考的是清华大学研究院，张守廉是周培源的学生，杨振宁跟随王竹溪做有关统计力学的论文。

在他们念研究院的时候，由于研究生的待遇不好，家里经济情形也很糟，所以杨武之就找他的一个同学，当时的昆明昆华中学校长徐继祖给他们三人找了一个教员的工作，在昆华中学教三个班。他们每一个人教一班，薪水由三个人来分。由于在学校教书，昆华中学还给了他们一个房间住，这个新的建筑比起西南联大研究生宿舍好多了。

杨振宁他们三个人白天都在西南联大校园里上课、吃饭和上图书馆，晚上才回到三公里外的昆华中学宿舍睡觉。因为大学校园里没有供应饮水的设施，所以他们养成一个习惯，每天晚饭后回昆华中学以前，都会到大学附近三条街上的茶馆里喝一两个小时的茶，并且天南地北无所不谈。

杨振宁说，这些在茶馆里喝茶的时间，让他们三人真正认识了彼此。他们讨论和争辩一切的一切：从古代的历史到当代的政治，从大型宏观的文化模式到最近看的电影里面的细节。茶馆里的客人也有一些学生，可是大多数是镇民、马车夫和由远处来的商人。大家都高谈阔论，而杨振宁他们三人通常声音最大，有的时候正当他们激烈地辩论时，会突然意识到声音太大，因为大家都正看着他们，但是他们并不因此而停下未完成的辩论。[15]

但是困苦生活背后整个大时代的动荡和不安，有的时候还是会闯进杨振宁他们相对来说单纯的学生生活，让他们终生难忘。

杨振宁记得，好几次坐在凤翥街的茶馆里，看见一队一队的士兵押着一些犯人向北方走去，走向昆明西北郊的小丘陵地带，那里满布着散乱的野坟。每一个犯人都背着一块白色的板子，上面写着他的名字和罪行。大多数的罪犯都静静地跟着士兵走，有少数喊着一些口号，像："二十年后，又是一条好汉！"每一次当这种队伍走过时，茶馆里的喧闹声就会突然停息。然后，远处预期的枪声响了，他们都静静地坐着，等待着士兵们走回来，向南方回到城里去。[16]

那个时候因为他们总是在西南联大和昆华中学来来去去，所以杨振宁总是背着一个大书包，里面装了很多的书，又因为杨振宁比黄昆和张守廉都小两岁，所以黄昆给他取了一个"小孩背着个大包裹"的外号。杨振宁的穿着比较土气，但是在思想方面非常灵活，对于看待物理和做学问，杨振宁当时发明了两种说法，一种是俯视，一种是趴视。杨振宁主张做学问要站得比较高，要俯视，不能够趴视。[17]

杨振宁、黄昆和张守廉因为天天都在一起，所以感情变得非常密切。杨振宁在茶馆的辩论中，观察到黄昆是一个公平的辩论者，不会坑害他的对手。不过黄昆有一个趋向，就是往往喜欢把他的见解推向极端。黄昆也说自己比较极端，说杨振宁和张守廉都是天才，张守廉比较怪一点，就叫作张怪，杨振宁对于朋友人情都照顾得很好，是一个最正常的天才。[18] 他们三个人在当时的西南联大和茶馆里小有名气，甚至有"三剑客"的说法。

那时候他们对 20 世纪 20 年代到 30 年代在欧洲发展的物理科学中的量子力学非常感兴趣，常常在茶馆里面辩论。有一次他们争论关于量子力学中"测量"的准确意义，这是哥本哈根学派一个重大且微妙的贡献。

杨振宁说，那一天从开始喝茶辩论到晚上回到昆华中学，关了电灯上床以后，辩论仍然没有停止，最后他们三个人都从床上爬起来，

杨振宁和黄昆（左）是西南联大时代在茶馆谈学论交的好友（杨振宁提供）

点亮了蜡烛，翻看海森堡（Werner Heisenberg）的《量子论的物理原理》来解决他们辩论的谁是谁非。

他们三人当中，黄昆兴趣特别广泛，英文书也看得比较多。杨振宁除了巴金、曹禺的小说之外，也从黄昆那里得到引介，到图书馆借了康拉德（Joseph Conrad）、吉卜林（Rudyard Kipling）和高尔斯华绥（John Galsworthy）等一些人的英文小说来看。那个时候黄昆的表弟凌宁在中央大学念生物，有的时候也会跑来找他们，并且加入茶馆里的辩论会。黄昆跟张守廉是一派，杨振宁跟凌宁那一派对人道主义特别关心，十分佩服法国大文豪雨果，黄昆说他不那么看重人道主义。[19]

杨振宁说，当时他们的生活非常简单，喝茶时加一盘花生米已经是一种奢侈的享受。他们没有更多物质上的追求和欲望，不觉得苦楚和颓丧，却有着获得知识的满足与快慰。他说他们当时并没有意识到，这种十分简单的生活却影响了他们对物理的认识，形成了他们对物理工作的偏好，从而给他们以后的研究历程奠下了基础。[20]

杨振宁自己也常喜欢找各种各样的英文书来看，他看过《傲慢与偏见》《三剑客》《悲惨世界》等世界名著，另外他也看了《金银岛》《最后的莫希干人》《汤姆 · 索亚历险记》之类的小说。当时在昆明街头上有许多卖美军干粮、军靴、罐头、奶酪的地摊，杨振宁也会去买一些美国的袖珍本的书，从新闻记者到通俗畅销作家写的都有。这不但使得杨振宁对于美国的社会有多一点的了解，也反映着那个时候社会上对于美国的一种好奇和印象。[21]

杨振宁还是老毛病不改，喜欢把他在书里面看到的故事讲给弟妹们听，所以每到周末杨振宁回到龙院村家里，弟妹们和附近邻居的好些小孩，都会来听杨大哥讲故事。不过杨振宁有一个问题，就是他总是第一本书还没有讲完，就开始讲他看的第二本书，弄得一大群等着听上礼拜故事结果的小孩都被吊在半空中。[22]

杨振宁、黄昆和张守廉三个人在昆华中学教了一个学期，觉得每天在西南联大和昆华中学两头跑很不方便，所以就放弃了教书工作，搬进各自的大学研究生宿舍。后来黄昆去了英国，张守廉也到美国留学，后来还和杨振宁同在纽约州立大学石溪分校，他们终生都维持着亲密的友谊。

杨振宁在西南联大念书期间，就像张守廉说的，当时看起来显得特别年轻，而且心无旁骛，所以对于物理问题的认识最为深刻，想问题也最仔细最快。但是事实上，有一段时间的杨振宁，其实有着一份少男青春的烦恼。

杨振宁在西南联大二年级的时候，认识了一个同班的女孩子叫作张景昭。张景昭是数学系的学生，也许比杨振宁还大一两岁，她因为是杨武之的学生，所以也常常到杨家来，杨武之和太太都很喜欢这个女学生，有的时候还留她在家里吃饭。

张景昭是一个皮肤白皙、长头发的和善开朗的女孩子，后来好像还做过杨武之的助教，她因为常常穿着红衣服，所以杨振玉说他们私下叫这个张姐姐“红豆”。[23] 在抗战时期一片阴丹士林衣服中间，张景昭一身红装，是非常引人注意的。那时 16 岁的杨振宁，自然受到这个他口中所说“非常动人的女孩子”的吸引，坠入了少男的初恋。他说他的感情本来好像是一面很平静的湖水，张景昭来了以后，就起了很大的波浪。[24]

那个时候杨振宁会打听张景昭上哪些课，然后在她上课的课堂附近徘徊，希望下课的时候可以看到她，跟她谈谈话。有的时候张景昭到杨家来，吃过晚饭以后天黑了，杨振宁会护送她回女生宿舍，可以顺便在路上说说话。这样过了一阵子，杨振宁认为长此以往对自己不好，觉得那个时候不应该交女朋友，宜于专心念书，于是后来渐渐地就冷淡下来，也就不常常见到彼此了。[25]

这次无疾而终的初恋，在杨振宁的内心虽然留有很深刻的印记，不过他自己想清楚以后，就解决了这个问题，并没有和父母谈过，这似乎正反映出他作为长子早熟个性的一面。作为家庭中的长兄，杨振

1941 年前后，杨振宁初恋的女孩张景昭于云南的路南石林留影（杨振宁提供）

宁不仅律己甚严，对于弟妹的教育，也是规矩严明的。

那个时候张守廉的妹妹张守慧偶尔也会到杨家来，杨武之本来有意要介绍给杨振宁的，但是杨振宁并没有兴趣。有一次杨振玉和张守慧到昆明最热闹的南屏街上去，看到玻璃橱窗里面有一个铝做的非常好玩的小飞机，还有会转动的螺旋桨，杨振玉看了就停下来不走，意思就是想要张守慧买给她，后来杨振宁知道了，就骂了杨振玉一顿。另外，杨振玉有次捡到一个银的戒指，杨振宁也要她还给学校去。杨振宁这些给弟妹做人的教育，也反映了他的个性和做人的是非原则。[26]

杨振宁从小就有坚持自己看法的个性，有一次在家里父母吵架，杨振宁看不下去，就直说如此吵架有失体统，父亲杨武之听了甚为恼怒，大骂了杨振宁一顿。还有一次杨武之的两三个中学同学经过昆明，到杨家来吃饭，这几个人又抽烟，又大声咳嗽，又常常吐痰，行止颇为粗野。客人走了以后，杨振宁就跟父亲表示对这些人不以为然的意见，也惹得父亲大发脾气。[27]

留美预备班的清华学堂在1925年改制成为大学以后，就有了一个庚款留美考试，这个考试在北平举行过四次，在昆明举行了两次。另外还有留英的庚款考试。这种考试出过很多顶尖人才，比如杨振宁念研究所的老师王竹溪就是留英的庚款出国的，还有也在西南联大教书的马仕俊，那个时候还在英国留学的彭桓武，以及早几年考上庚款留英，后来到美国去的林家翘，都是有名的代表性人物。

在这种环境中，参加庚款考试出国念书，似乎是自然而然的想法。那个时候在西南联大，杨振宁已经大有名声，许多人都知道他考试所向无敌，所以1943年杨振宁参加清华第六届留美庚款考试时，他的好朋友黄昆和张守廉都躲开了杨振宁投考的物理项目，黄昆考的是气象，张守廉去考无线电，为的就是免得被杨振宁打败。[28] 结果这个考试搞了一年才发榜，黄昆和张守廉都没有考上，杨振宁被录取了。

在那一年庚款留美公布录取的榜单上，还有杨振宁认识的凌宁，他考取的是动物学门，另外还有沈申甫（航空工程）、洪朝生（无线电学）和钟开莱（数学）等一些后来出名的人物，其中被录取的西洋史学门的何炳棣，后来在美国历史学界大放异彩，也一直是杨振宁的老朋友。

杨振宁留美庚款的准考证上，在他报考物理项目的下面注明了要着重高压电的实验，意思也就是他要去做加速器物理的实验工作。发榜以后，杨振宁去找了赵忠尧，于是赵忠尧给清华大学庚款委员会写了一封信，让他可以自由从事物理的学习，并不一定要做加速器实验。不过杨振宁自己倒是认为，因为他在西南联大做实验的经验等于零，而物理的基础是实验，所以他本来是决心出国要做一篇实验的论文的。[29]

杨振宁考取了庚款留美，全家都非常高兴。杨振宁记得那时候昆明最讲究的电影院叫作南屏大戏院，1944 年庚款发榜的时候，南屏大戏院放映的电影名字叫作“You Can’t Take It with You”，中文译作《国恩家庆》。杨振宁说当时他看到这个电影名字，觉得非常符合他们当时的心境，真的是“国恩家庆”；他当时念书一帆风顺，又通过了留美考试，对于物理非常有兴趣，发现其中妙不可言，自己也觉得前途一片光明。[30]

1944 年杨振宁考上了庚款留美之后，因为按规定要在原单位等候通知，所以他开始在西南联大附中教了一年书。西南联大附中用的教室是原来昆华中学的旧房子，杨振宁就住在教室上面的宿舍里，教书和改考卷之外的时间就自己研究“场论”。

西南联大附中的学生，大多数是教职员的子弟，杨振宁教数学的两班学生当中，有许多出名的人，譬如教过杨振宁国文的文学大师闻一多的儿子闻立鹤。1946 年闻一多在昆明被暗杀的时候，闻立鹤压在父亲的身上保护他，结果受了伤，因而名噪一时，后来闻立鹤在新闻界工作。还有就是写了《中国哲学史》的哲学大师冯友兰的女儿冯钟璞，后来冯钟璞以宗璞作为笔名，成为著名的作家和教授。后来嫁给国画大师黄君璧的储辉月也是杨振宁的学生。

另外就是在 20 世纪 60 年代畅销小说《红岩》作者之一的罗广斌。

准考證

留美滇字第2062號考生楊振寧業經審查合格准予應考第六屆留美公費生 門此證

日期：中華民國卅三年八月十七日

國立清華大學 留美公費生考試委員會 發給

杨振宁庚款留美准考证上用的是“戎装”照片（杨振宁提供）

《红岩》是讲解放战争时期蒋介石在重庆的特务机关中美合作所里面的故事。

在这些学生当中还有杜致礼。杜致礼是蒋介石手下爱将杜聿明的长女，她上了杨振宁一年的课，后来也出国念书。五年以后杨振宁和杜致礼在美国再次相遇，后来结为夫妻。

杨振宁那个时候比这些西南联大附中的学生大不了多少，他本来显得特别年轻，加上班上又有很多女学生，所以更显得有一点害羞。有的时候在课堂上同学讲起一些好笑的事情，年轻的杨老师就会转过身去在黑板上写公式，并不跟着学生嬉笑，态度很严肃。不过杨振宁教得很好，甚至有一次杜致礼和几个同学都要跑到杨振宁的宿舍来问物理的问题。[31]

那个时候抗日战争已经到了民穷财尽的地步，杨振宁家里的经济情况也非常不好，所以杨武之还给他和凌宁找到一个教美军中文的工作。杨振宁说他是在昆明的美军招待所教一群美国军官和士兵中文，一星期三个小时，每月可以赚到一百美金，这在当时是一笔很大的数目，对家里的经济很有帮助。[32]

那个时候杨振宁和他的几个好朋友虽然不住在一起，但是他对友情非常看重，对朋友也很周到。那个时候因为吴大猷从马背上跌下来受了伤，所以吴大猷的学生黄昆已经搬到吴大猷住的城外岗头村附近，就近在吴家上课，杨振宁还特别跑去看过黄昆一次。[33]

那时候在西南联大生理系的凌宁，总是穿着从美军招待所买来的旧鞋子，但是因为常常要走很远的路，鞋底很快就破了一个大洞，但是当时穷得没有钱买新鞋，只好用报纸垫在里头。后来凌宁过生日，杨振宁送给他的礼物，就是一双新鞋子。[34]

杨振宁在西南联大有七年时间的学习和研究。除了正常的课程之外，他在刚进大学的时候听过一个系列的电磁学方程讲座，后来又听了刚刚从英国回来的王竹溪讲“相变”，虽然当时对有些内容并没有完全听懂，但是却给他的物理基础打下了一个宽广的根基。

在联大附中教书的这一年，他又自修学习了马仕俊所教过的“场论”，后来自己还做了一些笔记，把他对于这些物理的认知推导演算出来。这些过程使得他不但到国外留学的时候，发现自己已经是一个相当成熟的物理研究生，后来也在与“相变”和“场论”相关的领域做出了一流的贡献。

事实上，杨振宁在西南联大的那些纸张像草纸一样的笔记本，经过半个多世纪以后仍完整地保存着，上面用铅笔整齐地写着很多量子力学的公式和内容。杨振宁说，这些笔记内容非常扎实，有些公式今天仍有参考的价值。[35]

杨振宁通过这七年的学习，不只是了解了物理知识的内涵，如他自己所说，更重要的是形成了他个人对于物理科学的一种品位和偏好。他曾经说过：

> 在创造性活动的每一个领域里，一个人的品位，加上他的能力、气质和际遇，决定了他的风格。而这种风格又进一步决定了他的贡献。
>
> 乍听起来，一个人的品位和风格竟然与他对物理学的贡献如此关系密切，也许会令人感到奇怪，因为一般认为物理学是一门客观研究物质世界的学问。
>
> 然而，物质世界有它的结构，而一个人对这些结构的洞察力，对这些结构的某些特点的喜爱，某些特点的憎厌，正是他形成自己风格的要素。因此，品位和风格之于科学研究，就像它们对文学、艺术和音乐一样至关重要，这其实并不是稀奇的事情。[36]

杨振宁在西南联大所培养的对物理的偏好和品位，使得他后来特别欣赏爱因斯坦、狄拉克（Paul Dirac）和费米等人那种能够把物理概念、理论结构和物理现象的本质精炼出来的科学工作风格，但是却不能

1949 年秋于纽约吴大猷家中留影。左起：杨振宁、吴大猷、马仕俊（杨振宁提供）

够欣赏另外一位量子力学大师海森堡的科学风格。[37]

1943年以后，日本事实上已在节节败退中苦撑。1945年8月广岛和长崎遭到两颗原子弹轰炸之后，日本终于屈服而宣布无条件投降。大约两个礼拜之后，杨振宁也踏上了他赴美留学的路途。

杨振宁还记得1945年8月28日那天，他即将离家飞往印度转去美国的细节。他曾经写道：

> 清早，父亲只身陪我自昆明西北角，乘黄包车到东南郊拓东路等候去巫家坝飞机场的公共汽车。离家的时候，四个弟妹都依依不舍，母亲却很镇定，记得她没有流泪。
>
> 到了拓东路父亲讲了些勉励的话，两人都很镇定。话别后我坐进很拥挤的公共汽车，起先还能从车窗往外看见父亲向我招手，几分钟后他即被拥挤的人群挤到远处去了。车中同去美国的同学很多，谈起话来，我的注意力即转移到飞行路线与气候变化的问题上去。
>
> 等了一个多钟头，车始终没有发动。突然我旁边的一位美国人向我做手势，要我向窗外看；骤然间发现父亲原来还在那里等！他瘦削的身材，穿着长袍，而且头发已显斑白。
>
> 看见他满面焦虑的样子，我忍了一早晨的热泪，一时迸发，不能自已。[38]

52年以后，杨振宁在同一篇文章中写道：

> 1928年到1945年这17年时间，是父亲和我常在一起的年代，是我童年到成人的阶段。古人说父母对子女有"养育"之恩。现在不讲这些了，但其哲理我认为是有永存的价值的。

杨振宁坐飞机到了印度的加尔各答等船，结果等了两个多月。当时同船去美国的 10 多个庚款留学生心中很焦急，他们想打听消息，于是凌宁自告奋勇说愿意到新德里的美国大使馆去，不过要杨振宁和他同行。于是两人就坐火车跋涉千里，路上杨振宁还生了病，发烧住到了医院里。[39]

在加尔各答等船的这一段时间，到底是第一次远离家门，杨振宁非常想念父母亲和弟妹，而且对父母亲的艰辛也非常清楚，于是就把母亲亲手织给他的唯一的一件白毛背心，从加尔各答寄回昆明家里，给弟弟振平和振汉穿。[40]

1945 年 11 月，杨振宁终于搭上一艘叫作“斯图尔特将军”号的运兵船，从加尔各答出发，航向对他来说是无限宽广的未来。

注 释

1 杨振宁:《读书教学四十年》，香港，三联书店，1985年，第113页。

2 当时在西南联大文、哲、史方面有闻一多、朱自清、罗常培、冯友兰、汤用彤、金岳霖、陈寅恪、傅斯年、钱穆、雷海宗、叶公超、吴宓、钱钟书、朱光潜、王力等人；政治学、经济学、法学、社会学方面有陈岱孙、张奚若、罗隆基、燕树棠、潘光旦、费孝通等；数学方面有江泽涵、杨武之、赵访熊、郑之蕃、姜立夫、陈省身、华罗庚、许宝騄；化学方面有张子高、黄子卿、曾昭抡、杨石先、张青莲、张大煜等；物理方面有饶毓泰、吴有训、叶企孙、周培源、任之恭、郑华炽、吴大猷、赵忠尧、张文裕、马仕俊、孟昭英、顾毓琇。这张人名表引用自高策所著的《走在时代前面的科学家杨振宁》，太原，山西科学技术出版社，1999年，第67—68页。

3 杨振宁:《读书教学四十年》，香港，三联书店，1985年，第113页。

4 杨振宁:《杨振宁文集·吴大猷先生与物理》，上海，华东师范大学出版社，1998年，第807页。

5 吴大猷:《回忆》，台北，联经出版事业公司，1977年，第48页。

6 杨振宁访问谈话，1999年5月8日，纽约州立大学石溪分校办公室。

7 杨振宁:《杨振宁文集·父亲和我》，上海，华东师范大学出版社，1998年，第862页。

8 Chen Ning Yang, *Selected Papers 1945-1980 with Commentary*, New York: W. H. Freeman, 1983, p. 74. 翻译文字是杨振宁自己写的。

9 杨振平:《杨振宁文集·父亲与大哥》，上海，华东师范大学出版社，1998年，第882页。Comptes Rendus 是“报告”的意思。

10 杨振玉访问谈话，1999年9月10日，纽约州立大学石溪分校办公室。

11 Chen Ning Yang, *Selected Papers 1945-1980 with Commentary*, New York: W. H. Freeman, 1983, p. 3-4.

12 杨振玉:《杨振宁文集·父亲、大哥和我们》，上海：华东师范大学出版社，1998年，第907页。

13 Chen Ning Yang, *Selected Papers 1945-1980 with Commentary*, New York: W. H. Freeman, 1983, p. 4. 另外杨振汉、杨振玉的访问中也都提到过。

14 杨振平:《杨振宁文集·父亲与大哥》，上海，华东师范大学出版社，1998年，第884页。张守廉访问谈话，1999年9月10日，纽约州立大学石溪分校办公室。

15 杨振宁:《现代物理和热情的友谊》，沈良译，香港《明报月刊》，1991年8月。

16 同上。

17 张守廉访问谈话，1999年9月10日，纽约州立大学石溪分校办公室。黄昆访问谈话，1998年5月6日，北京中关村家中。

18 杨振宁:《现代物理和热情的友谊》，沈良译，香港《明报月刊》，1991年8月。黄昆访问谈话，1998年5月6日，北京中关村家中。

19 杨振宁:《现代物理和热情的友谊》，沈良译，香港《明报月刊》，1991年8月。

20 同上。另外根据黄昆访问谈话，1998年5月6日，北京中关村家中。

21 杨振宁:《现代物理和热情的友谊》，沈良译，香港《明报月刊》，1991年8月。

22 杨振平:《杨振宁文集·父亲与大哥》，上海，华东师范大学出版社，1998年，第883页。杨振玉访问谈话，1999年9月10日，纽约州立大学石溪分校办公室。

23 杨振玉访问谈话，1999年9月10日，纽约州立大学石溪分校办公室。

24《杨振宁专辑》，杰出华人系列，香港电视台，1998年8月23日。

25 同上。另外杨振宁访问谈话，1999年5月7日，纽约州立大学石溪分校办公室。

26 杨振玉访问谈话，1999年9月10日，纽约州立大学石溪分校办公室。

27 杨振平:《杨振宁文集·父亲与大哥》，上海，华东师范大学出版社，1998年，第883页。

28 黄昆访问谈话，1998年5月6日，北京中关村家中。

29 杨振宁访问谈话，1998年10月26日，纽约州立大学石溪分校办公室。杨振宁:《杨振宁文集·几位物理学家的故事》，上海，华东师范大学出版社，1998年，第537页。

30 杨振宁访问谈话，1998年10月26日，纽约州立大学石溪分校办公室。

31 杜致礼访问谈话，2000年8月21日，纽约长岛石溪家中。2001年4月23日，台北市福华饭店房间。

32 杨振宁:《经济发展、学术研究和文化传统》，刘培芳访问，载《新加坡新闻》，1987年2月2日。

33 凌宁访问谈话，1999年9月9日，纽约长岛办公室。

34 黄昆访问谈话，1998年5月6日，北京中关村家中。

35 杨振宁访问谈话，1998年10月26日，纽约州立大学石溪分校办公室。

36 Chen Ning Yang, *Selected Papers 1945-1980 with Commentary*, New York: W. H. Freeman, 1983, p. 4.

37 同上。

38 杨振宁:《父亲和我》，载香港《二十一世纪》，第四十四期（1997年12月）。

39 凌宁访问谈话，1999年9月9日，纽约长岛办公室。凌宁的这一段记忆与杨振宁有出入，杨振宁的记忆是他到印度不久就生了病，病好了才去新德里。

40 杨振玉:《杨振宁文集·父亲、大哥和我们》，上海，华东师范大学出版社，1998年，第908页。

第四章

纽约、普林斯顿到芝加哥

1947 年夏，杨振宁于怀俄明州魔塔保护区留影，当时他是芝加哥大学的研究生（杨振宁提供）

1945 年 11 月 24 日杨振宁由纽约登岸的时候，对于美国这个在第二次世界大战中曾经和中国并肩对抗日本侵略的国家，好奇之外更有着一份好感。虽然他在昆明时代曾经看过不少英文的名著和小说，也教过一些美国军人中文，但是在 20 多天的海上航行中，他还是听不懂船上那些美国士兵讲的粗俗俚语。幸好的是，他也没有接受他们玩扑克牌的提议，保住了身上的美金。

杨振宁在中国考上庚款留美以后，本来是预备跟随费米学习的，但是因为打仗的时候费米参加了国防研究，一时不知道费米在什么地方，于是他退而求其次想要跟维格纳（Eugene Wigner）做研究。维格纳是一个从东欧的匈牙利来到美国的杰出理论物理学家，曾经在利用群论讨论原子能阶方面做过很重要的工作，因此受到对群论深感兴趣的杨振宁的注意。维格纳那个时候在普林斯顿大学，所以杨振宁来美国的时候，申请了普林斯顿大学的入学许可。

杨振宁和 20 多个同船的庚款留美学生到纽约以后，就先住在纽约曼哈顿时代广场附近的爱迪生旅馆，这是一个不算讲究但是古典雅致的旅馆。时代广场是纽约最热闹的地方了，街上车水马龙，杨振宁等人住进旅馆以后，到街上一看觉得什么都很新鲜，头一件事情就是去用了一下买餐点的自动贩卖机。对于只要放进五分或者一毛钱，就可以在一个一个的方格中取出餐盘的餐点自动贩卖机，他们觉得很新鲜，这是在中国从来没有看过的东西。

还有一个觉得比较稀奇而最初不能够适应的事情，就是美国的男女关系。杨振宁说，比如打开美国的报纸一看，到处都是女人内衣的广告，从昆明乡下出来的杨振宁，刚一看到这种广告，觉得很不好意思，很快就要把它翻过去。[1]

当然对杨振宁来说，最重要的事情是找到费米。费米是 20 世纪伟大的物理学家之一，1938 年他因为在核反应的慢中子方面的工作成就得到诺贝尔奖。费米因为反对意大利法西斯政权，所以 1938 年在瑞典领了诺贝尔奖以后，就带着全家人直接到了美国纽约市，加入哥伦比亚大学的物理系。

杨振宁对于寻找费米的这段经历是这样回忆的：

> 1945 年 11 月我到美国。在纽约上岸。花了两天买了西服、大衣以后，第一件事情就是到哥伦比亚大学去找费米。费米不但在基本物理上有重大的贡献，而且是主持造世界第一个原子堆（原子反应器）的人。因为这是战时的工作，所以他的行踪是保密的。我在中国的时候就听说费米“失踪”了。可是我知道他失踪以前是哥伦比亚大学的教授。所以我到该校去问费米教授是什么时候上课。使我非常惊讶而且非常失望的是，哥大物理系秘书竟未听说过有一个叫作费米的人。[2]

当时像杨振宁这种庚款留美出国的学生，在路途上每天都有五块美金的公费，那个时候住在像是青年会（YMCA）这种旅馆一天是一块美金，所以五块美金是足够用度的了。杨振宁在纽约住了大概三个礼拜，他对于中央公园附近的自然历史博物馆非常感兴趣，一连去了两天，看到里面有很多大象和巨兽的标本，叹为观止。他到离纽约市不远的纽黑文去看一个在耶鲁大学的朋友黄中，黄中还带他看了一场美式足球赛。[3]

由于在纽约找不到费米，杨振宁只得到普林斯顿大学去找维格纳。在普林斯顿大学，杨振宁就住在当年教过他的老师张文裕家里，那个时候张文裕正好在普林斯顿访问。同一个时候在普林斯顿还有很多中国人，譬如说在西南联大也教过他的大数学家陈省身，曾经是吴大猷老师的著名物理学家饶毓泰和胡宁，还有著名数学家段学复等人。

杨振宁到普林斯顿的时候，已经是 12 月中旬的样子。他在普林斯顿大概住了一个礼拜。那时已接近圣诞节，杨振宁走在街上看见到处挂着圣诞节的灯饰，触目尽是歌舞升平的景象，他从战时的中国出来，看在眼中，心中有说不出的感触。[4]

杨振宁在普林斯顿大学找到了维格纳，但是那个时候维格纳正要离开普林斯顿到橡树岭实验室去做主任，所以就告诉杨振宁说，他可以去找惠勒。惠勒是一个有名的物理学家，也做过很重要的物理工作，他是在 20 世纪 50 年代最早提出黑洞这个名词的物理学家。

惠勒看到杨振宁以后，给了他一篇论文，杨振宁还记得那篇论文是用老的办法印出来的，上面还有氨的味道。那篇文章是惠勒的一个演讲，内容是谈当时有什么样的物理工作可以去研究。[5] 就在杨振宁还没有决定要不要跟惠勒做研究的时候，张文裕告诉他说，听说费米要到芝加哥大学去。张文裕的消息很正确，事实上第二次世界大战结束以后，战时在芝加哥大学负责冶金实验室的著名物理学家康普顿（Arthur Compton）推动在芝加哥大学设立了核物理研究所，而费米已经同意到那里去。

杨振宁从张文裕那里得到消息之后，立刻打电报到芝加哥大学去申请入学许可，几天以后芝加哥大学就给了杨振宁入学许可。杨振宁收到这个电报，喜出望外，立刻决定要到芝加哥大学跟随费米做研究。

杨振宁是坐火车从普林斯顿出发到芝加哥去的，途中经过了费城和华盛顿，也顺道游览了一下。他在费城住在一天一块钱的青年会旅馆，参观了费城的艺术博物馆，看到里面有如此精美的中国宫殿建筑，印象十分深刻。然后他在华盛顿又待了几天再转到芝加哥去。

杨振宁记得，那个时候的火车挤得不得了，车上满是退伍要赶回家的士兵。最后一程的火车大概花了 20 个钟头，到芝加哥的时候已经是 1945 年的年底了。

1946 年的 1 月 2 日或者 3 日，杨振宁在芝加哥大学物理系的课堂上终于看到了费米，那一年费米教了一门核物理课，杨振宁正式成为费米的学生。[6]

费米不仅是 20 世纪的伟大物理学家，还是物理科学上一个了不起的导师。他在 26 岁时就成为罗马大学的教授，在他的领导之下，罗马大学的物理研究所在 20 世纪 30 年代成为意大利和欧洲的一个物理研究中心，一群物理学家在他的领导下形成了所谓的“罗马学派”。

费米在 1938 年底到美国以后，不过几年时间就卷入了战争的相关研究。他因为是意大利人，所以在美国对意大利宣战以后，有一段时间他要离开纽约都还要有特别的许可。1942 年费米的实验组从哥伦比亚大学移到芝加哥大学，12 月 2 日费米在那里完成人类第一个可控制的核裂变反应器（反应堆）。当时芝加哥大学冶金实验室负责人康普顿在告诉战时国防研究科学委员会负责人科南特（James Conant）这个消息的密语电话中就说：“意大利的航行家发现了美洲……而哥伦布发现美洲人很友善。”[7]

1946 年费米在战后再回到芝加哥大学，创造了他科学生涯的另一个高峰。跟随他到芝加哥大学的一大群研究生，除了一些战时就跟着他的年轻物理学家，还有许多慕名而来的学生，杨振宁正是其中之一。

在西南联大有七年扎实物理训练的杨振宁，当时对于物理知识的了解不但非常前沿，而且相当的广，但是费米的教育却使他对物理科学眼界大开。

费米对物理有深刻造诣的故事传述甚多。在第二次世界大战期间，费米经常要来往芝加哥和华盛顿州汉佛路德的钚元素制造工厂，当时

杨振宁在物理科学上得到费米很大的启发
（加州理工学院档案馆提供）

为了安全的理由，他们都不准搭乘飞机。在一次漫长的火车旅行中，当时是美国原子弹计划负责人奥本海默（Robert Oppenheimer）副手的艾利森（Samuel Allison）为了打破无聊的沉闷，提起他在南美安第斯山脉之时，手表受到宇宙射线的影响而变得不准的故事。艾利森问费米对这个事情的判断。

费米立刻拿出一张纸和一支铅笔，写下一些有关手表内部空气改变手表飞轮运动动量的数学公式，然后他用计算尺计算了一下，结果费米对于手表在安第斯山上发生改变的估计非常准确，让和他们同行的康普顿面露惊讶之色。[8]

几年以后，第一枚原子弹在美国的新墨西哥州试爆，当时也在试爆点附近的费米，手中握了一些碎纸片，当原子弹的震波传到他所在的基地营时，他就让手中的纸张碎片落下，然后根据纸张散布的距离，推算出了这个原子弹的能量。费米当时所估算出来的是两万吨黄色炸药的威力，后来证明是惊人的准确。[9]

费米是最后一位既做理论，又做实验，而且在两方面都有第一流贡献的大物理学家。20 世纪伟大的物理革命——量子力学的发展初期，费米虽然没有加入，但是他做了一些统计力学的工作，后来他看到狄拉克、海森堡、泡利（Wolfgang Pauli）等人写的量子场论文章，觉得都太过于形式化，于是做了一个工作，非常具体而且清楚，才使许多人了解了其中的道理。[10]

杨振宁到芝加哥大学以后，当然受到费米的很大影响，不过很快他的同班同学就发现，这个从中国来的研究生，虽然不大讲话，但是知识非常广博，费米知道的物理学知识似乎他都知道。芝加哥的物理研究所到后来一共大概有 200 个研究生，杨振宁对于物理的了解，要比他们都高上一个层次，所以很快就成为芝加哥大学物理研究所的一个明星研究生，他们中间许多人都从杨振宁那里学到很多的物理知识。[11]

和杨振宁同班的女同学寒春记得很清楚，杨振宁在课堂上并不大

1993 年 10 月，寒春和阳早（右）于北京北郊沙河农机实验站住家院中留影（江才健摄）

讲话，不过费米提出的问题，他都能够很快地说得很清楚，寒春说她觉得杨振宁没有不懂的物理。[12]

杨振宁因为仰慕美国的大思想家富兰克林（B. Franklin），所以刚到美国的时候，取了一个英文名字弗兰克（Frank）。寒春曾经写过她初见杨振宁的印象："我很清楚地记得头一次看到弗兰克的印象。那一定是 1946 年春天的那个学期。他就是我们在芝加哥核物理研究所量子力学课程那个高高的而且安静的新同学。虽然他很谦逊地坐在教室后面，但是很快大家就都了解到，事实上他根本不必上这门课。他的物理知识远远超过我们这些人，他完全可以做我们的老师。"[13]

寒春是一个传奇性的人物。她出生于美国的一个中等收入家庭，母亲有很前卫的观念，她们兄弟姐妹受到母亲的影响，也在美国成为特立独行之士。寒春 1941 年在威斯康星大学念物理，第二年就到美国新墨西哥州的洛斯阿拉莫斯实验室，在费米的手下参加了研发原子弹的工作。

1945 年 8 月，美国在日本投下原子弹以后，包括寒春在内的很多核物理学家的内心饱受创伤。寒春看到那个时候美国掀起一片军事研究的狂潮，1948 年她"带着一颗无比空虚的心"，独自去了中国。

寒春到中国去，是受到她哥哥韩丁（William Hinton）的影响。韩丁因为仰慕共产主义的理想，早一年已经到了中国，并且在中国待了 6 年，后来韩丁出版了一本谈论中国土地改革的书《翻身》，甚为轰动。不过韩丁在 1953 年回到美国以后，受到了当时麦卡锡主义主导的国会的听证调查，在中国写下的笔记被没收，出国行动也受到限制。

寒春到中国以后，见到许多有理想的年轻共产党人，也看到中国共产党改变旧中国的理想和努力，内心大受感动，对比她在美国看到的那些疯狂的军事研究，更觉得人类的希望就在新的中国。寒春后来在中国延安以及其他地方的农牧场工作，将她的物理知识用在改良农牧生产方面。1949 年她和她哥哥的同学阳早（Erwin Engst）在延安结婚，后来就一直住在中国。

杨振宁的芝加哥大学老同学戈德伯格，办公室也是挂着费米的照片
（江才健摄）

1964 年中国成功试爆原子弹以后，美国开始流传一种说法，认为寒春是把美国原子机密泄露给中国的原子间谍。其实寒春自己说她在费米手下所做的工作非常初步，对于原子弹所知有限，而且当年离开美国，正是因为不满意美国疯狂的军事研究走向。她在中国住了 50 多年，大多数时间都待在农牧场中，其中一段时间被调到对外文化委员会工作，但是她很快要求再回到农牧场。

1971 年杨振宁回中国访问，曾经在大寨见到寒春，后来两人一直都维持着当年在芝加哥大学那样亲密的同学友谊，偶尔还会见面。[14]

同样是杨振宁芝加哥大学研究所的同学，后来成为美国核武器重要顾问、美国国家科学院院士，也做过加州理工学院校长的戈德伯格（Marvin Goldberger），认为寒春去中国的行动太过天真，不过他同样惊讶于杨振宁在物理方面的天分。他说杨振宁不但物理知识比他们所有人都懂得多，也比他们都要聪明。他还记得有一次考试，杨振宁 10 分钟就答完题目，走出教室，留下他们继续奋斗了一个小时。[15]

后来才知道自己和杨振宁同年同月出生的戈德伯格还开玩笑地说，他原来以为杨振宁比他大一岁，所以才比较聪明，对于杨振宁从来不炫耀自己的聪明和物理知识，以及对于别人的慷慨，他印象特别深刻。[16] 杨振宁的另外一个同学，后来做了加州大学伯克利分校教授，也是美国国家科学院院士的丘（Geoffrey Chew）也说，由于杨振宁并不特别炫耀自己的聪明，所以几年以后他才惊讶地发现杨振宁是多么聪明。[17]

其实费米当时在芝加哥大学的许多学生皆一时之选，学术界多年也流传着一种说法：费米曾经说过他们那一班学生有多少人要得诺贝尔奖。杨振宁说他没有听过这种说法，认为以费米说话的谨慎，应该不会说那样的话。不过那个时候除了杨振宁以外，费米确实提到加温（Richard Garwin）和罗森布卢特（M. Rosenbluth）是天才。杨振宁当时也认为，他的许多同学将来都要成为美国物理学界的领袖人物。[18]

被杨振宁认为是当今美国等离子体物理理论方面数一数二的佼佼者的罗森布卢特就说，杨振宁是他们研究生当中物理知识最广博的。

他对于杨在战时的中国能够有这么好的物理训练，印象非常深刻。他提到杨振宁非常愿意帮助别人，也曾经帮助他理解一些物理问题。当时也在芝加哥大学，1988 年得到诺贝尔物理学奖的施泰因贝格尔（Jack Steinberger）说，在芝加哥大学和费米以及杨振宁、罗森布卢特一起学习的日子，是他一生中最兴奋的经验。他说，他从杨振宁那里学到的跟从老师那里学到的一样多。[19]

杨振宁在西南联大的时候，因为上过留学英国剑桥大学的马仕俊教授的场论，所以对于场论的知识有很前沿的了解。费米在 20 世纪 30 年代初也做过场论的工作，不过后来就转到实验工作去了，所以 40 年代杨振宁到芝加哥大学的时候，在场论方面的知识比费米还要深入。费米对于杨振宁的物理才分也十分夸赞，曾经告诉他的老友，法国著名的物理学家勒普兰斯·兰盖（Louis Leprince-Ringuet）说，他最好的学生就是一个中国人，叫杨振宁。[20]

不过杨振宁从费米那里学到的是做物理最重要的概念。他自己也说，在芝加哥大学学到的不仅是一般的书上的知识，尤其重要的是做物理的方法和方向。

杨振宁记得他到芝加哥大学一段时间以后，突然有了一个很妙的想法，就是把物理学里面测量的哲学观念做一个通盘性的解释，然后得到整个根本的物理学结构。这当然是一个很具有野心的企图，杨振宁想了两天以后，自己十分得意，就去找费米谈了一下。费米听了以后，只说这也许有一点意思，要杨振宁回去再想一想。杨振宁回去想了几天，得不出什么新的结果，后来就把这个想法放弃了。

这正是费米的一个风格，他对于学生常常是用这种自由的态度，让你自己去想。杨振宁记得费米曾经强调，一个年轻人应该将他的大部分时间用于解决简单的实际问题，而不应专注处理深奥的根本问题。他也发现费米总是从实际的现象开始，用最简单的观念描述出来。[21]

那个时候另外一个对杨振宁的物理观念影响很大的事情，是费米的晚间讨论会。这个讨论会是 1946 年费米在芝加哥大学教书几个月以后就开始的，起初只有很少几个人参加，他们多半是战时在洛斯阿拉莫斯实验室就跟随费米的一些人，杨振宁记得有寒春、张伯伦（Owen Chamberlain）、利昂娜·马歇尔（Leona Marshall）和瓦滕博格（Albert Wattenberg）。1942 年 12 月 2 日费米在芝加哥大学完成人类第一个可控制核反应器，当时在场的 39 个人当中就有马歇尔和瓦滕博格。后来维格纳还拿出一瓶基安蒂白酒，大家喝了以后都在瓶子上签了名。这个酒瓶现今已成为一件历史文物。

讨论会就在费米的办公室举行，费米会拿出他的笔记本，然后随便找一个题目开始讨论，并且给大家讲解。这些讨论会比较不拘形式，大家可以随意提出问题，杨振宁也还记得念化学的马歇尔老是问很笨的问题。不过这个讨论会后来渐渐地有更多的人参加，性质也和开始的时候不大一样了。

杨振宁一直保存着 1946 年 10 月到 1947 年 7 月他参加费米晚间讨论会的笔记。[22] 在这些广泛的题目讨论中，杨振宁观察到费米的讨论侧重于论题的本质与实用，所采取的方法通常不是分析性的，而是直观和几何的。

费米从理论到实验物理，从最简单的问题到最深奥的问题，都做了详细的笔记，这使得杨振宁了解到，那就是物理。他懂得了物理不应该是专家的学科，物理应该从平地垒起，一块砖一块砖地砌，一层一层地加高。他懂得了，抽象化应在具体的基础工作之后，而绝非在它之前。

杨振宁也发现，费米物理的风格是简单而扎实的，他不会钻牛角尖。费米非常不喜欢形式化的东西，杨振宁还记得费米曾经开玩笑说："复杂的形式留给主教去搞吧！"费米对于"什么是物理，什么不是物理"有一个很清楚的价值观念。他认为太多形式化的东西不是不可能成为物理，只是成为物理的可能性常常很小，因为它有闭门造车的危险。这些都大大地影响了后来杨振宁的物理风格。[23]

但是杨振宁最想学的还是做物理的实验。那个时候费米实验工作所在的阿贡国家实验室，因为也进行国防研究，所以有安全保密的限制。杨振宁的同学丘当时的太太罗丝在阿贡国家实验室做秘书，她查了一下说杨振宁因为是拿中国护照的外国人，所以不能到阿贡国家实验室去工作。

那个时候，芝加哥大学物理研究所还有许多重要的科学家，譬如因为发现氘而得到诺贝尔化学奖的尤里（Harold Urey），以及后来有美国“氢弹之父”称号的泰勒（Edward Teller）等人。费米建议杨振宁，既然不能去阿贡国家实验室，不如去找泰勒做理论的工作。

当时第二次世界大战刚刚结束，芝加哥大学还有很多地方在做国防研究，一般人不能随便出入，泰勒办公室所在的爱卡楼（Eckart Hall）就是这种一般人不能进去的地方。杨振宁到了那里，在楼下打电话给泰勒，过了一会儿听到泰勒从楼梯上走下来。泰勒原来是匈牙利人，他年轻的时候在德国被电车撞伤了一条腿，所以下楼的时候一脚高一脚低的，脚步踏在楼梯上的声音很大。

泰勒知道杨振宁是要来做他的研究生。他看到杨振宁就说：“我们先散散步吧。”散步的路上泰勒问杨振宁说：“氢原子的基态波函数是什么？”对杨振宁来说，这是一个易如反掌的问题，他很轻松地就回答了。于是泰勒说：“你通过了，我接受你做我的研究生。”杨振宁认为，泰勒这样做是有道理的，因为有很多课程念得很好的人，也不会回答这个问题。[24]

泰勒的科学风格和费米很不一样。费米对于物理问题都想得很清楚，不随便说话。但是泰勒不同，泰勒经常会有许多新的想法，这些想法大多数不大成熟，有许多也是错的，但是泰勒不怕犯错，而且只要你指出他的错误，他就会很快改过来。他在科学上的主意之多到了一个程度，有的时候一个研究生第二个礼拜去找他，他已经不记得上

杨振宁和他的博士指导教授泰勒一直维持着很好的情谊
（杨振宁提供）

个礼拜给这个研究生的题目是什么了。[25]

在第二次世界大战期间，泰勒参加了奥本海默主持的美国原子弹计划，但是因为他的主意太多，他参加的那个组工作忽东忽西地做不下去。后来奥本海默想到一个主意，就是让泰勒去负责研究氢弹的发展，这一来让泰勒觉得很得意，另一方面也使得其他人不受到他太多主意的干扰，让工作得以进行。

泰勒是一个非常强调直觉的物理学家，他的想法非常具有启发性，但是上课从来都不准备，总是天马行空谈论物理的想法。戈德伯格就说，泰勒的物理课是他一生上过的最糟的课。[26]

但是泰勒这种对物理的直觉的了解，却给予了杨振宁全新的视野。在这以前，杨振宁对物理的认知看法，总认为应该是书上一篇篇、一页页的知识，是先有一个定理，然后有一个证明的演进方式。但是泰勒不大注意证明，他的想法比较直觉，有时候他直觉的想法也不全是对的，而且对一些直觉结果也不能够证明。但是这种办法却有一个好处，就是触角伸得非常之远，往往在没有看清楚一个东西的时候，就抓住了它的精神。

杨振宁经过和泰勒接触，学到了比较注重数学跟物理关系的精神，而不仅仅是细节。他也深刻地意识到，证明是有用的，但是直觉也要发展。[27]

泰勒给杨振宁的第一个题目是关于Be（铍）的K电子俘获生命期的问题。这问题和费米1933年提出的理论有关系，也有很多人做实验。事实上这个题目和当时在美国洛斯阿拉莫斯实验室的秘密实验有关系，但是杨振宁并不知道。要计算这个问题有三种理论的办法，其中一种杨振宁知道，另外两种他不知道。泰勒告诉他可以在什么书上去找，于是杨振宁就开始做这个问题的理论计算。

这个问题中间有很复杂的计算，要用计算器来算，那个时候还没有电子计算器，于是杨振宁在芝加哥大学利用经济系的手摇计算器算了两个礼拜，得到了一个结果。泰勒看了很高兴，就要杨振宁做一个报告。这是第二次世界大战以后芝加哥大学物理系第一个由研究生做的报告，当时在座的有费米、泰勒、尤里、玛丽亚和约瑟夫·梅耶夫妇（Maria & Joseph Mayer）等一些有名的物理学家。杨振宁说他有一点紧张，不过大家对他的报告都非常满意。[28]

泰勒于是要杨振宁把这个结果的论文写出来。但是杨振宁觉得不大妥当，因为这个计算的结果里面有一些估计值，而且最后的结果是把两个估计值相减；杨振宁认为这样一来误差太大，不大可靠，所以虽然泰勒老来催他，但是搞了很久并没有把文章写出来，而且以后也一直都没有发表这篇论文。

于是泰勒又给了他另外一个题目，是关于原子核磁矩的问题。这个问题杨振宁又做了一两个月，但是这种问题中间依然有所谓的近似值的问题，杨振宁对于这种不精确的东西是不喜欢的，所以这样搞了几个月。换了两三个题目以后，杨振宁就知道，他是没有办法跟泰勒做下去的。[29]

于是费米就建议杨振宁到艾利森的实验室去做实验。艾利森当时是芝加哥大学核物理研究所的所长，那时候在一个40万电子伏特的加速器上做实验。杨振宁在中国可以说是从来没有做过实验，而且他又不善于动手，所以在这个实验室中，他虽然可以帮助同学解决习题的问题，但是在做实验动手方面却显得十分笨拙，也有一些挫折之感。

杨振宁就很清楚地记得，和他同时做实验的同学阿诺德（W. Arnold）似乎有一种神奇的直觉。有时候实验室的管子会漏气，杨振宁花了两个钟头还是束手无策，而这个阿诺德两分钟就可以找到漏气的地方。不过阿诺德后来并没有通过芝加哥大学的博士考试，需要转到另外一个大学去修完博士学位。

另外，当时在实验室中还有后来做了洛斯阿拉莫斯实验室主任和通用原子能公司总裁的阿格纽（H. Agnew），后来替美国海军设计响尾蛇导弹的威尔科克斯（H. Wilcox）以及寒春等人。从找到漏气的地方到如何去弯一根管子，这些同学让杨振宁学到很多动手的办法，也了解到实验物理学家思考问题的办法和心态，使他深刻地意识到，实验物理学和理论物理学在思维上一些不一样的地方。[30]

杨振宁在艾利森实验室 20 个月的实验工作不太成功，而且还闹出很多笑话。和杨振宁一起做实验的寒春就说过，有一次杨振宁把一个高压电过到她的手上，让她的手上至今还留有一个疤，但是后来杨振宁却完全不记得这件事情。寒春说他们那个时候给杨振宁起了一个外号叫作“黄祸”（yellow peril），看到他来了就害怕。那个时候实验室中有许多杨振宁的笑话，杨振宁自己也说，艾利森最喜欢的一个笑话就是：“哪里有爆炸声，哪里就有杨振宁。”[31]

杨振宁的实验经验虽然不成功，但是他还是和威尔科克斯设计了让带正电的质子束通过一个薄膜，而可能会改变成为不带电粒子束的实验装置，在设计这个实验装置的过程中，杨振宁也跟实验室的老师傅学了很多。这些有经验的老师傅在大学中的待遇非常高。后来杨振宁虽然没有做实验工作，但是他和威尔科克斯设计的这个实验装置，却替艾利森教授的实验室产生了十多篇博士论文，这也许是杨振宁对实验物理的一点小小的贡献。

做实验不大成功之后，杨振宁又去找泰勒。泰勒问起知道他实验做得不成功。杨振宁向泰勒提起，他看过稍早泰勒和著名物理学家科诺平斯基（E. Konopinski）发表的核反应中角分布和角动量的文章，不过泰勒用的是直觉的方法，杨振宁说他用群论的方法把这问题搞清楚了。泰勒听了十分感兴趣，于是杨振宁在黑板上把他的结果写给泰勒看。泰勒看到杨的证明做得如此干净利落，于是就说：“你不必坚持一定要写出一篇实验论文。你已经写了理论论文，那么就用一篇理论论文做毕业论文吧。我可以做你的导师。”[32]

对于一心一意想要写一篇实验论文的杨振宁来说，泰勒的说法当然让他十分失望，于是就说他要想一想。杨振宁想了两天，决定接受泰勒的建议，放弃了实验物理。他说自己做了这个决定以后，如释重负。这个决定使得杨振宁后来没有成为实验物理学家。杨振宁说，他的有些朋友认为，这恐怕是实验物理的幸运。[33]

这篇论文杨振宁一开始写得很短，只有三页。泰勒说，那时芝加哥大学有一个奇特的规例，就是学位论文要比较长，于是泰勒告诉杨振宁说："你看，这是一篇好论文，但是你是否能够把它写得长一点呢？譬如，你是否能把它推广到角动量变化为半整数的情形？"

过了几天杨振宁带回来一篇七页的论文。泰勒说他非常粗鲁地对杨振宁说，应该把论证写得更清楚详细些。泰勒说其实他不应该这样说的，因为论文已经写得足够清楚了。然后他们做了许多的争论，杨振宁走了。过了十天，杨振宁带回来一篇大概十页的论文，泰勒说，这时候他不再坚持，因为这是他所指导过的最优秀的也是最短的一篇博士论文。[34]

杨振宁在 1948 年 6 月得到博士学位，那年秋天芝加哥大学就聘他为讲师。那个时候芝加哥大学的政策，是绝对不留自己学校毕业的研究生做讲师的，但是费米、泰勒和艾利森都同意把杨振宁留下来。戈德伯格说，芝加哥大学打破惯例，原因是杨振宁太优秀了。[35]

杨振宁在芝加哥大学除了课业和实验工作之外，仍不改其兴趣广泛和对事好奇的个性。他报名参加了芝加哥大学的舞蹈课程，学会了在中国从没有跳过的社交舞。那个时候费米在学校附近大学路 5327 号的三层楼房居住，经常有一些聚会，杨振宁也会去参加平均一个月一次的跳方块舞会，因此和费米的太太和儿子、女儿也都很熟。杨振宁一直记得那些欢聚和嬉戏的日子。

有一天费米打电话给杨振宁，邀请他一块去芝加哥的近郊雪地里健行。杨振宁记得那一次寒春也去了。他说那是长距离的健行，他跟他们走了一整天，由于在中国并不常做这种活动，所以觉得很累。

杨振宁那个时候住在国际学舍，除了早饭以外，午饭、晚饭常常在学校的餐厅吃，所以和美国同学有许多来往。那个时候他和稍晚来芝加哥大学的罗森布卢特比较熟，两人在芝加哥大学饭厅里吃饭的时候，也常常会辩论像应不应该用原子弹轰炸日本之类的问题。

有一天杨振宁跑去溜冰，这是他离开北平以后很久没有机会再做的事情。结果在溜冰的时候碰到一个也住在国际学舍的数学研究所研究生罗伊。杨振宁和罗伊谈得很投机，两人溜冰以后继续到杨振宁的房里谈了一夜。在谈话当中，杨振宁发现罗伊似乎对于物理和数学前沿的知识知道得很多，让他印象深刻。

但是后来和罗伊接触多了以后，才发现罗伊所谈论的东西很多都是表面的印象，并没有真正实质的了解。这使得杨振宁对于美国学生和中国学生研究学问态度的不同有所了解。

当时和杨振宁比较熟的另一个美国同学叫作费希尔（George Fisher）。有一回费希尔邀请他到家里去过周末，这是杨振宁头一次住在美国人的家里。费希尔的家在芝加哥的西北，是一个有许多波兰移民的区域。杨振宁在他们家里发现一个对他来说很稀奇的事情，就是费希尔的家人觉得费希尔念完大学不赶快去找工作赚钱，还要念研究所，是不可思议的一件事情。这和中国的传统想法是完全不同的。[36]

杨振宁出国念书，准备是几年后就回到中国的。他的同学戈德伯格就记得，一次在吃饭的时候他问起杨振宁，拿到学位以后有没有计划要留在美国，因为那时候许多欧洲来的、不是美国出生的人，都预备留在美国。但是戈德伯格发现，杨振宁一心一意地要回中国去。[37]

杨振宁离开中国的这几年，战后的中国并没有安定下来，国民党和共产党又爆发了内战。杨振宁在芝加哥并不容易知道国内的情形，只是偶尔在学校餐厅一些报纸上看到零星的消息。他跟家里通信，也打过长途电话，在电话中他叫父亲的大排行三伯，叫母亲大姥，母亲曾在电话中大哭。他知道了父亲在抗战胜利之后得了伤寒，大病一场，后来也没有回到清华大学去。偶尔有人回中国去的时候，他会请他们带东西回去。做了讲师以后，因为一年有3750美金的薪水，所以曾经给家里买了一个冰箱运回去，并且也给弟弟妹妹买照相机之类的生日礼物。[38]

那个时候在芝加哥大学的中国学生当中，和杨振宁比较熟的是他的旧识凌宁，另外一个是念哲学的，叫作樊星南，他们都是同一批庚款留美的同学。到1946年秋天，来了一个念物理的学生，叫作李政道。

李政道到芝加哥大学的时候，还没有满20岁。他会到美国来是因为第二次世界大战以后美国将原子弹发展过程的"史密斯报告"交给盟国，当时中国政府想要发展国防军事科学，于是挑选五人到美国进修，李政道是吴大猷在物理部门挑选的两人之一。

吴大猷曾经写道："1945年的春天，忽然有一个胖胖的、十几岁的孩子来找我，拿了一封介绍信，信是1931年我初到密歇根大学遇见的梁大鹏兄写的。梁不习物理，十几年未通音讯了，不知怎样会想起我来。他介绍来见我的孩子叫李政道，原在宜山浙江大学，读过一年级……"[39]

李政道天资聪慧，又求知心切，无论吴大猷给他什么困难的书和习题，他很快就做完了，并且再来要求更多的阅读物及习题。吴大猷有风湿痛，李政道会给他捶背，并且做许多家中的琐事，是标准的入室弟子。吴大猷也很快发现他思维敏捷，大异寻常。

1946年夏天，华罗庚、曾昭抡带着挑选出国进修的五人由上海赴美。[40] 吴大猷因为先到英国去开会，所以李政道就和另一位被挑选出国进修物理的朱光亚，陪同吴大猷的太太阮冠世到芝加哥。在这以前杨振宁已经得到通知，并且替他们在国际学舍中预定了房间。

阮冠世一直有肺病，身体非常孱弱，许多事都需人照顾。那个时候国际学舍是男女分开的，阮冠世由于连打开电梯门的力量都没有，男人又不能进到女人住的国际学舍那边去，所以后来杨振宁又替她另外找了一个小的旅馆住。[41]

李政道、朱光亚和阮冠世在芝加哥住了好几天。本来他们要一起到密歇根大学去的，这几天当中李政道来找杨振宁谈了好几次，发现留在芝加哥大学比较好，于是改变主意，决定不到密歇根大学去了。

1947 年，李政道（左）、杨振宁和朱光亚（右）于密歇根大学所在的安娜堡留影（杨振宁提供）

杨振宁在芝加哥大学认识李政道以后，两人的关系变得很密切。杨振宁的成长经验中都是做大哥，那个时候胖胖的李政道才刚要满 20 岁，而且个性非常随和，杨振宁又发现他才华出众，刻苦用功，自然而然地特别照顾他。在芝加哥大学的许多事情，比如办理入学许可等，也都是杨振宁带着李政道去办妥的。[42]

那个时候杨振宁的物理知识已经非常成熟，李政道在中国只念了两年物理，所以杨振宁可以教他的很多。当时芝加哥大学的同学罗森布卢特和寒春都说，当时杨振宁知道的物理比李政道多得多，是许多人的老师，更是李政道的老师。戈德伯格也说，李政道是受到杨振宁的庇荫（protégé）的。[43]

李政道来了芝加哥大学以后，杨振宁有了一个志同道合的学弟，生活上也有一些变化，他和李政道以及凌宁常常在一起，中国同学有时候也会有一些中国式的活动。那个时候在芝加哥大学研究所做研究的葛庭燧，是一个优秀的物理学家，在 20 世纪 50 年代初期回到中国，后来当选为中国科学院的院士。葛庭燧年纪比较大一点，也结了婚，偶尔会请大家到他家里去。

有的时候他们也会到离芝加哥大学不远的一家中国餐馆去吃饭。这家餐厅的老板姓李，有一个十多岁的女儿叫作简（Jane），所以餐馆的名字就叫作"Jane Lee"。这个餐厅的中国饭很蹩脚，只是做一些像杂碎之类的东西，所以有的时候他们会到比较远的中国城去吃中国饭。从芝加哥大学到中国城，要坐街车沿着温特沃思大道（Wentworth Avenue）去，这是当年杨振宁的父亲在芝加哥大学念书时也做过的事情。因为去一趟要一个钟头，所以他们并不常去。[44]

有一年放假，杨振宁、李政道和凌宁买了一辆二手的汽车，是一辆浅绿色的雪佛兰。那个时候他们三人都不会开车，于是杨振宁先请罗森布卢特教他。他转了几圈学会了，就教李政道和凌宁，然后他们三个人就开着这辆二手汽车向西边出发，去漫游美国。

这是一个大胆而冒险的行动，正是年轻人常常做的事情。他们三

1947 年 8 月 23 日，凌宁（左）、李政道（中）和杨振宁出发游历美国西部前于芝加哥大学留影，背景是他们合买的车（杨振宁提供）

个人不但头一次开车，而且都是初领驾驶执照。其实，就是杨振宁的驾驶老师罗森布卢特当时也没有驾驶执照，不过这个事情是到 1982 年芝加哥大学纪念原子反应堆成功 40 周年的时候，杨振宁才从罗森布卢特口中知道的。[45]

杨振宁他们三人一路向西开去，拜访了怀俄明州、华盛顿州和旧金山等很多地方。凌宁的弟弟凌容那个时候刚从中国坐船到旧金山，也和他们一起去了有名的大峡谷。

在大峡谷的旅程中，杨振宁他们遭遇险情。由于对上下大峡谷的距离估计太过乐观，杨振宁、凌宁和凌容三人走下大峡谷并到对面的行程，比预期的延误了许久，前后走了近 20 小时。由于没有准备食物、饮用水，三人又累又饿，到最后凌容因为过于疲累无法再爬最后一段阶梯，于是杨振宁留下来和凌容一起，由凌宁一个人爬到顶上，和开车绕过来的李政道会合。

杨振宁还记得，后来李政道带着水和三明治由山顶下来找到他们，他吞下第一口三明治时满嘴疼痛的经验。那一天他们重新回到山顶上已经是半夜两点钟了。

几天以后，他们在新墨西哥州一个餐厅中巧遇艾利森教授。艾利森问起他们是不是几天以前在大峡谷，并且曾经向着远处坐在一个旅馆外面的人招手。原来当时和又累又饿的杨振宁他们招手的人正是艾利森，而当时艾利森还以为他看到的是几个纳瓦霍族（Navajo）的印第安人。[46]

1948 年，杨振宁成为芝加哥大学的讲师，被他的学生认为是很好的老师。有一次费米不在，就要杨振宁代替他上课。费米有非常详尽的笔记，走以前还和杨振宁仔细讨论了上课的内容，让杨振宁印象深刻。[47]

那一年春天，杨振平高中将要毕业，杨振宁就替他申请了布朗大学的入学许可，同时也帮助中学时代的同学邓稼先申请了普渡大学，并且还资助了他们出国的经费。[48]

1948 年夏天，邓稼先和杨振平坐船到了旧金山，然后坐火车到芝

1949 年，杨振宁和邓稼先（中）、杨振平（右）于芝加哥大学留影（杨振宁提供）

加哥，一起在杨振宁当时租的房间里住了几天。杨振宁很久没有看到家里的人，杨振平来了以后，自然谈起家中近况，也让他重新想起家中的许多事情。几天以后，杨振平去了布朗大学，杨振宁送弟弟到火车站以后回到租的房间，心中涌起若有所失之感，久久不能平息。[49]

那一年的圣诞节假期，杨振宁由于对 18 岁的弟弟杨振平不大放心，所以特别去布朗大学探望他。杨振宁是和也要到东边去的同学罗森布卢特同行，他们坐的灰狗巴士到匹兹堡的时候，因为碰到大风雪，被迫在巴士站等待。杨振宁在路上发现罗森布卢特不但在物理方面很有天分，英文词汇能力也非常高强，《读者文摘》里头的词汇能力测验都可以得到满分，另外罗森布卢特很会打弹球（pin ball），可以累积非常多的分数。

杨振宁记得，他在巴士上看到报上登着的消息，共产党的军队解放了北平（现北京）。[50]

圣诞假期结束以后，杨振宁把上一年他和罗森布卢特以及李政道讨论的一个问题写成了一篇论文。这是杨振宁和李政道第一篇合作的论文，也是李政道所发表的第一篇论文。

1949 年的春天，杨振宁偶然看到报纸上有一个整版的广告，是一个退伍军人组织举办的一个填字游戏比赛，不过他们的规则有一点不一样，要计算每一个字母所代表的分数。参加的人只要出 17 块美金，而最后的奖金是 5 万块美金，那是一笔不得了的巨款，杨振宁认为相当于现在 100 万美金那么多。[51]

于是杨振宁、罗森布卢特、李政道、加温，还有另外两个同学就想参加这个比赛，因为他们认为参加比赛的大概多是家庭主妇，他们是物理研究生，而且又有一个小的计算器，可以算得比较快，觉得他们准定会赢，所以就送交了 17 块美金参加比赛。

比赛一开始果然都很顺利，他们过关斩将，进入了决赛。这个时候就有一连五个不同的填字游戏题目，要一个一个地来和最后过关的对手比。结果中间有一个字，根据《韦氏大词典》，这个英文字应该中间有一个“I”的，但是他们不知道这是一个例外，还是常态，于是他们就写了两个答案寄去，并且附上一个说明，表示如果这个字是一个例外的话，就请评审采用封在信封中的第二个答案。

结果评审并没有理会他们的附带说明，看到第一个答案，就把他们淘汰出局了。他们丢了 17 块美金，也没能一圆 5 万块的发财梦。

这个活动一共延续了大半年。1949 年秋天以后，杨振宁已经到普林斯顿高等研究院做博士后研究，所以 10 月份最后决赛的时候，杨振宁和罗森布卢特、李政道、加温等人，其实是在普林斯顿高等研究院和芝加哥大学分头进行的。那个时候杨振宁的任务，是利用普林斯顿高等研究院图书馆里的《韦氏大词典》，找出所有五个字母的英文字，并且把它们写下来。研究院的图书馆是 24 小时开门，所以杨振宁昼夜不停地在那里搞了好几天。

杨振宁还记得 10 月里有一天，他在图书馆做了一夜，天亮时候拿着写满五个字母英文字的笔记本，准备回到住的地方去睡几个钟头。结果在住的地方门口看到刚送来的《纽约时报》，杨振宁把《纽约时报》捡起来到房里打开来一看，报纸上写着：“汤川秀树（Hideki Yukawa）得到诺贝尔物理学奖！”汤川秀树是日本第一个诺贝尔奖的得主。

杨振宁说，他还清楚记得当时他的第一个感觉，就好像有一个声音在对着他说：

> 杨振宁，你得清醒一下子，你在这里做些什么事情？[52]

注 释

1《杨振宁专辑》，杰出华人系列，香港电视台，1998年8月23日。

2 杨振宁:《读书教学四十年》，香港，三联书店，1985年，第116页。

3 杨振宁访问谈话，1998年10月26日，纽约州立大学石溪分校办公室。

4 同上。

5 John A. Wheeler, Problems and Prospects in Elementary Particle Research, *Proceedings of American Philosophical,* 1946.

6 杨振宁访问谈话，1998年10月26日，纽约州立大学石溪分校办公室。

7 L. Hoddeson, L. Brown, M. Riordan and M. Dresden, *The Rise of the Standard Model*, Cambridge University Press, 1997, p. 681. Emilio Segre, *Enrico Fermi: Physicist, University of Chicago Press,* 1970, p. 129. 两处的引文稍有不同。

8 Emilio Segre, *Enrico Fermi: Physicist,* University of Chicago Press , 1970, p. 143.

9 Peter Goodchild, *J. Robert Oppenheimer: Shatter of Worlds,* New York: From International Publishing Corp.,1985, p. 162.

10 杨振宁:《几位物理学家的故事》，载中国《物理》杂志，1986年（第十一期，第十五卷）。此文收入《杨振宁文集》，上海，华东师范大学出版社，1998年，第530页。

11 和杨振宁同时在芝加哥大学物理研究所的同学包括戈德伯格、施泰因贝格尔、罗森布卢特、寒春、丘等人都有一致的看法。

12 寒春访问谈话，1993年10月17日，北京沙河农机实验站家中。

13 寒春致 Nick Metropolis 英文信函，1981年3月12日，杨振宁提供，中文是作者的翻译。

14 江才健:《北京见寒春》，载《中国时报》，1995年3月27日，人间副刊。

15 戈德伯格访问谈话，1998年12月11日，加州大学圣地亚哥分校办公室。

16 同上。

17 丘访问谈话，1998 年 12 月 28 日，加州旧金山伯克利地区家中。

18 杨振宁访问谈话，1998 年 10 月 26 日，1999 年 5 月 8 日，纽约州立大学石溪分校办公室。费米那个时候的学生当中后来得到诺贝尔奖的有杨振宁、李政道、施泰因贝格尔和张伯伦四人。

19 罗森布卢特访问谈话，1999 年 2 月 24 日，加州大学圣地亚哥分校办公室。施泰因贝格尔访问谈话，1999 年 5 月 21 日，纽约州立大学石溪分校，杨振宁退休研讨会讲堂。

20 黄长风访问谈话，1998 年 10 月 8 日，加州旧金山伯克利家中。

21 根据 1999 年 5 月 8 日杨振宁访问谈话，以及《费米教授》和《几位物理学家的故事》二文，出自《杨振宁文集》，上海，华东师范大学出版社，1998 年。

22 费米晚间讨论会的题目包括：恒星的内部构造及演变理论、白矮星的结构、伽莫夫和勋伯格关于超新星的构想、黎曼几何、处于高温与高密度的物态、托马斯进动、中子被仲氢和正氢的散射、同步辐射、塞曼效应、约翰逊–奈奎斯特噪声、玻色–爱因斯坦凝聚、多频系统与波尔量子化条件、玻恩–英费尔德基本粒子理论、统计力学基础的概述、介子在物质中的减速、中子在物质中的减速等。

23 杨振宁：《杨振宁文集·费米教授》，上海，华东师范大学出版社，1998 年，第 11—12 页。杨振宁访问谈话，1998 年 10 月 26 日，纽约州立大学石溪分校办公室。

24 杨振宁访问谈话，1999 年 5 月 8 日，纽约州立大学石溪分校办公室。

25 杨振宁访问谈话，1998 年 10 月 26 日，纽约州立大学石溪分校办公室。

26 戈德伯格访问谈话，1998 年 12 月 11 日，加州大学圣地亚哥分校办公室。

27 倪光炯:《杨振宁教授一席谈》, 中国《百科知识》, 1987 年 (第一、二期)。收入《杨振宁文集》第 405 页。

28 杨振宁访问谈话, 1999 年 5 月 8 日, 纽约州立大学石溪分校办公室。

29 杨振宁访问谈话, 1998 年 10 月 26 日, 纽约州立大学石溪分校办公室。

30 杨振宁访问谈话, 1999 年 5 月 8 日, 纽约州立大学石溪分校办公室。

31 寒春访问谈话, 1993 年 10 月 17 日, 北京沙河农机实验站家中。Chen Ning Yang, *Selected Papers 1945-1980 with Commentary,* New York: W. H. Freeman, 1983, p. 6. 这句话英文的原来说法是"Where there is a bang, there is Yang"。

32 杨振宁访问谈话, 1999 年 5 月 8 日, 纽约州立大学石溪分校办公室。泰勒:《杨振宁——20 世纪一位伟大物理学家 · 对杨振宁甫渡人生半世的贺词》, 甘幼玶译, 丘成桐、刘兆玄编, 桂林, 广西师范大学出版社, 1996 年, 第 33 页。

33 杨振宁:《读书教学四十年》, 香港, 三联书店, 1985 年, 第 118 页。

34 泰勒:《杨振宁——20 世纪一位伟大物理学家 · 对杨振宁甫渡人生半世的贺词》及《杨振宁——20 世纪一位伟大物理学家 · 杨振宁教授七十寿辰贺词》, 甘幼玶译, 丘成桐、刘兆玄编, 桂林, 广西师范大学出版社, 1996 年, 第 28、33 页。泰勒对于杨振宁论文的页数说法稍有出入, 也许写杨振宁 60 岁文章时的记忆比较正确。

35 杨振宁访问谈话, 1996 年 5 月 8 日, 纽约州立大学石溪分校办公室。戈德伯格访问谈话, 1998 年 12 月 11 日, 加州大学圣地亚哥分校办公室。

36 杨振宁访问谈话, 1998 年 10 月 26 日, 纽约州立大学石溪分校办公室。

37 戈德伯格访问谈话, 1998 年 12 月 11 日, 加州大学圣地亚哥分校办公室。

38 杨振宁访问谈话，1998 年 10 月 26 日，纽约州立大学石溪分校办公室。杨振汉、谭茀芸访问谈话，1998 年 9 月 26 日，香港赤鱲角国际机场。

39 吴大猷:《回忆》，台北，联经出版事业公司，1977 年。

40 当时出国进修的五人是孙本旺（数学）、李政道、朱光亚（物理）、王瑞駪和唐敖庆（化学）。

41 杨振宁访问谈话，1998 年 10 月 27 日，纽约州立大学石溪分校办公室。

42 同上。

43 寒春访问谈话，1993 年 10 月 17 日，北京沙河农机实验站家中。罗森布卢特访问谈话，1999 年 2 月 24 日，加州大学圣地亚哥分校办公室。戈德伯格访问谈话，1998 年 12 月 11 日，加州大学圣地亚哥分校办公室。

44 杨振宁访问谈话，1998 年 10 月 26 日，纽约州立大学石溪分校办公室。

45 罗森布卢特访问谈话，1999 年 2 月 24 日，加州大学圣地亚哥分校办公室。

46 凌宁访问谈话，1999 年 9 月 9 日，纽约长岛办公室。杨振宁私人电视录像带谈话，1998 年 7 月，蒙大拿州杨又礼家中。

47 杨振宁:《介子是基本粒子吗?》一文的引言，出自 *The Collected Papers of Enrico Fermi*, Vol 2, University of Chicago, 1965。中译文载于《读书教学四十年》，甘幼玶、黄德勋译，香港，三联书店，1985 年。

48 杨振宁访问谈话，1998 年 10 月 26 日，纽约州立大学石溪分校办公室。许鹿希、葛康同访问谈话，1998 年 9 月 22 日，清华大学工字厅。

49 杨振宁访问谈话，1998 年 10 月 26 日，纽约州立大学石溪分校办公室。

50 同上。

51 杨振宁访问谈话，1998 年 10 月 27 日，纽约州立大学石溪分校办公室。

52 同上。

第五章

普林斯顿象牙塔

奥本海默在普林斯顿高等研究院担任院长时，杨振宁进入那个学术林园，并做出了他最好的工作（杨振宁提供）

对于许多物理学家而言，第二次世界大战后具有关键意义的一年，可以说是 1947 年。这一年物理学家开始解决物理科学上一个重要的问题，这个问题在物理学中的术语中叫作重整化（renormalization）。

正如同杨振宁说的：

> 从历史的观点来看，我认为，重整化在理论上和实验上的进展，是第二次世界大战以后第一个最激动人心的事件。它也标志着欧洲在基础物理学上一统天下的时代的结束，显示一个新时代，美国时代的开始。[1]

1948 年的 3 月底，费米、泰勒和芝加哥大学的另外一位物理学家文策尔（Gregor Wentzel）去参加了著名的波科诺会议（Pocono Conference）。波科诺会议是第二次世界大战以后由奥本海默发起组织的，第一年的会议是在纽约长岛最东边海湾中间的谢尔特岛（Shelter Island）举行的，这一次是在宾州波克诺举行的第二次会议。这个会议有点像大战以前在欧洲召开的索尔维会议（Solvay Conference），20 世纪 20 年代曾经游学欧洲的奥本海默，十分清楚索尔维会议在欧洲量子物理和量子力学发展中风云际会的历史地位，心向往之而思效法是很自然的事情。

1947 年 6 月在谢尔特岛的第一次会议上，兰姆（Willis Lamb）和他的学生瑞德福（Robert Retherford）报告了他们刚做出来的氢原子能级位移实验的结果。他们和其他几位实验物理学家的报告，使得参加这一次会议的几十位美国顶尖物理学家都感到异常兴奋。一直到今天，谢尔特岛不只保留着早期由英国来的传统贵格会教徒的生活风貌，还保存了一块记录着当年谢尔特岛会议的牌子，上面写着："讨论量子力学基础的第一届谢尔特岛会议，1947 年 6 月 2 日到 4 日。"内文并且说明，这一次会议是后来一连串令人惊讶的物理发展的起点，这一连串的物理发展改变了人们对物质基本结构的看法。[2]

1948 年的第二次会议上，美国年轻的物理学家施温格（Julian Schwinger）报告了他刚发表的关于量子电动力学的重整化理论发展。一向很少做笔记的费米，因为对施温格的工作印象深刻，意识到施温格的报告将是一个历史性的事件，所以记下了大量的笔记。[3]

比杨振宁大四岁的施温格是物理方面的一个早慧的天才，16 岁就写了一篇量子电动力学的论文。他在纽约市立学院念完大一，偶然间被美国诺贝尔物理学奖得主拉比（I. I. Rabi）发现了他的过人天才，后来把他从纽约市立学院拉到哥伦比亚大学，并且他在 21 岁就得到博士学位，这个历程是科学界传闻甚广的传奇故事。当时把施温格介绍给拉比的物理学家莫茨（Lloyd Motz）就曾经说过："施温格对物理来说，就好像莫扎特对音乐一样。"[4]

1948 年费米、泰勒、文策尔从波科诺会议回到芝加哥大学以后，和杨振宁、戈德伯格、丘、罗森布卢特和施泰因贝格尔这五个研究生，每周有几个早晨聚在费米的办公室里，试图理解施温格所发展的重整化的数学方法。这种讨论会持续了六个礼拜，后来戈德伯格将讨论内容整理成为笔记，一共有 49 页之多，但是他们在这个问题上并没有得到多少进展。[5]

施温格在重整化方面的突破性工作，使得他立即成为物理学界的一颗闪耀新星。1948年6月杨振宁得到博士学位以后，那年夏天就参加了密歇根大学有名的暑期研讨会，准备去听施温格的演讲，李政道也跟他一块去了。

那一年夏天，施温格在密歇根大学做了一系列的演讲，但是杨振宁并没有完全听懂施温格的演讲。这中间其实牵涉到风格的问题，原因是施温格的物理工作有一个特别的风格，用杨振宁的话来说，就是施温格的文章太讲究修饰，结果是把研究的问题给包装了起来，使得人看不出来里头真正是什么东西。[6]

1948年到1949年，杨振宁在芝加哥大学做了一年讲师，他继续研究重整化的问题，后来他看了戴森（Freeman Dyson）的文章，对于重整化是怎么一回事，有了一些了解。戴森是从英国到美国来的杰出数学家和物理学家，杨振宁非常推崇他的工作和科学品位，尤其推崇戴森是他所见到的数学能力最强的物理学家，并且认为戴森在重整化的问题上面，解决了非常困难的数学问题，应该得到诺贝尔奖。[7]

1949年春天，奥本海默到芝加哥大学做了一个演讲，也是关于重整化的问题。那时候奥本海默是普林斯顿高等研究院的院长，杨振宁知道普林斯顿除了戴森之外，包括凯斯（K. Case）、约斯特（R. Jost）、卡普洛斯（R. Karplus）、克罗尔（Norman Kroll）和卢廷格（M. Luttinger）等许多才华出众的年轻理论物理学家，也都是重整化理论方面的活跃分子。另外，欧洲的大物理学家和诺贝尔奖得主泡利，后来因重整化工作得到诺贝尔奖的日本物理学家朝永振一郎（Sin-Itiro Tomonaga），都要到普林斯顿高等研究院去访问，普林斯顿高等研究院自然立即就成为杨振宁优先选择要去的地方。

于是杨振宁去找了费米和泰勒，请他们写介绍信给奥本海默。奥本海默接到介绍信后，立即邀请杨振宁到普林斯顿高等研究院去访问一年。

普林斯顿高等研究院是美国教育文化发展上的一个异数，它的产生来自两位经营百货成功的商业巨子刘易斯·班伯格（Louis Bamberger）和卡罗琳·班伯格·富尔德（Caroline Bamberger Fuld）的慷慨捐赠，以及另外一位美国教育界奇才弗莱克斯纳（Abraham Flexner）的过人远见。1930 年，这个全新概念的高等研究院在新泽西州的普林斯顿正式成立。接着 1932 年，又以年薪一万美金聘请爱因斯坦为研究院的第一位教授，使得这个研究院在 1933 年正式开始运作以前，就已经是望重士林的学术象牙塔的不二象征。[8]

杨振宁 1949 年到普林斯顿高等研究院的时候，研究院的数学、自然科学、历史研究和社会科学四个学门只有一二十名永久的研究教授，其他大多是短期的访问者。杨振宁对于坐落在普林斯顿大学南边树林中间，由红砖、乔治式结构和其他一些低矮建筑所形成的高等研究院，感觉非常满意，特别在其中还有他最为心仪的物理学家爱因斯坦。

虽然如此，费米却劝告杨振宁在高等研究院不要待得太久，最多只去一年时间。费米说，那里面的研究方向太理论化，容易变成形式主义，也容易与实际的物理问题脱离关系，“有一点像中古的修道院”。[9]

事实上，费米也不愿意失掉杨振宁这么一个优秀的物理学家，因此在杨振宁去普林斯顿高等研究院以前，他和泰勒以及艾利森就已经和芝加哥大学当局讲好了，一年以后要把杨振宁再聘回来。

但是一年以后杨振宁不但没有回到芝加哥大学，反倒一直在普林斯顿高等研究院停留了 17 年时间。这 17 年在普林斯顿高等研究院的美好学术生涯，其实是当时杨振宁完全始料未及的事情。

1949 年，中国发生了巨变。5 月 25 日国民党从上海撤退。杨振宁深切挂念着在上海的家人，他犹豫了几天终于决定，他有权同父母取得联系并探询他们的近况，于是杨振宁给父母拍了一封电报。第二天杨振宁立刻收到家里来的复电，虽然上面只有“平安”两个字，却令他喜不自胜。杨振宁说，这个经历鼓舞了他，在后来中美之间完全隔离的 20 多年里，他同父母一直保持着联系。这种联系在后来的岁月中对杨振宁起着决定性的影响，也促成了他在中美和解迹象一经显露，就当机立断决定在1971年到中国去访问。[10]

1949年夏天，杨振宁和费米合写了一篇理论物理的论文《介子是基本粒子吗?》。这是费米在美国和他人合写的少数几篇理论论文之一，另外一篇是和印度裔物埋学家钱德拉塞卡尔（Subrahmanyan Chandrasekhar）合写的关于天文物理方面的论文，钱德拉塞卡尔后来得到了诺贝尔奖。杨振宁对于这个由费米向他提议合作研究的问题，因为认为不可能在实验现象中得到解决，所以原本倾向于将这些东西淹没在笔记中不发表的，但是费米认为他们提出的问题有价值，应该发表。[11]

1949年秋天，杨振宁避开了他当时认为不安全的飞机，坐火车到普林斯顿去，开始他在高等研究院的研究生涯。

那一年的12月圣诞节假期中，他和高等研究院的物理学家卢廷格到普林斯顿威瑟斯彭街上一家叫作茶园（Tea Garden）的中餐厅吃饭。结果他以前在西南联大附中教过的学生杜致礼正巧跟一位老先生尤桐在那儿吃饭，杜致礼看见了杨振宁，上来和他打招呼，并且问杨振宁还记不记得她，杨振宁说当然记得。两人这次见面，对彼此印象都很好，于是留下了联络的电话，也开始了杨振宁和杜致礼的交往。[12]

杜致礼对于杨老师的印象一直是很好的。她说在昆明的时候有一次曾经在飞机场还看见过杨振宁，那个时候她知道杨老师要出国，但是因为当时年纪太轻、比较害羞，没有上前和杨振宁打招呼问候一二。1949年时她到美国已经两年多时间，觉得自己比较美国化了，所以这一次没有犹豫地上前和杨振宁打了招呼。[13]

杜致礼是蒋介石手下著名军事将领杜聿明的长女，1929年1月21日在陕西米脂县北方的榆林出生。她家里还有两个妹妹和三个弟弟，小的时候跟着父亲到过许多地方，念书也换了许多学校。1947年，她本来要和父亲一块到美国去，父亲到美国去就医，她去念书。结果临时蒋介石派人来要杜聿明留下，杜致礼于是一个人去了美国。

杜致礼出国以前，她母亲曾经带她去见过宋美龄，宋美龄还替她写了一封介绍信到卫斯理学院去，不过杜致礼得先进一个两年的大学先修学院，然后才可以进入卫斯理学院。她还记得宋美龄请她们喝的咖啡好喝极了，后来宋美龄和她说了几句英文，对于杜致礼的英文也很满意。[14]

1949 年，杜致礼进了纽约市北方扬克斯镇（Yonkers）一个叫作圣文森的女子学院读书，那是一个天主教的学校。那个时候，杜致礼的大弟弟杜致仁在普林斯顿念中学，杜致礼有时会到普林斯顿来看她的弟弟，所以在 1949 年 12 月的一天碰见了杨振宁。

杨振宁那个时候已经 27 岁，所以也在积极考虑交女朋友和结婚的事情。1949 年，杨振宁到了普林斯顿高等研究院，安顿好以后，就到纽约市去探望他西南联大的老师吴大猷，那时候吴大猷正在纽约市的哥伦比亚大学。吴先生和吴太太看出来杨振宁应该结婚了，所以就主动介绍了一位叫张元萝的女孩子给杨振宁。

张元萝的亲生父亲叫作袁敦礼，是中国体育教育的创始人之一。袁敦礼还有一个哥哥叫袁同礼，曾经做过北京图书馆的馆长。袁敦礼和张元萝的张姓养父母很熟，看他们没有子女，就把张元萝过继给了他们。吴大猷和吴太太由于跟张元萝的养父母是好朋友，于是把当时还在念高中最后一年的张元萝介绍给了杨振宁。

杨振宁认识张元萝以后也来往一阵子，还曾经去过张元萝在纽约市曼哈顿区北方的家里，结果这些事不知道怎么传开了，杨振宁原来在芝加哥念研究所的同学也都晓得。后来李政道告诉他说，他们同学当中的女同学妮奥娜 · 马歇尔还开玩笑说："弗兰克怎么会找一个高中女生做女朋友呢？"[15]

其实那时候关心杨振宁婚事的还不只吴大猷一人。1949 年秋，吴大猷告诉杨振宁说，那个时候也住在纽约市的胡适要杨振宁去看他。杨振宁小时候在北平曾经见过胡适一两次，不知道隔了这么多年胡适

杜聿明是蒋介石手下著名的军事将领（杨振宁提供）

1949 年杜致礼和杨振宁在普林斯顿不期而遇，开始约会（杨振宁提供）

为什么在纽约会想起他来。杨振宁见到胡适以后，胡适十分客气地称赞杨振宁在学术上的表现，并且说在出国前曾经见到杨振宁的父亲，杨武之托他关照杨振宁找女朋友的事情。

杨振宁一直还记得胡适当时十分风趣地说："你们这一辈比我们能干多了，哪里用得着我来帮忙！"[16]

那个时候杨振宁除了张元萝之外，确实还认识包括储辉月在内的一些女性朋友，不过显然他和杜致礼是比较契合的。所以杨振宁说他碰到杜致礼以后，如果不是第一天，最晚也是第二天，他就打了电话给那个时候也住在普林斯顿的杜致礼，约她出去看电影。

杨振宁和杜致礼第一次约会以后，对杜致礼印象很好，不过他虽然一方面很想多看到杜致礼，一方面又不能显得太着急，而且那个时候他也还有几个潜在的女朋友，所以有一两个礼拜都没有消息给杜致礼。[17]

对杨振宁印象很好的杜致礼这个时候心里有些七上八下，于是后来在那位尤桐老先生要到纽约去的时候，杜致礼在给尤老先生的信上加了一个附注，说如果杨先生同来的话很欢迎。杨振宁得到这个讯息，自是欣然前往。后来杨振宁曾经和杜致礼开玩笑，说是杜致礼把他给勾住了，杜致礼说这事实上是完全违反了她的个性的。[18]

杨振宁和杜致礼开始约会以后，常常到杜致礼的学校去看她，杜致礼念的天主教女子学院管理严格，杨振宁去了都得在楼下的会客室等候。杨振宁起先是坐火车，后来买了汽车，就开汽车去找杜致礼。杜致礼念的女子学院所在的扬克斯镇虽然离普林斯顿还是有一段距离，但比起芝加哥是要近得多了。后来杨振宁曾经在演讲中说，他一年以后之所以没有回芝加哥大学的一个原因，是因为他想要和杜致礼约会，而在普林斯顿有"近水楼台"之便。[19]

杨振宁和杜致礼后来交往频繁，也认识了杜致礼的许多同学，比如和杜致礼同房的室友苏珊·周（Susan），中文名字叫周采藻，是京剧大师麒麟童的女儿。另外，后来当选菲律宾总统的阿基诺夫人，那时候也在同一个女子学院念书。

杨振宁和杜致礼感情日渐成熟，在准备结婚以前也写信告诉了父母亲。后来杨武之给杨振宁写了一封长信，对于杨振宁的婚事提了一些看法，其中一点是当时杜聿明在中国还是阶下囚，应该考虑有什么影响。另外杜致礼出身将门之家，她的几个弟弟当年在昆明上学骑马当街而过给人的表面印象，也使得杨武之担心双方家世生活差距的因素。[20]

1950 年 8 月 26 日，杨振宁和杜致礼结婚。婚礼在普林斯顿神学院的教堂举行，由于双方的家长都无法来参加，典礼中是由在昆明时代就和双方熟识的清华大学前校长梅贻琦，代表女方家长将杜致礼交给杨振宁。行礼以后，在楼下大厅举行了一个酒会，有七八十个宾客参加。[21]

杨振宁和杜致礼结婚以后，就搬到普林斯顿高等研究院的公寓去住。那些公寓原来是军营的房子，比较简陋，房里取暖都要把煤放到煤炉里面去烧，晚上还得把灰弄出去。杜致礼原来还预备回学校去念书，但是她念的那所天主教女子学院规定，结了婚的学生就不能再回去，加上杜致礼不久就怀了孕，而且害喜吐得很厉害，弄到要住到医院里面一两个礼拜，搞得两人生活大乱，十分狼狈。[22]

那时候杜致礼的母亲带着弟妹住在台湾，她当然知道杜致礼结婚了，也就很关心他们的境况。于是在一个朋友到美国去的时候，就托那位朋友去看看杨振宁和杜致礼。那位朋友看了以后，给杜太太写了一封信，信上说你的女儿和一位杨博士结了婚，他们住在一栋活动的草房子里。[23] 杨振宁和杜致礼在那一栋“活动的草房子”住了两年，一直住到杜致礼去台湾看她的母亲。

1950 年，奥本海默给了杨振宁一个五年的聘约，并且把薪水涨成一年 5500 美金，杨振宁因为杜致礼以及其他的原因，拒绝了芝加哥大学和罗切斯特大学对他的邀聘。那一年他虽然发表了好几篇论文，不过都是在 8 月结婚以前完成的。[24]

在这几篇论文当中，有一篇叫作《一个粒子湮灭成两个光子的选

杨振宁和杜致礼 1950 年 8 月 26 日在普林斯顿结婚
（杨振宁提供）

择定则》。这篇论文起因是 1949 年杨振宁还在芝加哥大学时，在一个讨论会上，有人提到加州大学伯克利分校发现了 π 介子湮灭成两个光子的实验结果。在那个讨论会上，泰勒发表了一个看法，但是因为论据简陋、经不起推敲，所以很快就被大家辩倒了。

杨振宁回去以后一两天，就把这个问题完全弄清楚了，后来论文在 1950 年 1 月刊在物理科学最具代表地位的《物理评论》（*Physical Review*）上。杨振宁这篇论文发表的时候，苏联的大物理学家，后来在 1962 年得到诺贝尔奖的朗道也写了一篇讨论这个问题的论文，但是杨振宁的论文写得更好一些。[25] 这一篇论文和他的博士论文，都是讨论对称方面的文章。这两篇论文发表以后，杨振宁在物理学关于对称性的这个领域已经是相当出名了。[26]

1951 年初，杨振宁开始深入研究伊辛模型（Ising model）的问题。伊辛模型是统计物理中一个著名的研究磁铁磁性的数学模型，该模型曾经在 20 世纪 40 年代由挪威的一位大科学家昂萨格（Lars Onsager）做出过令人称奇的突破。杨振宁在西南联大做硕士论文时听到王竹溪告诉他以后，就对这个问题深感兴趣，但是却一直没有弄清楚其中的道理。

1949 年 11 月，他听到卢廷格谈起昂萨格的女学生考夫曼（Bruria Kaufman）把昂萨格的办法简化以后，就积极地开始再次研究这个问题，到 1951 年初就得到一些概念上的突破。

1951 年的 1 月到 6 月，杨振宁说他开始了他物理生涯中最长的一个计算，这当中碰到许多的困难，是一个峰回路转的过程。到 6 月下旬，他终于把整个计算研究完成了，那个暑期他正在伊利诺伊大学访问。一个礼拜之后的 6 月 28 日，杨振宁的长子杨光诺（Franklin Yang）就出生在伊利诺伊大学所在的香槟城。[27]

杨振宁这一篇有 96 个公式、讨论二维伊辛模型的论文，很快就在 9 月份的《物理评论》上刊登出来，这不但是杨振宁在统计物理的重要起步，也使他后来继续在统计物理方面做出了世界上数一数二的顶尖

1951 年，杨振宁抱着杨光诺和杜致礼的合照（杨振宁提供）

成就。

1951 年秋天，李政道经过在威斯康星州威廉斯湾的芝加哥大学天文台跟随钱德拉塞卡尔的半年研究，以及到加州大学伯克利分校一年的不愉快经验之后，由杨振宁向奥本海默推荐，到了普林斯顿高等研究院。两人很自然地再次开始合作研究，而且就从杨振宁的伊辛模型工作开始进行研究，并且大有进展，很快就合写了两篇关于统计物理的论文。[28]

普林斯顿高等研究院是奥本海默的王国。奥本海默是一个早慧的天才型人物，1925 年，他 21 岁从哈佛大学念化学毕业之后，就到欧洲去游学，并且跟随德国的大物理学家玻恩得到博士学位。20 世纪 30 年代由欧洲回到美国以后，奥本海默在加州大学伯克利分校和加州理工学院任教，培养了美国一个世代的理论物理学家，可以说是将量子力学带到美国来贡献最大的人物。[29]

第二次世界大战期间，他成为美国原子弹计划的总负责人，并且获得极为成功的结果，使得他有了美国“原子弹之父”的称号。他虽然没有得到诺贝尔奖，但是杨振宁认为奥本海默的物理科学品位非常好，他早年和学生合作的关于黑洞的工作，未来一定会在物理学和天文学中有着更重要的历史地位。[30]

奥本海默是一个多才多艺的物理学家，兴趣十分广泛，会许多种语言，也会写诗等文学作品。他对人说话十分不客气，有时候甚至流于尖刻。他在英国和玻恩合作的时候，有一天，玻恩写了一篇论文请他看看，过了两天，奥本海默把文章还给玻恩的时候居然说：“这篇文章写得非常之好，真是你写的吗？”[31]

奥本海默这种尖刻的言辞和个性，虽然并不影响学生对他的崇拜，但是却使得一些人非常讨厌他。甚至有一种说法认为，奥本海默这种个性得罪了华府有权势的人，使得后来在美国麦卡锡参议员发动清剿共产党的“白色恐怖时代”，奥本海默被国会公开质疑他的忠诚，最后受到取消他参与国防机密权利的打击。

美国的“原子弹之父”奥本海默是早慧的天才，后来成为普林斯顿高等研究院大家长，对美国物理科学发展有很大贡献（杨振宁提供）

奥本海默和杨振宁的关系一直很好，也许是对杨振宁的物理很欣赏，杨振宁一到普林斯顿高等研究院，奥本海默就请杨振宁做了一个报告。后来杨振宁因为学生身份在移民局那儿有问题，奥本海默就把杨振宁原来高等研究院访问成员的身份，改成研究院一位教授派斯（Abraham Pais）的助理身份，使杨振宁成为研究院的雇员，从而解决了移民局的问题。[32]

派斯是一个从欧洲来到美国的犹太人，第二次世界大战期间在欧洲曾经受过德国纳粹的迫害，侥幸逃生。他在物理方面虽然有不错的成绩，但是物理学界公认他最重要的贡献，是他写的那一本《爱因斯坦传》（*Subtle is the Lord*）。这本书被认为是关于爱因斯坦科学生涯的经典著作。

派斯年轻的时候不是一个很好相处的人，尤其是年资比他浅的人，有的时候会被他欺负。因此，杨振宁到普林斯顿高等研究院以后，那时候还在普林斯顿的张文裕的太太王承书，就警告杨振宁要小心派斯。王承书是一个正直严谨的人，她是最早提出电子自旋的乌伦贝克（Uhlenbeck，George Eugene）的学生，有计算从不出错的令誉。王承书后来回到中国，在中国的原子弹计划中有很重要的贡献。[33]

杨振宁去做了派斯的助理以后，有一次派斯果然要杨振宁把一个演讲的笔记写下来，杨振宁因为事先得到王承书的警告，所以加以拒绝，而派斯以后也就没有再来麻烦他。[34]

杨振宁去美国留学本来并没有久留的打算，许多事也都是在做回中国的打算，譬如他和杜致礼刚结婚要买照相机，就会先打听国内有什么底片，买电唱机也要打听中国用的电的规格。后来朝鲜战争爆发，杜鲁门总统下了一个命令，所有在美国拿到博士学位的人都不可以到中国去，加上后来大儿子出生，渐渐不知不觉中就变成预备长期留在美国了。[35]

1952年，杨振宁在普林斯顿高等研究院变成永久的成员，年薪也

1961 年前后，杨振宁和派斯（左一）、戴森（左二）和李政道（右一）于普林斯顿留影（杨振宁和 A. 理查兹提供）

上涨到一万美金。他虽然在普林斯顿高等研究院慢慢安定下来，但是并没有忘记费米给他的劝告。为了避免在这个“中世纪修道院”与世隔绝，他的办法是常常到许多大学和布鲁克海文实验室去访问，接触实验和理论的新发展。[36]

1952 年，杨振宁以前在芝加哥大学认识的一位物理学家雅各布森（Boris Jacobson）在西雅图华盛顿大学的物理系，邀请他到华大去访问。那一年 4 月，杨振宁和杜致礼带着儿子，一路由普林斯顿开车到西雅图。暑假以后，杜致礼的弟弟杜致仁也去西雅图和他们欢聚。

华盛顿大学的物理学家因为身处高山湖泊之间，经常有许多户外的活动，有时候会去爬很高的山。那一年他们计划爬的是在奥林匹克半岛的康斯坦斯山（Mt. Constance），因此也邀请来访问的杨振宁一起参加。杨振宁兴致勃勃地加入了那次爬山，结果几乎丢掉性命。

杨振宁记得那一次他们去爬山，一共有三四十个人参加，康斯坦斯山虽然只有 2000 多米，但是山上有许多的积雪。在雪坡的山岭往上爬的时候，他是和一位物理学家尤林（E. A. Uehling）以及一位女大学生连在同一根绳子上。路途中他们要通过一片积雪的斜坡，是一个接着一个横着走，结果那个女学生失足滑了下去。本来在这种爬山的过程中，如果有人滑跌下去，应该立即要大声地叫“Self arrest! Self arrest!”（自我固定！自我固定！），在上面的人听到就把冰斧插在雪地上，而使得向下滑的人停下来。

结果这个向下滑的女生并没有叫，所以杨振宁还在向上面走，结果就被向下滑的女生拉倒，并且头向下地滑下去，滑了好一段距离之后，因为上面尤林的绳子拉紧了，杨振宁才停了下来。杨振宁爬起来一看，下面不过约 3 米的地方就有一块大石头，如果他继续滑下去一头撞上，后果不堪设想。

后来他们继续往山上爬，上面的雪愈来愈多，而且云雾也比较浓，结果有两个人一不小心又失足滑了下去。杨振宁说在云雾中看不清楚，只能听见他们在云雾中叫着“Self arrest! Self arrest!”，回声在群山中荡漾，大家看着他们以很快的速度向下消失，心里知道下面几百米的地方就是一个峭壁。

所以有一阵子大家都不说话，等了好多分钟以后，从雾里面渐渐地看到这两个人从下面爬上来，才知道他们并没有掉到峭壁下面。后来他们爬完了整个的行程，幸好并没有任何人受伤。

杨振宁说他绝对不会忘记那两个年轻人在云雾中向下快速地滑下去，一面叫着“Self arrest! Self arrest!”好像电影场景的惊险景象。那一天回到家里已经是夜里很晚，他突然想到如果出了意外，那个时候儿子才只有一岁。[37]

1952年9月，杨振宁和杜致礼决定，由杜致礼带着儿子Franklin（杨光诺）回台湾，给杜太太看看外孙。杜致礼到了台湾，先是住在花莲，后来搬到台北的同安街。杜致礼已经有五年没有看到母亲和弟妹，和家人团聚自是开心的，她还在花莲中学教了一个学期的英文。[38]

原本杜致礼是计划圣诞节前后回美国的，结果12月里杨振宁在美国接到杜致礼一个电话，说她去美国领事馆拿不到签证。这一来杨振宁有一点着急，于是他就去找了奥本海默。那个时候奥本海默还没有发生国会听证会的问题，在华盛顿很有影响力，于是奥本海默就替杨振宁找了一个叫沃尔佩（Joseph Volpe）的律师来处理签证的问题。后来奥本海默的听证会也是沃尔佩做他的律师。

那个时候，一年只有105个中国人可以得到美国的移民签证，但是有几万人在申请，结果靠着沃尔佩的努力，大概奥本海默也帮了忙，后来终于挤出两个名额来，但是必须要到美国以外的地方去申请签证。

1953年9月，正好在京都举行日本战后第一次的国际物理会议，杨振宁受邀参加，所以他们就决定到日本的美国领事馆去办美国的签证。

这时候杜致礼要到日本去的签证又碰上了困难，原因是台北的日本“大使馆”办事人员态度很差，对杜致礼理都不理。那个时候日本

1953 年在日本举行的国际物理会议合影，详细说明请见下一页（杨振宁提供）

参加这次会议的科学家中有三位诺贝尔奖得主，以及十五位日后的诺贝尔奖得主：

23 范扶累克（John H. van Vleck，1977 年诺贝尔物理学奖得主）
24 维格纳（Eugene P. Wigner，1963 年诺贝尔物理学奖得主）
25 汤斯（Charles H. Townes，1964 年诺贝尔物理学奖得主）
26 普里高津（Ilya Prigogine，1977 年诺贝尔化学奖得主）
30 马利肯（Robert S. Mulliken，1966 年诺贝尔化学奖得主）
39 弗洛里（Paul J. Flory，1974 年诺贝尔化学奖得主）
40 巴丁（John Bardeen，1956、1972 年诺贝尔物理学奖得主）
41 玛丽亚·梅耶（Maria G. Mayer，1963 年诺贝尔物理学奖得主）
47 费曼（Richard P. Feynman，1965 年诺贝尔物理学奖得主）
51 昂萨格（Lars Onsager，1968 年诺贝尔化学奖得主）
63 杨振宁（Chen Ning Yang，1957 年诺贝尔物理学奖得主）
89 奈尔（Louis Neel，1970 年诺贝尔物理学奖得主）
90 马特（John R. Mott，1946 年诺贝尔和平奖得主）
96 布洛赫（Felix Bloch，1952 年诺贝尔物理学奖得主）
98 布隆伯根（Nicolaas Bloembergen，1981 年诺贝尔物理学奖得主）
106 安德逊（Philip W. Anderson，1977 年诺贝尔物理学奖得主）
109 朝永振一郎（Sin-Itiro Tomonaga，1965 年诺贝尔物理学奖得主）
114 汤川秀树（Hideki Yukawa，1949 年诺贝尔物理学奖得主）

已经有了一个诺贝尔奖得主汤川秀树，而那一次国际会议的主办人之一，是当时日本首相吉田茂的儿子或者女婿。杨振宁于是把邀请信寄给杜致礼，驻台北的日本办事人看到邀请信以后，态度马上就变得客气得不得了，两三天之内就给了杜致礼到日本的签证。[39]

1953 年 9 月，杨振宁在东京的羽田机场看到从台湾飞来的杜致礼和杨光诺，自是欣喜万分。他们坐出租车由机场到下榻的东京帝国饭店，在出租车里杨振宁拉住久未见面的杜致礼的手，没想到坐在旁边两岁大的杨光诺看见了突然说："不好！不好！"[40]

那一次在日本举行的国际物理会议很成功，会议前一半在东京举行，后面一半在京都举行，中间还到热海等一些地方游览。那次会议除了杨振宁之外，只有另外一位后来在 1977 年得到诺贝尔奖的物理学家安德森（Philip W. Anderson）带了一个小女儿，所以后来他们的团体照，中间就有这两个小孩。杨振宁说，那些被日本请来参加会议的物理学家当中，前后有近 20 个人得到了诺贝尔奖，可见得日本的主办者很有眼光。[41]

杨振宁从日本参加完国际会议回到美国，就去了布鲁克海文国家实验室。原因是那个时候布鲁克海文实验室刚建成一个当时世界能量最高的加速器，叫作 Cosmotron（高能同步稳相加速器），他们要请一个做理论的物理学家去。早年跟奥本海默有密切合作的著名物理学家塞伯尔（Robert Serber）就推荐了杨振宁，布鲁克海文加速器部门负责人科林斯（George Collins）接受了以后，给杨振宁写了一封邀请信。因此 1953 年夏天，杨振宁已经先搬到了布鲁克海文实验室，10 月间一家人由日本回到美国，就直接去了布鲁克海文实验室，并且住进由军营改建的 24B 公寓里。[42]

杜致礼在台湾的那一年，杨振宁为了省钱，搬离了普林斯顿高等研究院的公寓，搬到一个老太太的一栋很大的房子中间的一个房间去住。早年德国诺贝尔文学奖得主托马斯·曼（Thomas Mann）也曾经在这个房子里面住过。杨振宁说，他住在里面，每天把书架上的书翻看一两本。由于想念杜致礼，所以给杜致礼写了很多信，但是生活仍然觉得很寂寞，加上又要花时间找律师弄签证的事情，所以在物理工作上没有太多的进展。[43]

在这一年当中唯一的插曲，是在普林斯顿高等研究院的爱因斯坦，因为对杨振宁和李政道合写的两篇统计物理论文感兴趣，就让他的助手，也是昂萨格当年的女学生考夫曼来要杨、李二人去和他谈一谈（详见第七章）。

杨振宁经过一年的波折，一家人最终团聚，心中非常踏实，他很喜欢布鲁克海文实验室的环境，物理工作也做得特别起劲，结果就在这一年当中，他做出了一生最重要的物理工作。

杨振宁曾经写道：

> 夏天，布鲁克海文有许多的访客，物理讨论、海滩嬉游、社交活动好不热闹。然后秋天到了，访客都离去，我和妻儿在一座由老旧兵营改建的公寓里安顿下来，开始过一种安静的生活。房子的四周都是树林，我们常在林间作长时间的散步。周末我们就开车探索长岛各处。我们愈来愈喜欢蒙托克角（Montauk Point）[44]、大西洋的海岸、野林子公园，以及布鲁克海文附近那些朴实的居民。[45]
>
> 一个飘雪花的星期天，我们漫无目标地开车沿北岸驶去，来到一处迷人的小村庄。我们被购物中心周围那美丽的景致迷住了，便在地图上查找它的名字，原来它叫作石溪（Stony Brook）。当时我们并不知道，下一次（1965 年）再到石溪来时，这里就成了我们的新家。

杨振宁在布鲁克海文和米尔斯（Robert Mills）共享一间研究室。米尔斯是那个时候在哥伦比亚大学的理论物理学家克罗尔的研究生，即将拿到博士学位。杨振宁那时正好又开始研究他一直感兴趣的场论问题，于是他将他的想法说给米尔斯听。

两个人因此开始合作研究这个问题，并写成一篇重要的论文，这就是后来所谓的“杨-米尔斯规范场论”。这个理论随着20世纪70年代实验和理论物理的逐渐发展，成为20世纪几个最重要的理论物理架构之一，也奠定了杨振宁一代物理大师的地位。

1954年4月，美国政府开始对奥本海默的忠诚问题举行听证会。结果剥夺了奥本海默接触国家机密的资格，甚至赶尽杀绝地想将他由普林斯顿高等研究院赶出去。这一来触怒了高等研究院的成员，包括戴森、爱因斯坦、派斯和杨振宁在内的所有26位永久成员都在一份声明上签名，公开表达对奥本海默的支持，成功对抗了来自华盛顿的政治迫害。[46]

美国学术界虽然都很同情奥本海默，但是他经过此一事件，身心大受打击，一直到1967年去世都没有恢复往昔的风采。在国会听证会上，虽然费米、拉比等许多大科学家都曾经发言支持奥本海默，但是泰勒却在听证会上说出了他对于奥本海默的怀疑。因为此事泰勒后来在科学界遭受到很大的敌意，许多熟识的科学家在公开场合故意不理会他，造成他内心终生的痛楚。[47]

1954年秋天，在布鲁克海文一年的工作结束以后，杨振宁又回到普林斯顿高等研究院。有一天，他接到后来得到诺贝尔奖的盖尔曼（Murray Gell-Mann）的电话，邀他一块去看病重的费米。费米是杨振宁在芝加哥的老师，而且是一个对学生十分关注的老师，杨振宁不但景仰费米的科学，对他的人格也十分崇仰。他们的关系十分亲近，1952年杨振宁去西雅图访问途中，还在芝加哥和费米见面讨论物理，后来杨振宁还从西雅图给费米写信，除了报告他在西雅图的愉快经验，也再次讲述了当时他们讨论的物理问题。[48]

杨振宁和许多人都怀疑，费米是因为做实验不小心吸入有害物质而伤害到了健康，那个时候费米才54岁。

1984 年，杨振宁的母亲到美国，杨振宁特别带母亲看他位于布鲁克海文实验室的办公室，1954 年和 1956 年，他在这里写下一生工作中最重要的两篇论文（杨振宁提供）

杨振宁和盖尔曼到芝加哥的比林斯医院探望费米。“我们走进病房时，他正在读一本描写凭借坚强意志战胜厄运和巨大自然障碍的真实故事集。他很瘦，但只略显哀愁。他很镇静地告诉我们他的病情。医生对他说，几天之内就可以回家，但没有几个月可以活了。”

“说完，他让我们看放在床边的一个笔记本，告诉我们那是他关于核物理的笔记。他计划出院后利用剩下来的两个月时间将它修改出版。盖尔曼和我被他的坚毅精神和对物理学的热情所感动，有好一会儿我们不敢正眼看他。”杨振宁说，他和盖尔曼走出病房的时候，费米对他们说：“我把物理留给你们了。”

杨振宁和盖尔曼探望后不出三个礼拜，费米就去世了。[49]

费米去世之后，芝加哥大学空出来一个教席，所以他们想再请杨振宁回去。1955 年，芝加哥费米研究所的主任艾利森坐火车到普林斯顿来，杨振宁特地到火车站接他。那天晚上艾利森就和奥本海默见了面。

后来奥本海默告诉杨振宁说，艾利森见到他的第一句话就说：“我要把杨振宁从你这里偷走。”杨振宁那个时候和李政道有密切的合作，所以在芝加哥大学邀请他回去的时候，他要芝加哥大学也一并聘请李政道，当然后来杨振宁并没有回到芝加哥大学去。[50]

杨振宁由日本回到美国以后，就又恢复了和李政道密切的合作关系。那时候李政道去了哥伦比亚大学做助理教授，他们定下一个互访的办法：每个礼拜有一天杨振宁到哥伦比亚大学，李政道则在另外一天到普林斯顿或者布鲁克海文。这种密切的合作，产生了丰富而杰出的科学成果，并且促成两人在 1956 年合写了一篇论文，挑战弱作用中宇称守恒的定律，并使他们在 1957 年成为最早得到诺贝尔奖的两个中国人。[51]

杨振宁和李政道在物理科学上的合作，曾经是比较缺乏合作传统的普林斯顿高等研究院中的一桩美事。杨振宁自 1949 年就一直在普林斯顿高等研究院，李政道也曾经三度在那里访问，所以普林斯顿高等

1954 年和杨振宁合写了“杨-米尔斯规范理论”论文的米尔斯（杨振宁提供）

研究院的院长奥本海默就常讲，光是看到杨、李二人一同走在研究院里，就让他觉得骄傲。[52]

杨、李难得的合作关系终究不能持久，在得到诺贝尔奖之后5年，也就是1962年，两人终于吵翻分手。李政道很快离开当时访问的普林斯顿高等研究院，回到哥伦比亚大学。1966年，杨振宁也终于离开他待了17年的普林斯顿高等研究院，应邀到纽约州立大学石溪分校开创一个全新的理论物理研究所。

杨振宁后来回顾他在普林斯顿17年的学术生涯，他说：

> 从27岁到44岁，我在高等研究院度过了17个春秋（1949年至1966年）。在那里我做出许多科学成果，也过得很快活。我喜欢那里朴实无华的乔治式建筑和平静严谨的气氛。我喜欢那个延伸到林中小吊桥的长长的通幽曲径。
>
> 它是世外桃源。它是一个冥思苦想的国度，在这里的人都默默地想着自己的事情。研究院里的终身教授都是第一流的，来访问的学者一般说来也都很出色。它是一座名副其实的象牙之塔。[53]
>
> 那么，为什么要走出象牙之塔？这个问题，从那时候直到今天，常常有朋友问我。他们问走出了象牙之塔是否后悔？我的回答始终是：不后悔。世界不只有象牙之塔，还有很多很多别的事业。
>
> 比如说建立石溪分校、建立中文大学就是。这些事业的重要，跟象牙之塔的重要是不同的。很难说哪一个更重要。[54]

杨、李二人的合作，产生了丰富而杰出的科学成果
（普林斯顿高等研究院档案馆提供）

注 释

1 杨振宁演讲《施温格》，1995年4月20日在美国华盛顿美国物理学会纪念施温格会议。收入《杨振宁文集》，张奠宙翻译，上海，华东师范大学出版社，1998年，第820页。

2 Robert Crease and Charles Mann, *The Second Creation*, New York: Macmillan, 1986, p.126.

3 杨振宁访问谈话，1998年10月27日，纽约州立大学石溪分校办公室。

4 Robert Crease and Charles Mann, *The Second Creation*, New York: Macmillan, 1986.

5 Chen Ning Yang, *Selected Papers 1945-1980 with Commentary*, New York: W. H. Freeman, 1983, p. 6.

6 杨振宁访问谈话，1998年10月27日，纽约州立大学石溪分校办公室。

7 杨振宁访问谈话，1999年5月17日，纽约州立大学石溪分校办公室。Chen Ning Yang, *Selected Papers 1945-1980 with Commentary*, New York: W. H. Freeman, 1983, p. 65.

8 Edward Regis, *Who Got Einstein's Office?*, Reading, Mass.: Addison-Wesley, 1987. 中文版《柏拉图的天空》由台北天下文化出版。

9 杨振宁:《读书教学四十年》，香港，三联书店，1985年，第119页。

10 Chen Ning Yang, *Selected Papers 1945-1980 with Commentary*, New York: W. H. Freeman, 1983, p. 9.

11 杨振宁访问谈话，1998年10月27日，纽约州立大学石溪分校办公室。杨振宁,《读书教学四十年》，香港，三联书店，1985年，第33页。

12 杨振宁访问谈话，1998年10月27日，纽约州立大学石溪分校办公室。

13 杜致礼访问谈话，2000年8月21日，纽约长岛石溪火车站。

14 杜致礼访问谈话，2000年8月21日，纽约长岛石溪家中；2001年

4 月 23 日，台北福华饭店房间。

15 杨振宁访问谈话，1998 年 11 月 2 日，纽约州立大学石溪分校办公室。

16 杨振宁：《父亲和我》，载香港《二十一世纪》，第四十四期（1997 年 12 月）。

17 杨振宁访问谈话，2000 年 8 月 21 日，纽约长岛石溪火车站。

18 杨振宁、杜致礼访问谈话，2000 年 8 月 21 日，纽约长岛石溪火车站。

19 杨振宁访问谈话，1998 年 10 月 27 日，纽约州立大学石溪分校办公室。杨振宁演讲《读书教学四十年》，1983 年 3 月 2 日在香港中文大学。

20 杨振玉访问谈话，1999 年 9 月 10 日，纽约州立大学石溪分校办公室。

21 杨振宁访问谈话，1998 年 10 月 27 日，纽约州立大学石溪分校办公室。

22 同上。

23 同上。

24 同上。

25 杨振宁访问谈话，1999 年 5 月 8 日，纽约州立大学石溪分校办公室。

26 杨振宁访问谈话，1998 年 10 月 27 日，纽约州立大学石溪分校办公室。

27 Chen Ning Yang, *Selected Papers 1945-1980 with Commentary*, New York: W. H. Freeman, 1983, p. 11-12.

28 杨振宁访问谈话，1998 年 10 月 27 日，纽约州立大学石溪分校办公室。

29 杨振宁访问谈话，1999 年 5 月 8 日，纽约州立大学石溪分校办公室。

30 Chen Ning Yang, *Selected Papers 1945-1980 with Commentary*, New York: W. H. Freeman, 1983, p. 66.

31 杨振宁：《几位物理学家的故事》，原载于中国《物理》杂志，1986

年（第十五卷，第十一期），收入《杨振宁文集》，上海，华东师范大学出版社，1998年。

32 杨振宁访问谈话，1999年5月8日，纽约州立大学石溪分校办公室。

33 同上。

34 杨振宁访问谈话，2000年7月31日，香港中文大学办公室。

35 杨振宁访问谈话，1998年11月2日，纽约州立大学石溪分校办公室。

36 杨振宁访问谈话，1998年11月2日，纽约长岛石溪家中。另外 Edward Regis, *Who Got Einstein's Office?*, Reading, Mass.: Addison-Wesley, 1987, p.152.

37 杨振宁访问谈话，1998年10月27日，纽约州立大学石溪分校办公室。

38 杜致礼访问谈话，2000年8月21日，纽约长岛石溪家中。

39 杨振宁访问谈话，1998年10月25日，纽约州立大学石溪分校办公室。

40 同上。

41 同上。

42 杨振宁访问谈话，1998年10月25日，1998年10月27日，纽约州立大学石溪分校办公室。

43 蒙托克角是在长岛半岛最东边的顶尖上，还有一个灯塔。

44 Chen Ning Yang, *Selected Papers 1945-1980 with Commentary*, New York: W. H. Freeman, 1983, p. 17.

45 Edward Regis, *Who Got Einstein's Office?*, Reading, Mass.: Addison-Wesley, 1987.

46 杨振宁:《杨振宁文集·几位物理学家的故事》，上海，华东师范大学出版社，1998年。泰勒访问谈话，1999年7月11日，加州旧金山斯坦福家中。

47 杨振宁，致费米信函（未发表），1952年5月5日；*Selected Papers*

1945-1980 with Commentary, New York: W. H. Freeman, 1983, p. 167.

48 杨振宁:《读书教学四十年》，香港，三联书店，1985 年，第 34 页。

49 杨振宁访问谈话，2002 年 6 月 18 日，清华大学。

50 杨振宁访问谈话，1999 年 5 月 17 日，纽约州立大学石溪分校办公室。

51 在瑞典诺贝尔奖委员会的正式记录上，他们两人的国籍是中国。

52 Edward Regis, *Who Got Einstein's Office?* , Reading, Mass.: Addison-Wesley, 1987.

53 Chen Ning Yang, *Selected Papers 1945-1980 with Commentary*, New York: W. H. Freeman, 1983, p. 64.

54 杨振宁演讲《读书教学四十年》，1983 年 3 月 2 日在香港中文大学二十周年纪念讲座。后来收入同名书《读书教学四十年》，香港，三联书店，1985 年。

第六章

石溪新天地

杨振宁在石溪理论物理研究所的办公室（江才健摄）

纽约的长岛地区，事实上像是一个伸向大西洋中间的半岛。岛上曲折蜿蜒的海岸，苍郁茂密的林木，将长岛塑造成为美国十分出名的高价位住宅区。但是在20世纪60年代以前，这个豪宅林立的地区却没有一个有名望的高等学府。

1960年一个委员会向纽约州政府提议，在长岛中部靠近布鲁克海文国家实验室附近的地方，建立纽约州立大学的一个新的校区。1962年，这个新校区就在长岛北岸一个叫作石溪的小镇开始创建起来。[1]

纽约州立大学石溪校区的建立，一开始就是一个颇有雄心的计划，他们不但要创建一个包含文学、艺术、科学、工程的综合性大学，而且还要让这个学校具有一流的学术水平。1965年这个大学开始不久，物理学家托尔（John Toll）就成为第一任的校长。托尔是耶鲁大学物理系毕业，接着跟随普林斯顿大学著名物理学家惠勒完成博士研究，然后他到马里兰大学教书和做研究，并且担任物理系主任。托尔是有成就的物理学家，也确是一个非常能干而且又真正懂得科学的人。美国的科学和学术能够发展得成功，一部分的原因，正是因为他们学术界里有许多像托尔这样的人才。[2]

1965年，当时的纽约州州长洛克菲勒（Nelson Rockefeller）为大力促进纽约的大学学术发展，决定在纽约州的大学设立五个科学讲座教授的位子，命名为“爱因斯坦讲座教授”，另外在人文学和社会科学领域，也同样设立五个教席，名为“施魏策尔讲座教授”。

“爱因斯坦讲座教授”教席设立的办法，是开放让所有纽约州的大学来争取，竞争成功的学校每年可以从纽约州教育局得到 10 万美金的经费，用于支付教席的薪水和相关费用。州教育局原本的构想，是由他们自己任命这个“爱因斯坦讲座教授”，薪水也由教育局直接支付。托尔立刻就反对这种想法，认为教育局应该把钱拨给大学，由大学自主聘请这个“爱因斯坦讲座教授”，使得这个教席成为大学教授的一员。托尔的坚持说服了州教育局，也为他后来劝服杨振宁到纽约州立大学石溪分校，奠定了有利的基础。[3]

那时候主持纽约州立大学石溪分校物理系的庞德（T. A. Pond）和知名物理学家德内斯登（Max Dresden）也提出建议，就是在和杨振宁接触的时候，希望杨振宁同意，如果石溪分校争取到“爱因斯坦讲座教授”的话，杨振宁就会到纽约州立大学石溪分校来。因此 1965 年初，托尔打电话给杨振宁，然后再到普林斯顿和他见面，提出了他们的邀请和构想。杨振宁考虑了几个礼拜，决定在前面的那个大原则下同意到石溪来。[4]

事实上纽约州有许多历史悠久、夙负盛名的一流学府，譬如纽约大学、哥伦比亚大学和康奈尔大学；他们在竞争“爱因斯坦讲座教授”上原本远较石溪分校有利得多。但是只因为纽约州立大学石溪分校在他们的申请表上，附上了杨振宁同意到石溪来的一封信，一下子就使得石溪分校在和纽约州其他大学竞争之时，处于非常有利的地位。

若了解物理科学发展的历史，就会知道，到了 20 世纪 60 年代中期，杨振宁并不只是一个顶着诺贝尔奖桂冠的杰出物理学家，他已经是当时世界公认的顶尖理论物理学家。如果杨振宁愿意从新泽西州的普林斯顿高等研究院到纽约州来，可以说马上就大大地提升了纽约州的学术地位。也正是因为这个缘故，纽约州教育局很快就在 1965 年，将第一个爱因斯坦讲座的教席给了纽约州立大学的石溪分校。[5]

在争取杨振宁接受这个教席的努力上，石溪分校事实上费尽苦心。除了托尔校长亲自出马劝说，他们也动员杨振宁在西南联大时的好友，当时在石溪分校任电子工程教授的张守廉，一同游说杨振宁去参观石溪分校的校园。

1965 年春天，杨振宁和杜致礼带着 1958 年出生的二儿子杨光宇和 1961 年出生的女儿杨又礼，一同到石溪去访问。他后来回忆起在山茱萸花盛开的春天，那一次愉快的石溪之行：

> 我们住在学校的日木宾馆（Sunwood Guesthouse），从那里可以眺望长岛海湾。我们在那里的第一个傍晚，海湾上的落日就像是镶在房间窗户上的一幅美景。我们的心都被攫去了。[6]

尽管如此，对于是不是要到石溪分校，杨振宁并不是没有犹豫的。正如同托尔说的，许多人对于杨振宁愿意到纽约州立大学石溪分校来的决定颇感意外，原因是他所在的普林斯顿高等研究院，是地位崇隆的一流学术象牙塔，连爱因斯坦那样的世纪伟大物理学家，晚年都安然悠游于那片学术林园。杨振宁 1955 年就已经是那里的终身教授，那可是多少学术中人梦寐以求的地位。

普林斯顿当然也不愿意失掉杨振宁。他们一听说杨振宁有要离开的想法，就颇为紧张，所以在物理系的一次会议上曾经商量如何把杨振宁留下来。当时有人建议应该聘请一个杨振宁喜欢的人来做他的研究伙伴，但是普林斯顿的物理学家戈德伯格立刻推翻了这个建议，他的理由是："杨振宁并不需要和任何人合作。"[7]

让杨振宁犹豫的另外一个原因，是纽约州立大学石溪分校还有一个扩张的计划，校长托尔和物理系主任庞德想设立一个理论物理研究所，并希望由杨振宁来负责。杨振宁说："那个研究所十分的小，我并不需要花很多时间来管理。但是我天生不是那种喜欢掌管事务的人。我对他们提议的第一个反应是：我究竟是否懂得如何去掌管一个群体，哪怕它只不过是很小的一个群体？自觉的或者是半自觉的，我一直拿不定主意。最后我认定我可以学会做这个主任的工作。”4月底的时候，杨振宁告诉托尔，他接受石溪分校的职位，并且将在1966年到任。[8]

1965年的11月11日，《纽约时报》的头版刊出杨振宁接受纽约州立大学石溪分校“爱因斯坦讲座教授”的消息。报道引述当时布鲁克海文国家实验室主任戈德哈贝尔（Maurice Goldhaber）的话，认为杨振宁接受这个教席，将使得纽约州立大学石溪分校一振而起，立于现代物理的最前沿，这不但可以替纽约州立大学吸引第一流的学生，并且也将吸引杰出的学者到石溪分校来。

报道中间还说，杨振宁的“爱因斯坦讲座教授”年薪45000美金，这个薪水的数目比纽约州立大学校长的薪水还多5000美金。新闻报道中也指出，当时美国大学正教授的最高平均年薪是22110美金。[9]

杨振宁这一次由普林斯顿搬到长岛的石溪，可以说是他的家庭唯一的一次搬家。杨振宁说，这一次搬家，太太杜致礼十分赞成，主要的一个原因，就是那一次他们到石溪的访问，在黄昏时分看到的夕阳美景所留下了的美好印象。[10]

任何一个人若在20世纪60年代中期到纽约州立大学石溪分校去看一看，就能够想象杨振宁离开普林斯顿高等研究院是多么大的改变，又需要多么大的决心。不要说两个地方学术条件的差异，就说校园里的景象，石溪分校不但没有普林斯顿的通幽曲径、参天古木，学校里还到处是建筑施工造成的泥泞，而起初他们也只能住在很普通的改建公寓里面。

杨振宁当然欣然优游于普林斯顿的学术象牙塔，但是正如他自己说的，象牙塔毕竟不是整个世界，为建造一所新的大学而出力，这种挑战是令人兴奋的。[11]

除了建造一所新大学的兴奋挑战，另外一个击中了杨振宁个性中浪漫情怀的原因，也许是他和石溪这个地方超乎寻常的一种机缘；先是 1953 年冬天无意间的初次邂逅，1965 年又有落日美景的惊鸿一瞥，而那时候他离开中国已经有 20 年之久，他几经挣扎在 1964 年入了美国籍，心理上也自然地有了在石溪这个地方建立常住久居家园的想法。

石溪分校的当局也费心协助杨振宁寻找合适的住处。经过一段时间，他们终于在石溪北方靠海边一个叫作赛涛客（Setauket）的印第安名字的地方，找到了一个面对长岛海湾的地点，杨振宁特别请了一位建筑师设计了一栋相当大而且漂亮的房子。石溪分校的校长也是杨振宁老朋友的托尔就说，在选择住家房子地点的这件事情上面，杨振宁所展现的做事情的一个风格，同他解决物理问题是一样的：他不只是要解决问题，还要以其独特的方式得到最优美而有效的答案。[12]

杨振宁开始要在一个全新的校园里，创建理论物理研究所，他深知挑战的巨大，而最重要的就是要找来最好的人才。

石溪分校原来就有庞德和德内斯登两个非常有科学识见和雄心的物理学家，经过杨振宁的努力，又请来 1960 年他在普林斯顿认识的年轻优秀的韩裔物理学家李昭辉（Benjamin Lee），以及和他在普林斯顿同事多年，杨振宁认为有非常好的物理直觉的一流物理学家布朗（Gerald Brown）。这些物理学家以及后来许多和杨振宁惺惺相惜、对杨振宁物理风格欣羡仰慕的物理学家的加入，使得石溪理论物理研究所终于在世界物理学的版图中占有了一席地位。

布朗曾经回忆起他来到石溪分校的经过。他说 1967 年杨振宁回到普林斯顿做一次短期的访问。有一天，杨振宁来到布朗的办公室，邀请他到外面的树林子里去走一走。那个时候布朗在普林斯顿已经建立起世界上最顶尖的核物理理论研究团队，而石溪在核物理方面才刚刚起步。但是他被杨振宁的科学视野吸引，加上非常仰慕杨振宁，所以 1968 年便由普林斯顿辞职到了石溪。布朗说："这是我一生中许多好的决定当中最好的。"[13]

对于请人到石溪理论物理研究所来，如同托尔校长说的，杨振宁是有着很严格的标准的，但是杨振宁的标准却并不是以他个人做研究的喜好和方向为准则。譬如说他虽然非常推崇李昭辉在物理科学方面的鉴赏力和洞察力，但是李昭辉做的工作却不是杨振宁喜欢的那种口味。[14] 此外，后来接替杨振宁做石溪理论物理研究所所长的范·尼乌文赫伊曾（Peter van Nieuwenhuizen），虽然也是杨振宁在 20 世纪 70 年代中期把他请来的，但是范·尼乌文赫伊曾成名之作的所谓超引力理论，事实上也并不是杨振宁专注研究的方向。

杨振宁从普林斯顿到石溪去，其实中间的一个原因，也是普林斯顿高等研究院是一个纯粹的学术研究象牙塔，并没有学生，所以他想，到了石溪的理论物理研究所以后，可以有一些研究生，或许也是一件好事。他说起这件事情的说法是："带研究生也许可以算是一个贡献，或者说是一个乐趣吧？"[15] 语气中似乎还是带着一些疑问的。

事实上杨振宁自己做科学的风格，是并不容易有合作的研究生的，原因是他对科学的品位十分的个人化，而且他不太喜欢抢做热门主流的题目，这就比较不吸引一些最积极进取的学生。加上他对于物理科学的兴趣广泛，总喜欢换不同的题目做，因此他常常觉得并没有什么好题目可以给学生做。

事实上，杨振宁到石溪来以前，也只在芝加哥大学当讲师时，应一个学生之请给了他一个题目，那个题目其实跟后来玛丽亚·梅耶得到诺贝尔奖的原子核壳层模型是相同的一个方向。不过那个学生后来没有继续做下去，所以也就无疾而终了。[16]

杨振宁在石溪分校从 1966 年到 1999 年退休，前后有 33 年之久，但是他一共也只有十一二个学生，而且其中几个还只是他名义上的学生。相对于杨振宁在物理科学的影响和贡献来说，这也显现出来他比较不寻常的一种传道授业风格。

杨振宁的学生虽然不多，但是他和学生之间似乎多多少少都还保持了中国文化里面那种"一日为师，终身为父"的关系。他对于学生

纽约州立大学石溪分校数学系大楼，1974 年以后杨振宁的办公室在此楼的顶层
（杨振宁提供）

杨振宁在石溪理论物理研究所的办公室和研讨室（江才健摄）

办公室

墙上是泡利（上）和费米（下）的照片

左边是狄拉克（上）和维格纳（下）的照片　　有一面墙上都是爱因斯坦的照片

研讨室

非常照顾，慷慨地给予他们很多的时间，这些都不是典型的美国大学里的师生关系。

杨振宁在石溪分校的第一个学生萨瑟兰（Bill Sutherland）就很清楚地记得，在他跟随杨振宁做研究的那些日子，杨振宁似乎总是有无限的时间可以花在他的身上。他记得许多早上他去找杨振宁，本来只想杨振宁花几分钟来解答他的个把问题，结果却变成他和杨振宁坐在研究室里共同研究演算一整天。中间有的时候杨振宁会接一两个电话，偶尔也会有人来看他。中午他们就吃杨振宁叫来的三明治，紧接着是整个下午相同情形的工作，为了能赶上杨振宁的思维，到下班的时候他已经是筋疲力尽了。

萨瑟兰对于这些日子的记忆非常深刻，因为他说自己从来没有这样努力地工作，也从来没有这样快乐。他觉得在杨振宁办公室里的气氛是温暖而又使人感到受保护的，并且充满着追求知识的兴奋。[17]

1973 年在石溪分校成为杨振宁学生的赵午，也有或多或少相类似的经验。他同样一直记得那些和杨振宁在一起努力工作的美好日子，赵午说有好长一段时间，他几乎天天都在杨振宁办公室里好几个钟头；杨振宁对他非常有耐性，虽然当时他并不十分能够珍惜这种机缘，也觉得自己没有把握机会学到更多的东西。但是后来他回忆起来，总觉得他占用了杨振宁太多宝贵的时间，甚至也许延迟了近代物理的进展。[18]

事实上杨振宁对于学生也是有所选择的，所以在他的许多学生身上，譬如在台湾清华大学的阎爱德以及原来在中正大学的郑国顺，似乎或多或少地也可以看出一些共通的特点，寡言深思型的阎爱德和郑国顺对于杨振宁的教诲照顾，都铭感甚深。

杨振宁曾经谈到他的第一个学生萨瑟兰。他说萨瑟兰非常沉静，说话的时候初看起来似乎有一点缺乏自信的味道。但是杨振宁很快发现萨瑟兰物理知识非常扎实，而且非常有原创性。[19]

赵午虽然同样言语不多，杨振宁却看出他什么都学得很快。杨振宁认为赵午一定可以变成一个很好的高能理论物理学家，但是他觉得如果赵午可以转到加速器的设计，会有更大的贡献，原因是加速器的设计没有高能物理那么时髦。所以杨振宁差不多可以说是半强迫地让赵午转到了加速器的领域，后来赵午果然在加速器的领域大放异彩，现在已是这个领域中的一颗耀眼明星。[20]

在石溪理论物理研究所的其他研究成员，譬如施温格的学生聂华桐、普林斯顿著名物理学家崔曼（Samuel Trieman）的学生施洛克（Robert Shrock）、俄国顶尖的理论物理学家法捷耶夫（L. D. Fadeev）的学生柯瑞平（Vladimir Korepin）都说，杨振宁虽然在物理科学上影响很大，但是在石溪理论物理研究所，却从来不试图影响别人的研究，他创造的是一个完全自由的研究风气。

在近代物理的发展历史中，许多物理大师主持研究所，往往慢慢就形成了他个人的一个学派，譬如苏联的朗道以及在芝加哥的费米，都是典型的例子。杨振宁显然是有意识要避免发生这样的情形，他在石溪理论物理研究所不但非常小心地不强调自己的科学兴趣，和他有长期合作的人，譬如哈佛大学的著名理论物理学家吴大峻、佐治亚大学的邹祖德，他也都没有把他们请到石溪分校来。

在麻省理工学院的理论物理学家，也是台湾"中研院"院士的郑洪说，杨振宁不但对于年轻研究者非常慷慨，而且心胸宽大，没有门户之见。他特别举出施温格虽然是一个伟大的物理学家，但却不能和他谈费曼规则（Feynman rule），他会说他不知道什么是费曼规则，但是到他的办公室去，黑板上却到处都是费曼图（Feynman diagram）。[21]

也就是这个缘故，虽然杨振宁对于超引力场和超弦理论的发展有所保留，但是石溪理论物理研究所后来却成为这方面研究的一个重镇。杨振宁的作为，特别避免了一般学术界很容易发生的所谓"近亲繁殖"的现象。他以行动证明了，他是科学上的一个独行者，他不是一个帝国的建造者。[22]

虽然不建造自己的帝国，杨振宁却努力地邀请物理科学上最顶尖的科学家到石溪分校来，以营造石溪分校在科学上的地位。

一般认为，20 世纪自爱因斯坦以降，在场论方面最重要的科学家就是英国的狄拉克。狄拉克在 1933 年获得诺贝尔物理学奖，是杨振宁私心仰慕的科学家的典范人物，他说狄拉克的科学文章清简通畅，没有一点多余的渣子。

杨振宁曾经形容狄拉克做学问的要言不烦，你问他三句话，他回答你一句话。他说狄拉克曾经到一个非常有名的学校去演讲，演讲以后主持人让学生问问题。有一个学生站起来问说："刚才您在黑板上的那个方程式我不懂。"但是狄拉克过了很久都没回答，于是那个主持人就问："狄拉克教授，您可不可以回答这个问题？"狄拉克回应说："这不是一个问题。"

还有另外一次演讲，狄拉克经过一系列论证最后得出一个结论，演讲以后，一个学生站起来说："我没有了解这一点，可不可以请您再解释一下？"于是狄拉克就又解释了一下。那个学生说："您现在的这个解释跟刚才的那个解释完全一样。"狄拉克说："对了，因为这是最好的解释。"[23]

狄拉克和杨振宁科学风格相近，两人惺惺相惜。20 世纪 60 年代末期和 70 年代，狄拉克都曾应杨振宁邀请到石溪分校访问过。杨振宁在 1962 年曾经做了一篇讨论超流体和超导方面问题的统计力学论文，这个工作在物理学上的名字叫作"非对角长程序"。杨振宁对他的这一项工作非常满意，杨振宁说狄拉克也非常喜欢他的这个工作，原因是狄拉克认为这个工作本应该是由他做的。[24]

另外，20 世纪在量子电动力学重整化方面做出重要的贡献，并和费曼以及日本物理学家朝永振一郎共同得到 1965 年诺贝尔物理学奖的施温格，也是杨振宁曾经想争取到石溪分校来的顶尖物理学家。

杨振宁和施温格的接触，最早是 1948 年他在密歇根大学夏季研讨会上听施温格的演讲。1958 年他们两人同样被邀请到威斯康星大学访问了一个暑假，因此彼此熟识。杨振宁对于施温格的科学和人格都非常钦仰。1968 年，他曾经写了一封信给当时在哈佛大学的施温格，邀请他到石溪分校来。

在那封信的最后杨振宁写着：

还想说的是，我们希望很快会听到你的回复（我希望是肯定的答复）。

容我补充说一点，我一直在想的意见：即使像哈佛大学这样最负盛名的地方，也不能给您增加荣耀。而您却会给您选择加入的任何研究机构带来荣耀。[25]

很可惜的是，施温格最终选择去了加州大学洛杉矶分校，不过后来施温格还是到过石溪分校来访问，并且讲了一系列的课程。对于石溪分校的物理学家来说，施温格讲课是一大盛事，但杨振宁却没有出现在施温格石溪的讲课上，事实上这正是因为杨振宁的科学风格和施温格相当不同，这件事也引起了许多的讨论。[26]

做一个理论物理研究所的所长，虽然杨振宁从不觉得自己有行政方面的长才，甚至到 20 世纪 90 年代快要退休以前，还依然觉得自己不能很自在地处理许多行政问题，但是接替他做理论物理研究所所长的范 · 尼乌文赫伊曾却说，杨振宁是一个非常好的所长。他说，好的行政管理并不是开不完的会和许多的文件备忘录，而是把时间集中在真正重要的事情上面，决定方向。他说杨振宁在理论物理研究所的会议，总是先讨论重要的论文和科学发现，然后才是行政的问题，而且从来没有冗长的会议。[27]

当然杨振宁由于在科学上有特出的地位，他确实可以有特权在一些时候不必征询大家的意见就做出一些决定，但是杨振宁和许多大科学家不同，他并不特别要求那种特殊的地位，因此塑造了石溪理论物

杨振宁 20 世纪 80 年代于石溪分校的研讨室留影（杨振宁提供）

杨振宁 1993 年于石溪分校办公室内留影（杨振宁提供）

理研究所非常和谐的气氛，不像波士顿那些有名学府里面，物理学家经常会有许多攻讦和争吵。[28]

杨振宁在教学方面同样也树立了一个典范，那就是他特别愿意去教最基础的课程。另外他自己在数学方面特别有兴趣和鉴赏力，所以石溪理论物理研究所和数学系有着相当密切的交流。他在芝加哥大学的老师费米的中午讨论会，似乎给了他一些灵感，每个星期二的中午，杨振宁也会在石溪理论物理研究所举办跨领域讨论会，让医学、化学、经济学和生物学等各种不同领域的研究专家来报告新的发展。[29]

毫无疑问的，杨振宁的领导和他付出心血的努力，还是看到了成果。比较起另外一位物理学诺贝尔奖得主温伯格（Steven Weinberg）到德州大学奥斯汀分校开疆辟土的努力，杨振宁在石溪分校的成就显然是更胜一筹的。

在石溪理论物理研究所有 30 年时间的物理学家魏斯贝格尔（Bill Weisberger）就说，石溪理论物理研究所每年有世界各地来的许多访问者和博士后研究人员，造就出非常活跃的学术气氛，在世界科学版图上已经有了它的地位。[30] 把杨振宁从普林斯顿挖到石溪去的托尔甚至说，杨振宁在石溪理论物理研究所的成就，可以跟玻尔（Niels Bohr）在哥本哈根的玻尔研究所，以及劳伦斯（Ernest Lawrence）、奥本海默创建加州大学伯克利分校物理研究所的成就相提并论。[31]

20 世纪 60 年代末 70 年代初，美国大学校园因为反越战而屡有骚动，石溪分校也不能幸免，甚至学生要烧掉一个跟国防部签约做研究的计算中心。那个时候学生也要求学校的行政和教职主管，都必须到校园入口的警卫岗亭里待一夜。当时的校长托尔说，在他还来不及阻止这件事情之前，杨振宁居然就同意了学生的要求。托尔说他为此非常愤怒，因为学校当局都认为杨振宁是他们最宝贵的资产，他的时间十分宝贵，不应该浪费在这种事情上。[32]

结果杨振宁这一次的奉献行动倒是令人庆幸的，因为那一天晚上他等于是主持了一场讨论会，他从科学谈到社会、国际关系还有其他

2000 年，杨振宁和太太杜致礼在石溪分校附近圣詹姆士镇的新居前合影
（江才健摄）

的问题。学校的报纸和其他的媒体后来做了正面的报道，也因而大大缓和了当时紧张对峙的局面。[33]

1971 年杨振宁在石溪分校的时候，率先到中国访问。这使得后来中国访问美国的科学团体，第一站通常都是石溪分校，然后杨振宁再安排他们访问美国其他的研究中心。无形中，这也促进了石溪分校在各方面的发展。[34]

前几年，有人曾经公布一个统计调查的研究，结果石溪已经成为加州大学伯克利分校以外最好的公立研究大学。[35] 另外 1983 年底的一个物理系的排行，石溪也列名在美国 12 个最好的物理系之中。1989 年美国物理学会出版的《今日物理》(*Physics Today*)上的一篇《学术菁英聚集而造成的近亲繁殖》文章中则指出，相对于其他顶尖的大学物理系，石溪分校的物理研究所鲜有近亲繁殖的现象。[36]

从 44 岁直到 77 岁退休，杨振宁在石溪待了 33 年，这是他比较成熟的一段生命岁月。除了在科学上继续有许多一流的工作，他也在学术象牙塔之外的领域有许多的投入和参与。他在石溪的海畔林间和他的孩子嬉戏，欣然于他们能够在如此幸福的天地中长大，有时他也会驾着自己的船出海。

这中间对他影响最大的，也许就是在离开中国 25 年之后，1971 年他的再回中国。家人聚散的情感冲击，故国乡关的文化召唤，内心的感触可说最是难喻。

1983 年 3 月 2 日，杨振宁在香港中文大学 20 周年纪念讲座上，以《读书教学四十年》为题发表的演讲中说道：

> 我能够有机会在象牙之塔内工作了十七年，现在在象牙之塔外也工作了十七年。回想一下，我给我自己一个勉励：
>
> “应该继续努力。”[37]

注 释

1 John Toll, "Professor C. N. Yang s Crucial Role in the Development of a Great University," *Chen Ning Yang: Great Physicist of the Twentieth Century*, ed. C. S. Liu and S. T. Yau, Boston: International Press, 1995.

2 杨振宁访问谈话，1999 年 5 月 17 日，纽约州立大学石溪分校办公室。

3 John Toll, "Professor C. N. Yang s Crucial Role in the Development of a Great University," *Chen Ning Yang: Great Physicist of the Twentieth Century*, ed. C. S. Liu and S. T. Yau, Boston: International Press, 1995.

4 同上。

5 同上。

6 杨振宁访问谈话，1998 年 11 月 2 日，纽约长岛石溪家中。Chen Ning Yang, *Selected Papers 1945-1980with Commentary*, New York: W. H. Freeman, 1983, p. 60.

7 G. E. Brown, "C. N. Yang s Influence on my Life and Research, " *Chen Ning Yang: A Great Physicist of theTwentieth Century*, ed. C. S. Liu and S. T. Yau, Boston: International Press, 1995.

8 Chen Ning Yang, *Selected Papers 1945-1980 with Commentary*, New York: W. H. Freeman, 1983, p. 60.

9 *New York Times*, 11 Nov. 1965.

10 杨振宁访问谈话，1998 年 11 月 2 日，纽约长岛石溪家中。

11 Chen Ning Yang, *Selected Papers 1945-1980 with Commentary*, New York: W. H. Freeman, 1983, p. 64.

12 托尔访问谈话，2000 年 8 月 23 日，马里兰州华盛顿学院校长办公室。

13 G. E. Brown, "C. N. Yang s Influence on my Life and Research, " *Chen Ning Yang: A Great Physicist of theTwentieth Century*, ed. C. S. Liu and S. T. Yau, Boston: International Press, 1995.

14 董无极访问谈话，1999 年 3 月 21 日，美国亚特兰大市旅馆房间。

15 杨振宁访问谈话，1998 年 11 月 2 日，纽约长岛石溪家中。

16 杨振宁访问谈话，1998 年 10 月 27 日，纽约州立大学石溪分校办公室。

17 Bill Sutherland, "The Heisenberg-Ising Model Revisited, " *Chen Ning Yang: A Great Physicist of the Twentieth Century*, ed. C. S. Liu and S. T. Yau, Boston: International Press, 1995.

18 赵午访问谈话，1998 年 10 月 9 日，加州斯坦福直线加速中心办公室。

19 Chen Ning Yang, *Selected Papers 1945-1980 with Commentary*, New York: W. H. Freeman, 1983, p. 68.

20 Chen Ning Yang, *Selected Papers 1945-1980 with Commentary,* New York: W. H. Freeman, 1983, p. 72.

21 郑洪访问谈话，1998 年 10 月 23 日，波士顿麻省理工学院办公室。

22 Hua Tong Nie, "Twenty Six Years: In Celebration of Prof. C. N. Yang's 70th Birthday," *Chen Ning Yang: A Great Physicist of the Twentieth Century,* ed. C. S. Liu and S. T. Yau, Boston: International Press, 1995.

23 杨振宁:《杨振宁文集·几位物理学家的故事》，上海，华东师范大学出版社，1998 年，第 555 页。

24 黄克孙访问谈话，1999 年 9 月 11 日，波士顿麻省理工学院办公室。

25 Chen Ning Yang, "Julian Schwinger: The Physicist, the Teacher, and the Man," *Lecture in the Schwinger Memorial Session of the APS-APT meeting in Washington D. C.*, Apr. 20 1995. 译文参考张莫宙翻译的《施温格》，《杨振宁文集》，上海，华东师范大学出版社，1998 年，第 823—824 页。

26 聂华桐访问谈话，1998 年 5 月 8 日，清华大学家中。

27 范·尼乌文赫伊曾访问谈话，1999 年 9 月 8 日，纽约州立大学石溪分校办公室。

28 同上。

29 托尔访问谈话，2000年8月23日，马里兰州华盛顿学院校长办公室。上海《文汇报》，1978年8月7日。

30 魏斯贝格尔访问谈话，1999年9月8日，纽约州立大学石溪分校办公室。

31 托尔访问谈话，2000年8月23日，马里兰州华盛顿学院校长办公室。

32 John Toll, "Professor C. N. Yang s Crucial Role in the Development of a Great University, " *Chen Ning Yang: A Great Physicist of the Twentieth Century*, ed. C. S. Liu and S. T. Yau, Boston: International Press, 1995.

33 同上。

34 同上。

35 托尔访问谈话，2000年8月23日，马里兰州华盛顿学院校长办公室。

36 G. E. Brown, "C. N. Yang s Influence on my Life and Research, " *Chen Ning Yang: A Great Physicist of theTwentieth Century*, ed. C. S. Liu and S. T. Yau, Boston: International Press, 1995.

37 杨振宁演讲《读书教学四十年》，香港中文大学二十周年纪念讲座，后收入同名书《读书教学四十年》，香港，三联书店，1985年。

第七章

分合李政道

此情可待成追忆？
（杨振宁和 A. 理查兹提供）

杨振宁和李政道是1946年的秋天在芝加哥初次见面的。他们完全料想不到，这次有一点偶然的会面，后来会给两人的生命历程带来这么多戏剧性的转折。他们的科学才分和机遇，促使两人共同缔造出一场历史性的科学革命，而他们相当不同的先天气质和人格特质，也使得两人的关系注定要落入一个爱恨交织的纠葛情境。※

※说明：杨振宁1946年和李政道见面认识，到1962年不愉快的分手，两人来往和合作共16年。杨振宁在1983年出版的《论文选集》和李政道在1986年出版的《李政道论文选集》都曾经公开谈论两人的关系。杨振宁在本书的访谈中，有更多的一些谈论。作者在1998年7月30日写作计划尚未开始前，曾经以挂号信寄李政道，说明写书的宗旨和态度，希望他愿意接受访谈，但是没有接到任何回音。香港电视台拍摄杨振宁专辑，李政道亦拒绝香港制作人的访谈要求。故本书中关于李政道的部分，仅能引用其公开发表之文字。

杨、李初见面的时候，24岁的杨振宁已经是芝加哥大学声名鹊起的天才研究生。20岁的李政道，那个时候长得胖胖的，个性十分随和，他陪伴着老师吴大猷的夫人阮冠世和朱光亚等人由上海坐船抵达旧金山，然后换乘火车到芝加哥，并且见到了杨振宁。

李政道早几年或许就应该见到杨振宁的。1945 年他拿着一封介绍信去拜望在西南联大的吴大猷，成为吴大猷的学生后，由于李政道的求知若渴，吴大猷给他的习题很快就做完了，而且总是再来要求更多的，于是想到可以叫李政道去找杨振宁。李政道大概去找过杨振宁，只不过两人并没有见到面，这是杨振宁的师母阮冠世后来告诉杨振宁的。[1]

杨振宁看到李政道以后，对他的印象很好，也发现了李政道在物理方面的聪慧和才分。李政道本来是申请了密歇根大学的入学许可，但是他看到芝加哥大学有当时世界最有名的物理系，跟杨振宁在一起又可以学到很多的东西，于是改变主意想要留在芝加哥大学。杨振宁于是带着李政道在学校的入学部门以及物理系办妥了相关的手续。[2]

从 1946 年到 1949 年的三年当中，杨振宁和李政道成为很亲密的朋友。在科学方面，早在中国就已念完硕士的杨振宁，物理学的知识非常丰富，在芝加哥大学研究所，他是许多同学的老师，自然也是只念了两年大学的李政道的老师。李政道要选什么课，要看什么书，碰到什么不懂的问题，都会去找杨振宁。[3] 那个时候也在芝加哥大学，和杨、李都熟识的凌宁就说，杨振宁是李政道不折不扣的兄长。[4]

1949 年，杨振宁和李政道发表了他们合作的头一篇论文，而这篇论文是李政道一生中所发表的第一篇论文。这篇论文的另外一个作者罗森布卢特就说，杨振宁那个时候是芝加哥大学研究所里物理知识最广博的研究生，而且很愿意帮助别人，对于别人的想法也总是表现出积极的兴趣，所以他才会和杨振宁开始共同研究这个论文的题目。他说，李政道比杨振宁年轻得多，虽然也很聪明，但是对物理知识的了解远远不如杨振宁，杨振宁可以说是李政道在芝加哥时代的老师。[5]

杨振宁离开芝加哥大学到普林斯顿高等研究院以前，和李政道密切来往，他们还和两人都认识的凌宁，到西部大峡谷等地去玩了一趟。那是在 1947 年夏天。

1949 年杨振宁离开芝加哥大学以后，他们两人还常通信。1949 年

1947 年，朱光亚（左一）、张文裕（左二）、杨振宁、李政道（右一）于密歇根大学所在的安娜堡留影（杨振宁提供）

底，李政道跟随费米做的白矮星的博士论文也完成了，于是费米就介绍李政道到芝加哥大学的天文系，跟随钱德拉塞卡尔做研究工作。芝加哥大学的天文系和天文台都设在威斯康星州的威廉斯湾，李政道去了半年，结果跟钱德拉塞卡尔的关系搞得非常不愉快。[6]

1950 年 4 月 25 日，杨振宁给在加州大学伯克利分校物理系的著名物理学家威克（Gian C. Wick）教授写了一封推荐信，介绍李政道到伯克利去。杨振宁在信上写着：

> 李政道请我替他写一封信给你，我很乐于这样做，而且要大力地推荐他。
>
> 在中国的大学念完了二年级以后，李博士在 1946 年秋天来到美国。他进入芝加哥大学的研究所，三年时间就对古典和近代理论物理有很好的认知。他对于物理认知的透彻和迅速，可以很容易地由他掌握新物理概念的能力看得出来。
>
> 去年他和费米教授以及钱德拉塞卡尔教授在天文物理问题方面的工作，可以进一步显现他从事原创性研究的能力。他关于白矮星中所蕴含的氢的博士论文，很快会发表在天文物理的期刊上。其他发表过的工作包括和罗森布卢特以及我合作的关于介子交互作用的工作，以及关于湍流的海森堡理论。他最近关于磁扰动的工作即将发表在《物理评论》上。
>
> 说他是一个非常有潜力的年轻物理学家，也许还说得太少了。我毫不怀疑他将来会比他的老师和他朋友所预期的表现得更好。[7]

李政道在伯克利的一年访问很不愉快，物理工作做得也不成功。后来杨振宁跟奥本海默推荐，邀请李政道到普林斯顿高等研究院来，高等研究院于是给了李政道两年的访问聘请。李政道到普林斯顿以后，和杨振宁谈起来，说他拒绝伯克利给他的一年聘期时，当时伯克利大学物理系主任有种族歧视心态的伯奇（Raymond Birge）和他说话时那种轻蔑的态度，让他很不以为然。[8]

1951 年的秋天，李政道到普林斯顿高等研究院来，他一共待了两年，并且和杨振宁毗邻而居。杨家住在古德曼路 (Goodman Road)3F，李家住在古德曼路 3E。那个时候杨振宁已经结婚，大儿子杨光诺刚刚出生。李政道也在 1950 年和秦惠箬结婚。秦惠箬是李政道 1948 年冬天和凌宁去堪萨斯州看望凌宁妹妹的时候认识的。

李政道到普林斯顿高等研究院来的时候，杨振宁刚刚写完了一篇统计物理伊辛模型的论文；李政道来了以后，两人就在这个基础上继续研究，并且很快就合写了两篇统计物理的论文。这两篇论文他们两人都很满意，尤其是第二篇论文的结论，后来被称为单位圆定理，在统计热力学中成为一个经典性的发展。[9]

他们的这两篇论文发表以后，爱因斯坦叫他的女助理考夫曼来请他们去见面谈一谈。

对于这一段过程，杨振宁有一个回忆：

> 爱因斯坦要他的助理考夫曼来请我去见他。我跟她走到他的办公室，他对于论文表示极大的兴趣。那并不令人意外，因为热力学和统计力学是他最喜爱的领域之一。很不幸的是，在我同爱因斯坦谈得最多的这一次谈话中，我的收获不大，原因是我不大听得懂他的口音。他说起话来声音很低，而我陷入了一种因为和长久崇拜的一位伟大物理学家如此接近而来的强烈情绪之中，很难把注意力集中在他的语句之上。[10]

李政道的回忆是：

> 1952 年的一天，爱因斯坦要他的助理考夫曼来看看他是否可以和杨振宁与我谈一谈。我们立刻说："当然。"我想到要带着我的那一份《相对论的意义》请爱因斯坦签名，但是并没有这样做。我

一直十分后悔。

我们走到爱因斯坦的办公室。他说他看了我们的两篇统计力学的论文，印象深刻。他首先问起我们关于巨正则系综（grand canonical ensemble）的基础。显然，他对于这个方法并不完全熟悉。这使得我大感意外，因为我一直认为，这整个方法都是为了玻色-爱因斯坦凝聚而发明的。他的问题于是转向格气（lattice gas）的物理意义以及配分函数之根分布的细节。我们的回答让他很开心。整个的对话范围十分广泛而且谈了很长的时间。最后他站起来，和我们握手并且说："祝福你们未来在物理上成功。"我记得他的手比其他人大而且温暖。总而言之，这是最难忘的一个经验。[11]

杨振宁和李政道对于和爱因斯坦见面谈话过程的回忆，很明显有一些不同。另外在杨振宁早三年发表的回忆中，并没有提到李政道。杨振宁说，那是因为他当时并不记得李政道也去了，后来看到李政道的回忆，同意应该是他们两个人一块儿去的。[12]

他们两人的歧异还不仅止于此。对于这两篇论文中两人的排名，为什么第一篇是杨振宁排在前面，而第二篇是李政道排在前面，李政道在他 60 岁出版的三大本《李政道论文选集》中间的一篇叫作《破坏了的宇称》的文章中是这样写的：

第一篇论文中有两个定理，大部分是我证明的。我们写完那篇论文以后，杨振宁问我是否介意把他的名字放在我的前面，因为他比我年长几岁。我对于这个要求感到惊讶。但是由于中国尊敬年长者的传统，我同意了。后来，我检视科学的文献之后，了解到这不公平。因此我们写第二篇论文的时候，我给他看其他一些发表论文的例子，显示出年长通常并不是决定排名顺序的考虑因素。因此第二篇论文的排名反转了过来，虽然在那一篇论文中间，单位圆定理最关键的一个步骤是杨振宁做的。[13]

杨振宁在1983年出版的60岁《论文选集》中，并没有提到排名的问题。后来他看到李政道1986年出版的《李政道论文选集》中的回忆，大吃一惊。他说事实上在1952年，他在科学上的工作已经小有名气，他和李政道合作的那两篇论文，都是他领头做的，而且论文也是由他执笔写的，加上从芝加哥时代以来，他一直像是李政道的兄长，所以许多事情也都是由他决定，论文排名的事情，也自然是他决定。他完全不记得李政道当时表示过“惊讶”。

杨振宁说在和李政道合作以前，譬如说和费尔德曼（D. Feldman）和蒂奥姆诺（J. Tiomno）两人合写的论文，也都是杨振宁的名字排在前面。他说和李政道这两篇论文的排名，本来是想将李政道的名字排在前面的，原因是李政道毕业以后科学事业一直不顺利，李政道像是他的小弟，他很愿意帮助他。但是最后杜致礼出来阻止了这件事情，认为李政道这个人不值得他这样的信任，所以后来才有一篇文章排名在前，一篇文章排名在后的安排。[14]

杨振宁说，杜致礼之所以会有不信任李政道的意念，他可以用西方的一句话“女人的第六感”来做一个解释。他说李政道是上海人，有一些地方有一点像上海的小开，所以对于女人的态度，有的时候会过分地献殷勤。那个时候李政道在科学方面需要杨振宁很多的帮助，所以也许很自然地就要向杜致礼献殷勤，这一来自然就会让杜致礼觉得李政道不可靠了。[15]

这可以说是杨、李自1946年认识，进而发展出亲密的友谊和密切合作关系五年以后，两人关系的第一次裂痕。经过这件事情，两人的合作停止了几年。李政道在他的文章中谈道：

> 因为这个看起来似乎是无关紧要但是却令人困窘的事情，我觉得最好不要再跟杨振宁合作。这也就是为什么虽然我还在普林斯顿高等研究院待了一年半以上，并且在那以后转到距离不远的哥伦

比亚大学去，但是一直到 1955 年我们都没有再次的合作。[16]

对杨振宁来说，当时并不觉得有任何异样，两人还定下了互相访问的制度；杨振宁每周一天去哥伦比亚大学，李政道也在另外一天到普林斯顿或者布鲁克海文，这种访问一直延续了六年。另外两人的友谊并没有改变，两家人也都常有来往。起初杨振宁和杜致礼有一个孩子，那个时候秦蕙箬没有工作，她和杜致礼也很亲近，有时还帮忙杨家照顾杨光诺。杜致礼年纪比秦蕙箬大一岁，在家里又是长姐，个性比较强一些。那个时候的秦蕙箬不大讲话，个性也有点退缩，杜致礼在许多事情上还会给秦蕙箬一些建议和鼓舞。[17]

1952 年那一年，杨振宁先是去了西雅图访问，后来杜致礼回了台湾，他就搬离原来的房子。那一年因为许多事情分心，研究工作没有做得很成功。杨振宁还记得李政道和麻省理工学院一个著名的物理学家洛（Francis Low）合作了一篇文章，也要把他的名字加入，他没有同意，因为他的原则是除非自己在文章里有真正重要的贡献，是不愿意具名的。杨振宁说，他当时并没有感到李政道故意不跟他合作，至于他对于那两篇统计物理论文排名的做法，是不是使得李政道有一些戒心，他不敢讲。[18]

1953 年秋杨振宁由日本回来，到布鲁克海文国家实验室停留一年。因为正巧和米尔斯共用一间办公室，后来才会和米尔斯合写了那一篇奠定杨振宁一代物理学大师地位的论文。

米尔斯那个时候还是一个博士研究生，他是一个非常虔诚的基督徒，个性非常质朴，后来他和杨振宁的这篇论文，变成物理科学上举世闻名的经典之作，米尔斯也因而名闻遐迩。他曾经说过自己的运气很好碰到了杨振宁，而且也说，杨振宁在当时已经在许多的场合中，表现出了对于刚开始起步的年轻物理学家的慷慨。[19]

1954 年费米去世了。费米去世前不久，著名的物理学家盖尔曼曾经来电话邀请杨振宁去探望费米，他们并没有邀李政道。费米去世以后，费米在芝加哥大学的位置空了出来，他们于是想再请杨振宁回去。那个时候杨振宁已经是普林斯顿高等研究院的正教授，哥伦比亚大学也曾经请他去做正教授，杨振宁觉得如果去芝加哥的话，应该把李政道也拉去，于是他向芝加哥大学提议同时也聘请李政道，并且要他们给李政道正教授的位子。[20]

1955 年，芝加哥大学理学院院长约翰逊（Warren Johnson）在给杨振宁的信上，表示他代表芝加哥大学，给予杨振宁在费米研究所和物理系物理教授的位子。他说，这个教席是终身教席，年薪 18000 美元。约翰逊在信上还写道，他也和李政道打过电话，邀请他到芝加哥大学去访问，并且向李政道表示也将在费米研究所和物理系给他一个教席。[21] 杨振宁说他还记得很清楚，后来他们给李政道的薪水是年薪 12000 美元。

结果他们两个人都没有到芝加哥大学去。正如同李政道写的文章里所说的，他认识到杨振宁 1954 年和米尔斯所发表的那一篇论文的重要性，由于对那一方面的问题也有兴趣，于是在 1955 年开始和杨振宁进行讨论，并且再次合作写了一篇论文。从 1955 年开始到 1962 年，杨振宁和李政道一共合写了 32 篇论文。[22]

这 32 篇包括了粒子物理和统计物理问题的论文，杨振宁在他 60 岁出版的《论文选集》中间，选进去了 16 篇，显现出他们两人的合作是非常成功的搭配。李政道曾经写过：

> 杨振宁和我的合作，和当时物理的发展十分契合，并且反映了当时的精神。我们的合作紧密而且成果丰硕，是既竞争又和谐。我们共同的工作激发出我们最佳的能力。结果远比我们各自分开来工作的总和要好得多。[23]

杨振宁也曾经说他和李政道合作是令人羡妒的。[24] 他说，李政道吸收新知识的速度非常快，而且兴趣广泛，虽然他们两人都不喜欢看别人的文章，但是李政道比杨振宁要看得多，各种的信息消息也多一点。两个人在一起诘辩争论一个问题，参照着彼此的意见，可以得到一个人研究问题时想象不到的效果。[25] 他们两人的这种相互裨益，竞争而又和谐的科学合作，确实是成果丰硕的。

1956 年，他们两人合作写了一篇论文，对于物理学家一向深信不疑的宇称守恒定律，质疑其在弱作用中的有效性。这篇论文造成了科学概念上的一次革命，也使他们成为最早两个得到诺贝尔奖的中国人。那一年杨振宁 35 岁，李政道 31 岁。

1957 年 10 月，诺贝尔物理学奖宣布当年得主的时候，李政道因为那年又到杨振宁所在的普林斯顿高等研究院访问一年，所以他们是在那里听到了消息，两人感到兴奋而感激。于是都给西南联大的老师吴大猷写了一封感谢信，那时候吴大猷在加拿大国家研究院。

杨振宁的信是这样写的：

大猷师：

值此十分兴奋，也是应深自反省的时刻，我要向您表示由衷的谢意，在 1942 年春天引导我进入对称原理与群论这个领域。我以后工作的大部分，包括宇称的问题，都直接和间接与 15 年前那个春天我从您那里学到的观念有关。这是我多年来一直想告诉您的，而今天是一个特别恰当的时刻。

谨致敬意，并问候吴太太。

生振宁上　1957 年 10 月 31 日 [26]

李政道的信是这样写的：

大猷师尊鉴：

杨振宁和李政道合写的宇称不守恒论文，让他们成为最早得到诺贝尔奖的两个中国人（杨振宁提供）

顷接电讯，是杨振宁和我合得 1957 年物理学之诺贝尔奖金。

接讯后的感觉很多，而亦分歧。一方面当然觉得这是一种光荣，可是一方面深深觉得自己之学识有限，希望将来能继续努力。

现在的成就，大部分由于在昆明时您的教导，而假使在四六年没有能来美的机会，那更根本不可能会有这几年的工作，此点我深深感觉。特此致意。

祝好

生政道上 10 月 31 日[27]

杨、李得奖以后，两人的合作更加密切，也在科学上迭有佳构。在近代物理科学的历史上，像杨、李这样的合作关系，是十分罕见的，几乎可以说没有另外一个相类似的例子。有人曾经拿他们来和另外两个诺贝尔奖得主费曼和盖尔曼做比较，费曼和盖尔曼曾经在加州理工学院共事，也有既合作又竞争的关系，但是费曼和盖尔曼的合作远不如杨、李来得密切，而且情况也大不相同，原因是费曼和盖尔曼都是在没有合作以前就已经出名了。[28]

许多人喜欢提到的，是当年普林斯顿高等研究院院长奥本海默说的，他最喜欢看到的景象，就是杨、李两个人走在普林斯顿的草地之上。那个时候也在普林斯顿高等研究院的物理学家斯诺（George Snow），曾经很兴奋地回家和太太说，研究院来了两个极端聪明的中国物理学家。[29] 认识杨、李的很多物理学家也都推崇他们的合作关系，认为是非常美妙而且了不起的合作。[30]

和两人都熟识的物理学家伯恩斯坦（Jeremy Bernstein）曾经写过一篇文章，描述两人的科学合作：

他们两个人都能说中文和英文，但在讨论物理问题的时候，几乎完全是用中文，因此旁听者只能够偶尔猜测一些听起来有些熟悉的，杨、李无法找到合适中文翻译的物理名词。或者有时候可以听到像是“哦，现在我了解了”这样的英文短句。

一个办公室靠近他们两人在普林斯顿或布鲁克海文办公室的物理学家，几乎不可能不听到他们的声音。他们讨论任何物理问题，都是兴致昂扬，而且常是用极大的嗓门。他们两人对于进行彼此间的计算竞赛，有着极大的乐趣，由于他们都是极端敏锐快捷的思考者，因此观看或聆听他们的工作进展，就会是既兴奋又令人疲惫的经验。[31]

杨振宁和李政道扯开嗓门，并且用手指在空中凌空计算，是许多认识他们的物理学家都看过的景象。有一次杨振宁和李政道正在布鲁克海文的办公室里这样进行物理工作时，一向以好促狭著称的物理学家费曼刚好走过，于是就走进办公室，并且也开始用更大的声音讲话，李政道就讲得更大声，这个时候杨振宁注意到了，于是放小了声音。[32]

除了科学合作之外，杨、李两家人也有密切的来往。他们在普林斯顿，以及暑假在布鲁克海文都曾经毗邻而居，李政道后来有 1952 年出生的李中清和 1956 年出生的李中汉两个儿子，两家孩子也玩在一起，他们还有一张两家大儿子在一起洗澡的照片。杨振宁说，他记得两家人常常会从普林斯顿开车，到纽约曼哈顿离哥伦比亚大学不远的 125 街和百老汇街口的两家上海和天津风味的中国餐馆去吃饭。[33]

1951 年，两家人到纽约著名的布朗克斯动物园去，因为在动物园里玩得很晚，到了要出来的时候，杨振宁大儿子的婴儿推车没有办法从动物园旋转的小门推出来，所以他们两人中一个先走到外面，然后另外一人把推车从栏杆顶上递过去。杨振宁说，他们当时还照了一张照片。[34]

有一年夏天他们在布鲁克海文访问，放假的时候到海边去玩。李政道的二儿子因为对花生过敏，所以吃了花生奶油三明治以后，突然满面通红不能呼吸，他们赶快把他送到医院去。杨振宁说他还记得，后来又有一次，大概是 1961 年在普林斯顿，他们替李政道夫妇照顾孩子的时候，李中汉的过敏又发作过一次。[35]

杨振宁和李政道密切美好而又相互竞争的科学合作，以及他们两人亲密的友谊，终究不能持久。个性、环境以及对于彼此关系和地位的认知差异，渐渐地由潜在的紧张演变为表面的冲突。和两个人都认识而且有科学合作的著名物理学家崔曼就还记得，20 世纪 50 年代末期的一天，杨、李两人经过他在普林斯顿大学的办公室，进来和他讨论一个统计力学的问题，结果他们说着说着，开始针锋相对并且互相打断对方的话。崔曼说，当时他就嗅出他们之间的关系有了问题。[36]

许多人都认为，而且他们两人也并没有否认的是，造成他们两人关系正式破裂的一个重要因素，也许是 1962 年 5 月 12 日出现在美国《纽约客》（*New Yorker*）杂志上的一篇文章。

那一篇文章的作者伯恩斯坦是杨振宁和李政道都认识的一位物理学家，他在哈佛大学获得博士学位以后，在欧洲和美国访问了几年。1961 年暑假他在日内瓦欧洲核子研究中心（CERN）访问，碰巧和李政道成为邻居，伯恩斯坦因为打网球扭伤了脚踝，所以在搭李政道便车时和李政道熟识。那时候李政道已经和杨振宁得到诺贝尔奖，伯恩斯坦在谈话中了解到杨、李合作的许多事情，最后他鼓起勇气向李政道提议，说他要写一篇关于李和杨科学合作的文章，李政道同意了。[37]

杨振宁说他当时就对此事感到十分不妥，因为伯恩斯坦和他只是认识，而和李则是亲密的朋友。他意识到李也许要借伯恩斯坦的文章，来歪曲他和李的关系和合作经过。可是他又无法和李谈此事。结果伯恩斯坦只访问了他一两次，而李则经常和伯恩斯坦接触会谈。

结果伯恩斯坦这一篇叫作《宇称的问题》的文章，刊登在《纽约客》杂志的人物侧写栏目中，文章刊出以后非常成功。伯恩斯坦也因为这一篇文章一举成名，后来虽然还是在一个不知名的学校里教物理，但是却成为许多著名杂志的作者，写了许多通俗科学的文章。

这篇文章的题目《宇称的问题》，英文的原文“*A Question of*

杨振宁和李政道在普林斯顿时代有密切的合作，但是两人友谊关系最后完全破裂
（普林斯顿高等研究院档案馆提供）

Parity”是有双关的意思。“parity”既是物理学中的“宇称”，又是日常语言中的“平等”。在外行人看来，这篇文章的题目变成《平等的问题》。杨振宁说，他不知道取这个双关的题目是李的主意，还是伯恩斯坦的主意。可是很显然李喜欢这个双关题目，因为20多年以后，他在《李政道论文选集》中发表了一篇关于宇称不守恒历史的文章，题目又是双关语“*Broken Parity*”。在物理学家看来，是“破坏了的宇称”，在外行人看来，却是“破坏了的平等”。

伯恩斯坦的这一篇文章相当长，从杨、李两人在1946年芝加哥相遇写起，写两人在芝加哥大学的学习，参加填字谜的竞赛到科学的合作，讲到两人如何研究弱作用中宇称不守恒问题而得到诺贝尔奖的经过，并且引用两人在诺贝尔奖颁奖典礼上的演讲，以及描述两人的家庭和友谊以及个性，是一篇相当详尽的讨论两个人关系的文章。伯恩斯坦写完，在《纽约客》刊登以前，曾经给杨、李一个校样，让他们先看一看。

杨振宁说校样的内容当即证实了他的疑心，就是李伙同他的朋友伯恩斯坦要借此文章来歪曲历史。不得已之下，他让普林斯顿的大家长奥本海默看此校样。奥本海默于是出面来说，杨、李的科学合作的内情，不必要公开发表，他叫伯恩斯坦不要发表这篇文章。但是伯尔尼斯坦已经领了《纽约客》杂志的稿费，而且都花在交女朋友上面了，所以文章非发表不可。[38]

根据《李政道论文选集》里那一篇《破坏了的宇称》文章，所写的是：

> 在我们做了一些小的更正以后，杨振宁说“有些事情很痛苦”，他要谈一谈。在文章中的几个地方，他希望他的名字在我的前面：（一）题目里，（二）诺贝尔奖宣布的时候，以及（三）我们领奖的时候。另外，他太太杜致礼的名字也要在秦惠箬的前面，因为杜年长一岁。

第二天他又来跟我说，文章中提到“李和杨写了……”的时候，必须说明这是根据字母先后顺序的习惯。我告诉他，他很可笑。那天晚上他打电话给我说，也许那个说明不必要了，但是文章中都要用“杨和李写了……”，我无言以对。[39]

这一次争论以后，杨和李有一次长谈。杨、李两人 20 多年以后分别在各自的论文选集中公开发表文章，都同样提到 1962 年 4 月 18 日两人的这一次长谈。

杨振宁是这样写的：

1962 年 4 月 18 日，李政道和我在他的办公室有一次长谈，我们回顾了自 1946 年以来发生过的事情：我们早期的关系、50 年代初期、1956 年造就那一篇宇称论文的一些事情，以及后来的发展。我们发现除了少数几点，对所有关键的事件都保有相同的记忆。正如同家庭中冲突和解一样，这是一个感情获得宣泄的历程，我们都感到一种解脱后的畅快。但是这个和解并没有维持下来，几个月以后，我们就永远地分手了。[40]

李政道的版本是这样的：

根据杨振宁说的是 4 月 18 日，他到我的办公室，说起来名字的顺序还是让他十分烦恼，而且这个问题遍布在我们所有的合作之中：根据字母顺序的“李和杨”让他不开心；“杨和李”又使他看起来不近人情，而一种随机的顺序看起来又有些奇怪。这确实是一个“动辄得咎”的情况，因此我建议也许我们以后不要再合作了。然后他的情绪激动起来，并开始哭泣，说他非常想和我一起工作。我感到尴尬而又无助，于是对他好言相劝了很长一段时间。最后我们都同意，至少我们要停止合作一段时间，事情就这么决定了。

> 那一年6月，莱德曼（L.M. Lederman）、施瓦茨（M. Schwartz）和施泰因贝格尔准备发表他们第二类微中子（neutrino）的实验结果，杨振宁再一次感到非常焦躁，对于他们论文中提到我们两人名字的顺序忧心忡忡。十分出我意料之外的，杨振宁随后写了好几封信给我，信的内容让人极端不快并且充满了敌意。我对这所有的事感到非常伤心，并意识到我们的友谊已不存在了。[41]

杨振宁对于他很在意伯恩斯坦文章里面排名的问题，并没有否认。但是他说4月18日两人的见面长谈，是一个感情非常激动的场面。杨振宁说不仅是他哭了，李政道也哭了，这是他们友谊的真情流露。[42]

在4月18日以后，两人还是继续往来，不过情况有一点紧张，两人对彼此的关系非常敏感。6月里，杨、李两人在布鲁克海文实验室访问，共享一间办公室。那个时候正好李政道哥伦比亚大学的同事莱德曼、施瓦茨和施泰因贝格尔三人要发表一篇第二类微中子的实验结果论文，这篇论文中间也提到李和杨的工作，于是李政道跑去和他们三人说，在文章中不可以用“李和杨”，必须要用“杨和李”。

杨振宁当时不知道李政道是如何跟他们三人说的，可是他立刻听到谣言纷纷，说李、杨的不和，是由于杨小气、斤斤计较等。他大怒之下给李政道写了一封信。

在这一封开头写着“政道”两个中国字的英文信中，杨振宁第一段就说他上星期五得知“李政道在没有知会他也没有和他商量的情况下，跑去找了施泰因贝格尔，并且坚持要施泰因贝格尔把他们论文中杨、李两人名字的顺序不依过去习惯地转变过来”的行为，感到非常愤慨。

他接着写道：

> 毫无疑问的，在一个天真的薄纱甚至或者是宽宏大量的面貌之下，你的所作所为，是一种不诚实、很愚蠢而且又居心叵测的伤害

我的行为。我的这些言辞很强烈，但是还没有强烈到足以形容你的行为。你真的认为你的行为会让我高兴？你真的认为你的行为可以增加我的名声？你真的认为你的行为是对你自己有好处？你真的认为你所做的就是我 4 月在普林斯顿和你谈话时我所想要的？我曾经责怪你考虑不够周到。你真的认为你这一次是一个深思熟虑的行为？

杨振宁接着指责李政道的行为幼稚。然后他写道：

在我们 4 月份的谈话以后，对我来说自然是十分的痛苦，我们对于彼此的想法都更加敏感。我曾经想，如果那是有一点不自然和勉力而为的，但至少可以使我们更加地考虑到彼此。

但是我大错特错！只要看看你上礼拜三所做的事。在施泰因贝格尔报告以后，伯恩斯坦问了一个没有深度的问题。他显然感受到你对我的怨恨，而蓄意地让我们彼此对立。他特别在他的问题中向你表示敬意，而你做了什么？你不能够拒绝附和于他的诱惑，在结尾的时候并没有考虑到要问我有没有什么要说的。这个忽略是很不寻常的，因为你以前在任何重要的场合中都没有这样做过。

政道，你是怎样的一个人可以如此来对待我，用你自己的话来说，我曾经彻头彻尾地影响了你的物理、你的事业，并且事实上还有你的一生？你怎么会这么笨，冒着丧失我们彼此之间的忠诚和相互信赖，只为了取悦伯恩斯坦对你的拉拢。

接着杨振宁在信上写道，李政道的这些不恰当的行为，也许源自他过去不愉快的一些成长经验。信中说在伯恩斯坦的文章中有一些不实在的叙述，对李政道有不真实的揄扬，但是李政道却不愿意诚实地面对事实，杨振宁说他为李政道感到耻辱。

他接着写了：

政道，这一封信必然会造成你强烈的痛苦，但是为什么我要写？

在周末我平静下来以后，我衡量着不同的做法。如果我不说出来，我不敢确定你会不会有意识或者是无意识地再次伤害我。但是如果我说出来，我们都不可能保持平静。

杨振宁说他因此决定要把事实写出来。他写道：

我同时也决定写这封信来让你知道，我永远是直话直说的：无论是有意识的还是潜意识的，我从来不会也永远不会用阴谋的方式去伤害我的敌人，更不要说是我的朋友。

我再一次看了这封信，内心深感哀伤。如果我和我自己家庭的羁绊很强，那么我和你的羁绊也是同样强。昨天晚上蕙过来要我去和你谈一谈，我深深地受到感动。而4月份，在你的办公室，我说到我们之间共有的经验和感觉，是我们和我们太太之间都没有的之时，我泫然泣下。在内心里，我是一个很感性的人。所有的伤痕可以治愈，而且很容易可以重新赢得我的情感。但是我如果不告诉你这些的话，我就不能和你坦诚以对，至少在目前的这个时候，如果不这样做，我很难相信你可以重新得到我完全的信任和尊敬。

最后署名是："非常真诚的振宁。"[43]

那个时候杨振宁和李政道在布鲁克海文共享一间办公室，杨振宁说他是把这封写好的信放在李政道的桌子上，就走出去了，当时李政道正好不在。后来杨振宁再走进来的时候，李政道拿着这封信过来问他，说上面的英文字"perfidious"是什么意思？杨振宁还记得他和李政道讲了其含义以后，回忆起早年他与年轻的李政道的关系，心中十分懊悔，所以就把这封信撕掉，丢到字纸篓里。后来李政道还是把这封信从字纸篓里拿出来，他看了以后显然情绪受到很大的冲击。第二天李政道的太太秦蕙箬过来说，昨天李政道回家的时候神情异常，而且夜里睡得很不好，又出现他刚来美国时那种夜里睡梦中大叫的问题。[44]

后来杨振宁打电话给在费城的他们的老朋友凌宁，请凌宁来调解一下。凌宁说他到了布鲁克海文实验室待了一两天，但是李政道并不愿意谈，凌宁说他只好无功而返。[45]

1962 年的暑假，杨振宁到瑞士日内瓦的欧洲核子研究中心去访问，那一年他的父母也到瑞士日内瓦和他见面，这是继 1957 年和 1960 年以后的第三次见面。李政道上一次也曾经在瑞士日内瓦拜望过杨振宁的父母，并且还说过杨振宁如果没有他，在物理上还是会一样的成功，而他如果没有碰到杨振宁，自己就不知道会如何的话。[46]

1962 年的这一次，杨振宁因为突然接到杜致礼的电话，提早赶回普林斯顿的家里，后来由在美国的弟弟杨振平来陪着父母。杨振宁走了以后，李政道和他的太太曾经来探望杨振宁的父母，不过这次杨武之注意到李政道似乎有心事，来了也是匆匆忙忙的，没有谈什么就走了。[47]

杨振宁的父亲早年在清华大学主持数学系，深知聪明人在一起相处的困难，所以也很担心杨振宁和李政道之间的关系，不过暑假里在瑞士杨振宁并没有说什么。后来到 9 月杨振宁给家里写了一封信，才说出他和李政道两人在暑假里已经分手。信中还说，他们两人的情谊比兄弟还要深得多，也有“李政道非常聪明，但是他仍逊我一筹”的句子。后面他还写到，李政道现在想脱离我的羁绊，是“落花有意，流水无情”，说“他要去了，我也没有办法，可是想起来是觉得很不舒服的”。[48]

杨振宁和李政道决裂的消息传开了以后，他们科学界的好友都甚为震惊。那个时候普林斯顿高等研究院的院长奥本海默就对两人的决裂不以为然，他甚至以他典型的那种尖锐的说话语气说，李政道应该不要再做高能物理，而杨振宁应该去看看心理医生。[49]

在普林斯顿待了很长的时间，和杨、李都很熟识的物理学家派斯听说两人闹翻以后，去看了杨振宁，并且跟杨振宁说：“弗兰克，我听说你跟李政道闹翻了。我要向你说两件事情，第一件事情是我觉得很遗憾，而你还是我的好友；第二件事情是我要去跟李政道讲同样的话。”接着他就去跟李政道讲了同样的话。他说，当时他们两个人都很伤心。[50]

派斯写过一本经典的爱因斯坦传，而在物理学界享有盛名。他曾经说过，要了解杨和李决裂的道理，可能必须要对中国文化有更多的了解。1999 年 5 月在纽约市洛克菲勒大学，在他面对滚滚流水的东河办公室，谈起这个流传甚广的说法时，派斯承认他确实说过这么一句话，但是他说，那只是他直觉的猜测。[51] 杨振宁说，他和李政道是兄弟之间的关系，而中国兄弟之间关系的所谓义气的问题，正是问题的关键所在。[52]

1962 年 9 月 28 日，杨振宁在一封给奥本海默的信上写道：

> 我不得已地要向您道歉，因为我没有办法告诉您到底发生了什么事情。我不能和您谈论这件事情的详情，是因为如果如此做的话，必然会因为我和您比较亲近而让我感到自己在占着便宜。此外，我成长的教养告诉我，在事关个人人格的事情上，面对第三者来说，遗忘总是要比把它揭露出来好得多。我知道您会一如往常地了解我的困难。[53]

那一年的 11 月 15 日，李政道给奥本海默写了一封辞职信。信上开头说：“完全是因为个人的理由，我希望辞去目前在高等研究院的职位。”接着一段，他回顾了在高等研究院的一些经历。接下来他写道：“如果不是因为目前不寻常而且很不幸的情况，我想不出世界上还有任何一个我更乐于停留的地方。对于我必须做这样的一个请求，我只有深重的哀伤之感。”[54] 李政道离开普林斯顿后，先在洛克菲勒大学待了半年，1963 年回到了哥伦比亚大学。李、杨二人从此分道扬镳。

对于杨和李的决裂，物理学界有着许多的看法和猜测。他们两个人在芝加哥大学的同学，后来也在普林斯顿待过，并且做了加州理工学院校长的戈德伯格就说，他不知道也不想知道他们两个为什么吵架，但是对于两个人的决裂非常伤心，认为是他们两人巨大的损失，也是科学界的巨大损失。[55] 派斯认为，他们两个都是强人，两个这么强的人的这么亲密的关系，决裂几乎是不可避免的。[56]

也有人认为他们两人决裂的原因，来自两人不同的个性和家世背景。杨振宁来自一个知识分子家庭，一般给人以传统中国的印象，像是一个长辈，他个性比较直来直往，对科学的品位很高，对艺术和文学有广泛的兴趣和很好的品位，但是有时会给人一种有距离的感觉。[57] 李政道的出身和成长经验相对来说要复杂得多，个性上比较难以捉摸，不过比较美国作风，能够和人开玩笑，比较懂得吃和饮酒上的生活情趣，有很好的艺术品位和收藏爱好，也比较容易来往。[58] 但是在内在里面，李政道却是一个个性强悍的街头战士。[59]

另外有人猜测，1957 年杨、李两个人得到诺贝尔奖以后，因为盛名之累，是不是也造成两个人之间更大的矛盾？杨振宁曾经写道：

> 我们关系开始在 1946 年。那个关系是密切而温暖的。那是建基在彼此相互的尊重、信任和体谅之上。然后是 1957 年我们的成功。很不幸的是，我们的名声给我们的关系里面带来一些早年不存在的东西。虽然我们成果丰硕的合作继续维持了五年，但是关系却慢慢紧张起来。[60]

李政道在《破坏了的宇称》文章中也曾经写道，他们在 1957 年 10 月获知得到诺贝尔奖以后：

> 在 11 月间我太太蕙和我为了瑞典之行在做准备，杨振宁和我则必须写我们的报告和演讲稿。在讨论这些事情的时候，杨问我说在颁奖典礼时，是不是可以按照年龄的大小顺序领奖。我觉得意外，

但是勉强同意了他的要求。[61]

后来外面也流传着一些说法，就是李政道对于诺贝尔奖的安排很不满意，说杨振宁他们住了一个最好的房间，李政道他们的房间就要差一点，而且是由杨振宁的太太杜致礼和国王走在一起，不是秦蕙箬。[62]

杨、李二人也并不讳言诺贝尔奖在两人的关系里投下了阴影。和两人都熟识的一流物理学家戴森，曾经和杨振宁在普林斯顿毗邻而居，他说有一天因为自己的儿子过生日，杨振宁的大儿子杨光诺来他们家。生日会上，一个妈妈问起杨光诺将来长大要做什么事情？那个时候大概七八岁大的杨光诺回答说："I shall win the Nobel prize alone."（我要一个人得诺贝尔奖。）而李政道也说过他希望一个人得奖的话。[63]

另外也有一种说法，认为他们两人决裂和两人的太太可能有一些关联，而且这种说法传闻甚广。杨振宁曾经讲过一个故事，说有一次他在中国访问，周恩来总理请他吃饭以后闲谈，周总理突然问起来说："杨教授，听说你和李政道教授不合，有没有这回事？"杨振宁说："有的。"然后周总理接着又问："你们两个人的不合和你们两位夫人有没有关系？"杨振宁说他想了一下说："没有关系。"他说聪明的周总理听了以后笑了一下，没有再说下去。[64]

杨振宁说，杜致礼并不是一个要让人觉得自己丈夫很了不起的人，她和秦蕙箬的关系也很好。早年秦蕙箬个性比较内向，不大说话，跟她后来有很大的不同。那个时候杜致礼常常还要给她一些意见和鼓舞，譬如说在诺贝尔奖颁奖典礼的时候，因为穿的西式礼服有一点露胸，秦蕙箬不自觉地驼着背，杜致礼还要她挺直着身子走。[65]

早年两家人多有来往，杜致礼和秦蕙箬在一起相处并没有问题，两家的孩子也都玩在一起。杜致礼早年烟抽得很凶，秦蕙箬也抽香烟，20 世纪 90 年代有一次在台湾"中研院"院士会议的酒会中，虽然杨振宁和李政道两个人互不搭理，但是杜致礼还是和秦蕙箬打招呼寒暄，并且谈到抽不抽烟的事情，那时候两个人都已经戒了烟。不幸的是

1996 年底，秦蕙䇹因为肺癌去世。[66]

杨振宁和李政道芝加哥大学同学丘的女学生乔玲丽就说，以杨和李两个人如此强的个性，他们的太太其实影响并不大。在高能物理学界相当活跃而且成功的乔玲丽说，后来杨和李相处不好分手了以后，杨太太还说了一句："See, I told you!"（看吧，我早告诉过你的！）这也看得出来太太对两人的影响，其实并不是那么的大。[67]

杨、李分手以后，杨振宁说他秉持着"君子绝交不出恶声"的原则，除了最亲近的家人和他们在普林斯顿最亲近的友人，也就是罗格斯大学的法律学教授科亨（J. Cohen）夫妇之外，从来没有和人谈论过他和李政道决裂的事情。但是在后来的好些年当中，杨振宁说他间接地听闻李政道在背后的乱说，以及公开场合中扭曲事实的演讲内容，心中开始不快。[68]

如果看 1956 年杨振宁为了推荐李政道到西雅图的华盛顿大学去访问，给那里的物理系主任曼利（J. H. Manley）写的信上谈到李政道的一句话——"在和别人来往的时候（他）完全没有侵略性"，就可以了解到李政道 1962 年回到哥伦比亚大学，后来变成许多哥伦比亚大学研究生口中的一霸，显然个性和以前已大有不同。[69]

20 世纪 60 年代在哥伦比亚大学物理系待过的丁肇中和温伯格，虽然后来先后得到诺贝尔物理学奖，但是他们却都没能留在哥伦比亚大学。哥伦比亚大学物理系最具资望，也是一手把哥大物理系提升成为美国 50 年代最好的物理系之一的元老物理学家拉比的太太就曾经说过，她对于李政道感到愤怒，因为哥伦比亚物理系后来的衰落，就是因为李政道总是反对许多好的物理学家留在哥伦比亚物理系。[70]

多年后，温伯格曾经应邀到哥伦比亚大学物理系演讲，他还在演讲中提到当年被哥伦比亚大学赶走的往事，温伯格私下也曾经提到李政道演讲的时候，他都不敢站起来去上厕所的心理状况。[71]

1986 年，为了宇称不守恒 30 周年和李政道的 60 岁生日，哥伦比亚大学曾经开了一个研讨会。在会中应邀演讲的丁肇中曾经提到，他

1963 年在哥伦比亚大学初次见到李政道，向李政道谈起他当时所做的博士论文工作。丁肇中说："我对于我博士论文的结果非常兴奋。李政道听我说了几分钟，就告诉我说，我所做的工作里面没有多少的物理。"[72]

1967 年奥本海默去世以后，1968 年的 2 月 17 日，在普林斯顿由奥本海默的太太基蒂（Kitty）和哥伦比亚大学一位著名物理学家塞伯尔组织召开了一场纪念奥本海默的小型讨论会，杨振宁应邀在会上演讲。杨演讲后，李政道在会场上针对杨振宁演讲的批评，让杨振宁很不愉快。

第二天杨振宁写了一封信给李政道。杨振宁在这一封后来并没有寄出的英文信开头上打着："Dear T. D. "。然后他写道：

> 昨天我在高等研究院的会议上演讲，你故意地找我麻烦。你的语气、你的态度和你的策略，躲在一个可以接受的专业和道德标准的后面。你这些持续的骚扰只能显现出：（一）你对于这个领域的无知，（二）你无法闭着你的嘴巴，（三）那种情绪使你不能看清楚一个事实，那曾经是你十分清楚的，就是公开讨论琐碎而又无意义的问题不是我的风格。你不止一次地告诉过我，在你成长成为一个物理学家的年代中，我扮演了一个主要而且关键的角色。如果你依然保有当时所了解到的对于物理是什么的深刻认知的话，你昨天就会了解到，我所讨论的是好的物理。
>
> 你要如何做是你自己的事情，但是如果这些事逾越分寸而干扰到我的话，我就有权抗议。昨天所发生的事情，只是从 1962 年我们分手以后，你长久一连串不道德、攻击性以及居心叵测对付我的行动中间的一个例子。我在这里不只是要讨论一个功劳谁属的问题。我们都知道在人生最后的评价中，我们两人都必须面对作为一个人和一个科学家，我们对自己的自我评价。举例来说，你曾经在我的背后，向我们两人共同的朋友编造一些不实的指控来对付我，并且暗指我有邪恶不当的行动和动机。甚至有一天你还打电话来，辱骂

我之后就把电话挂断。

以前我一直隐忍着，因为我不喜欢玩弄政治，我总是希望和平相处，并且希望时间会使得感情平静下来。我怀疑你把我的态度视为一种示弱的表现。我以和平之名，以我们两人所投身的物理的专业生涯之名，公开在物理社群之前向你呼吁，让我们不要再干扰对方。[73]

杨振宁本来是预备把这封信同时寄给参加那个研讨会的物理学家的，后来没有做，也没有寄给李。

另外一个让杨振宁震惊的事情是，从 20 世纪 60 年代末起，李政道在好几个地方做公开的演讲，题目是《弱作用的历史》。杨振宁听到一些和他熟悉的物理学家说，他们听李政道的演讲，谈到他和杨振宁的合作关系，特别是讲到做宇称不守恒的那个合作，李政道就说这个想法是他想出来的，因为要找一个人来计算，所以后来就找到了杨振宁。这些物理学家觉得如果是照李政道的讲法，那么杨振宁就变成纯粹只是一个计算的帮手，他们认为这种讲法很不公平，因此后来就告诉了杨振宁。[74]

杨振宁说，他起先只是耳闻这些谣言，没看到什么证据，所以也就没有怎么样。1979 年，他在瑞士日内瓦的欧洲核子研究中心访问，有一天在图书馆里随便看一些东西，结果刚好看到了由西西里岛上埃里切的一个科学中心出版的一个会议记录，上面就有李政道的这一篇《弱作用的历史》。杨振宁说，他看了这篇文章的内容，勃然大怒，也证实了长久以来他所听到的谣言都是真实的。[75]

和杨振宁有密切来往的科学家，都一致表示杨振宁在杨、李分手以后，确实一直没有私下谈论过他和李政道的事情。但是李政道却会用许多间接迂回的说法，讲一些他和杨振宁的事情。乔玲丽说，她就在许多场合听到李政道的这些说法。她说这种说话方式，在英文上叫作“innuendo”，也就是所谓的“暗喻讥讽”。她又说，在她还是一个很年轻资浅的物理学家时，有一次李政道就把她找去，居然在她面前说她老师丘的一些物理想法其实是他的，让乔玲丽着实地感到讶异。[76]

因为有这些不愉快的情绪，杨振宁说后来他过60岁生日出版《论文选集》的时候，就决定把历史的真相写出来。1983年杨振宁的版本发表以后，李政道看到了，大为吃惊，因此立刻就写了一篇《破坏了的宇称》，私下送交朋友作为反击。[77] 这一篇以两个小孩在海边玩耍，突然看到一个闪光而前往追寻，进而发现宝物成就功名并引起争夺功劳寓言的故事作为开头的文章，后来收入了李政道1986年60岁出版的《李政道论文选集》的第三卷中。

杨振宁的那一本《论文选集》中间，选用了他大概三分之一的科学论文，而比较特别的是，这一本《论文选集》的前面，对照着后面的科学论文，他写下了一些评注，回顾这些科学论文的一些背景，以及写这些论文时他遭遇的人物以及发生的事情。这些评注“隐约回顾他大半生的心路历程，既抒情又平实，英文干净而有风韵，很有点近代西方物理学家写文章的清丽笔调”[78]。在这些评注当中，当然无可避免地提到了他和李政道的认识和合作关系。

杨振宁写的这些评注，是他文章一贯的简单直接风格，本来最早的版本还有更多一些火气，后来聂华桐和乔玲丽几个看过初稿的人都劝他，才改得比较温和。[79] 杨振宁写到和李政道认识的那一段，除了说李政道“才华出众，刻苦用功”，也说他们相处得颇为投机，很快就成为好朋友。杨振宁接着写道：

> 我长他几岁，又早他几年当研究生，便在各方面帮助他。他后来成为费米指导的博士论文学生，而他总是向我寻求指导和忠告，在芝加哥的岁月里，事实上我是他物理上的老师。[80]

而在谈到和李政道最后分手的那一段文章中，杨振宁写道：

> 在李政道和我做朋友的16年当中，我就像是他的一个兄长。

20世纪50年代初期，我在粒子物理和统计力学领域就已经成了名，在我们的合作关系中，我是资深的一方。我清楚认知到他必须走出我的阴影，便有意识地向后靠，希望在事业上扶持他，同时在公开的场合对于我们合作关系的本质，完全地保持沉默。在外人看来，我们的合作异常紧密，而且在物理学上建树良多。人们对我们的合作既羡又妒。而李政道自己也曾评断，这种合作对于他在物理上的成长以及他的事业，具有决定性的影响。[81]

对于杨振宁的一些说法，李政道也并不否认。他在《破坏了的宇称》文章中曾经写道：

杨振宁极端的聪明，并且在数学、物理方面特别地有天分……

在那些芝加哥的日子中，我和杨振宁讨论各方面的物理和许多其他的事情。他的品位比较倾向于数学，和我自己的相互补充。我们曾经对各种问题公开讨论，而这些经常是十分热烈的讨论，对于我的发展，特别是在我那些成长年代中的发展，有着重要的影响。[82]

其实如果看1956年1月杨振宁应西雅图华盛顿大学物理系主任曼利之请所写的推荐李政道去华盛顿大学访问的信函，确实还完全是一个兄长先辈提携后进的口气，这事实上反映了当时杨、李在物理学界的地位差异。[83] 尽管如此，1983年杨振宁的《论文选集》出版以后，他评注中所书写的那些关于他和李政道关系的直率文字，却让许多人对于杨振宁不满：一方面他们认为是杨振宁先把事情公开化的，另一方面也总以为，杨、李二人同时得到诺贝尔奖，应该是平等的合作关系。[84]

和李政道同在哥伦比亚大学物理系，最早以实验证实杨、李后来得到诺贝尔奖的理论，并且和两人都很熟悉的已故顶尖女性实验物理学家吴健雄，倒是很欣赏杨振宁的《论文选集》。她1983年7月9日给杨振宁寄了一封信，说她一接到《论文选集》，“立即开始从头阅读，越读越有兴趣。一方面，您对近代物理发展的历史，做了明晰有条理的简介。同时，您把最近的过去，心头不如意事也坦白地布开，使人读了非常感动。第二天早上我给您打电话致谢，知道您在外旅行尚未回来，所以现在特此书面致谢”。[85]

像吴健雄这样看法的人似乎不多。例如对于吴健雄没有同时得到诺贝尔奖一直耿耿于怀，也是杨、李在芝加哥大学老同学的施泰因贝格尔就说，在两个人的密切合作中彼此争功，是很不必要的行为，他认为诺贝尔奖的盛名，使得两人自我膨胀起来，慢慢造成彼此的伤害。另外一位芝加哥时代的老同学戈德伯格认为，杨、李两人为了排名功劳的事情而起争议，是十分幼稚的事情。戈德伯格认为，他们两人都应该闭嘴。对两人都相当熟识的另一位著名物理学家克罗尔也认为，杨、李二人都太过分在乎自己的名声和功劳。[86]

造成两人关系出问题，当然也有心理的因素。在芝加哥大学时代和杨、李同是研究所同学的丘就说，杨、李两人由芝加哥时代开始的关系，让李政道老是有一种在杨振宁阴影下的感觉，自然是很不舒服的，加上杨振宁十分自我约束但是却标准很高的行事风格，也难免使人隐约会感受到他的掌控压力。[87]

有人认为，对杨振宁来说，最大的问题也许来自他害怕历史遭到窜改的焦虑。另外，杨振宁在中国物理学家的圈子里，有时候也隐约感受到一种莫名的疏离，大家似乎更倾向于接近李政道。一位和李政道比较熟的物理学家姚若鹏就说，毫无疑问，杨振宁在物理方面的成就是要比李政道高出一截的，但是大家比较亲近李政道的原因，是和李政道什么物理问题都可以谈，而杨振宁十分讲究品位，一般物理学家很难跟他谈物理的问题，因而造成他尊而不亲的印象。[88]

杨振宁在《论文选集》中间讨论两人关系时比较直接而坦率的说法，造成一般人认为杨振宁态度太凶的印象。反倒是李政道的文章，说是因为看到杨振宁的文章，他才勉强回应，而写法又是文学暗喻式的，所以容易赢得一般的好感。[89] 一些物理学家虽然认为杨振宁的写法在未来科学历史上比较有重要性，但是显然比较凶一点。以提出粒子物理中的一种研究方法“雷杰极点”（ Regge poles ）而出名的意大利理论物理学家雷杰（Tullio Regge）说，杨振宁几乎已经有了爱因斯坦的地位，又何必还要在乎这种事情呢？[90]

这种普遍的印象，事实上在后来造成了杨振宁心中的许多痛楚。1984 年到 1985 年，他曾经和芝加哥大学时代的老同学施泰因贝格尔通信，试图说明他为什么要把他和李政道的决裂公开化的道理，但是施泰因贝格尔似乎并不完全认同他的说法。[91]

杨振宁在考虑很久以后，于 1989 年给老师吴大猷写了一封信。这封信详细讲了他和李政道的关系以及后来争执的看法。此信全文载于本书附录一中。吴大猷的回信之有关部分（前两段）载于本书附录二。

如果看看杨振宁 1991 年在一个高能物理会议晚宴上的演讲，提到 1960 年他和李政道以及另外一位物理学家，开完罗切斯特会议后，开车回布鲁克海文的路上，在车上如何模仿一个著名的犹太笑话，而编出来他们自己版本的笑话的愉快景象；如果看李政道在《破坏了的宇称》中写的“我们既对立又和谐的密切共同合作，使我们深深地感觉到整个世界都在我们的面前，无畏的青春，那些事使得人生有意义!”那样的句子，再看到他们二人后来的决裂，难免不使人深有感慨。

和两人都认识的物理学家乔玲丽就说，他们两人的争吵，就好像莎士比亚悲剧一样“不可避免”，两人对彼此的观感，也像毕加索画中他的太太：同样的人，以前是美女，后来变成了魔鬼。[92]

中国著名的物理学家，曾经在中国原子弹计划中有重要贡献，后来出任中国科学院院长的周光召也说，杨、李两人的不合，使得中国在许多场合中考虑如何安排他们二人，有着很大的困难。周光召说，中国政府和科学界都很关注这件事情，周恩来总理也十分关切此事并曾经交代希望调和二人。周光召说，他私下和两人谈过，但是却不得要领。[93]

有一年周光召到日本去开会，在会议中的一个空档，周光召要普林斯顿的著名物理学家崔曼和他出去走一走。周光召对崔曼说，他知道崔曼和杨、李二人都很要好，希望崔曼能够帮忙，劝杨、李两人不要再吵架了，因为他们的不和让中国十分为难。崔曼苦笑着说，这件事情他有什么办法？[94]

毫无疑问，对于杨振宁和李政道来说，他们的决裂，在两人内心都有着无可弥补的伤痛。和杨、李二人都有来往和合作关系的麻省理工学院物理学家黄克孙就说，两人的文章公开以后，有一次杨振宁想和他谈与李政道的问题，但是却说不下去，只说如果在芝加哥的时候认识他们，就可以了解他们是什么样的关系。李政道也和黄克孙谈过他和杨振宁的关系，讲到他和杨振宁吵架以后的一年当中，提起笔来写字，手都会发抖。[95]

对于两人的分手，杨振宁内心是十分遗憾的。他有一次和与他都有合作关系，而且彼此也互相合作的台湾“中研院”院士吴大峻及郑洪两人谈起来，说他一直想要给他们两人写一封长信，主要是希望他们两人不要重蹈他和李政道的覆辙。[96]

1998 年香港电视台拍摄的《杨振宁专辑》中，杨振宁在被问到他和李政道为什么不和的时候说，两个人的关系是非常复杂的，不是一句话两句话就说得清楚的。他说：“我们两个人的关系，有的时候比我们和我们太太之间的关系还要密切。因为通过学术讨论，我们可以摸索彼此的性格、彼此的想法，这样深厚的一个关系，在破裂的时候，我想跟一个婚姻的破裂，是在同一等级的痛苦。”他说这不是他应该在电视机前面来做分析的，但是将来一定会有人去做研究的。[97]

两人分手以后，虽然偶尔在开会的场合上碰面，但是两人视而不见，同席吃饭也不打招呼。但是私下里，却还是很关注对方的行止。1989 年，李政道在谈起杨振宁的时候，还是推崇杨振宁当然很聪明，只是记忆不大正确。对于李政道对中国学术方面做的一些贡献，杨振宁也给予正面的评价。[98]

杨振宁在他的《论文选集》的评注中，曾经对于他和李政道的这个科学合作和友谊的机缘，有过一个总结，他写道：

> 总的来说，这是我生命中一个值得回顾的篇章。一点不错，这中间有着痛苦，但是人生中与人相关而又有意义的事情，少有是全无痛楚的。[99]

注 释

1 杨振宁访问谈话,1998年10月27日,纽约州立大学石溪分校办公室。

2 杨振宁访问谈话,1999年5月17日,纽约州立大学石溪分校办公室。

3 杨振宁访问谈话,1999年5月17日,纽约州立大学石溪分校办公室。

4 凌宁访问谈话,1999年9月9日,纽约长岛办公室。

5 罗森布卢特访问谈话,1999年2月24日,加州大学圣地亚哥分校办公室。

6 杨振宁访问谈话,1998年10月27日,纽约州立大学石溪分校办公室。

7 杨振宁,致威克信函,1950年4月25日,杨振宁提供。

8 杨振宁访问谈话,1998年10月27日,纽约州立大学石溪分校办公室。

9 Chen Ning Yang, *Selected Papers 1945-1980 with Commentary,* New York: W. H. Freeman, 1983, p. 15.

10 同上。

11 *T. D. Lee*, "Broken Parity," *T. D. Lee Selected Papers,* Vol. 3, ed. G. Feinberg, Boston: Birkhauser, 1986, p. 491.

12 杨振宁访问谈话,1999年5月17日,纽约州立大学石溪分校办公室。

13 *T. D. Lee*, "Broken Parity," *T. D. Lee Selected Papers,* Vol. 3, ed. G. Feinberg, Boston: Birkhauser, 1986, p. 490.

14 杨振宁访问谈话,1999年5月17日,纽约州立大学石溪分校办公室。

15 同上。

16 *T. D. Lee*, "Broken Parity," *T. D. Lee Selected Papers,* Vol. 3, ed. G. Feinberg, Boston: Birkhauser, 1986, p. 491.

17 杜致礼访问谈话,2001年4月23日,台北福华饭店房间。

18 杨振宁访问谈话,1999年5月17日,纽约州立大学石溪分校办公室。

19 罗伯特·米尔斯:《杨振宁——20世纪一位伟大的物理学家·杨振宁和米尔斯》,甘幼玶译,丘成桐、刘兆玄编,桂林,广西师范大学出版社,1996年,第82页。

20 杨振宁访问谈话,1999年5月17日,纽约州立大学石溪分校办公室。

21 约翰逊,致杨振宁信函,1955年11月23日,杨振宁提供。

22 *T. D. Lee*, "Broken Parity," *T. D. Lee Selected Papers,* Vol. 3, ed. G. Feinberg, *Boston: Birkhauser, 1986, p. 492.*

23 同上。

24 Chen Ning Yang, *Selected Papers 1945-1980 with Commentary,* New York: W. H. Freeman, 1983, p. 54.

25 杨振宁访问谈话,1999年5月17日,纽约州立大学石溪分校办公室。

26 杨振宁的原信是用英文写的,刊载在《杨振宁文集》,上海,华东师范大学出版社,1998年,第808页。

27 李政道的原信应该亦是用英文写的,此信引用自《李政道文录》的翻译,杭州,浙江文艺出版社,1999年,第219页。

28 丘访问谈话,1998年12月28日,加州大学伯克利分校附近家中。

29 莉莉·斯诺(Lily Snow)访问谈话,2001年2月16日,华盛顿DC家中。

30 崔曼访问谈话,1998年10月29日,普林斯顿大学物理系办公室。另外著名的粒子物理学家德雷尔(Sidney Drell)也有同样的看法。

31 Jeremy Bernstein, "A Question of Parity," *New Yorker* 12 May 1962.

32 戈德哈贝尔访问谈话,1999年9月9日,纽约长岛布鲁克哈芬国家实验室办公室。

33 杨振宁访问谈话,1998年10月28日、1999年5月17日,纽约州立大学石溪分校办公室。

34 同上。

35 杨振宁访问谈话，1999 年 5 月 17 日，纽约州立大学石溪分校办公室。

36 崔曼访问谈话，1998 年 10 月 29 日，普林斯顿大学物理系办公室。

37 Jeremy Bernstein, *Cranks, Quarks, and the Cosmos* , New York: Basic Books, 1993.

38 杨振宁访问谈话，1999 年 5 月 7 日，纽约州立大学石溪分校办公室。

39 *T. D. Lee*, "Broken Parity," *T. D. Lee Selected Papers,* Vol. 3, ed. G. Feinberg, Boston: Birkhauser, 1986, p. 508.

40 Chen Ning Yang, *Selected Papers 1945-1980 with Commentary,* New York: W. H. Freeman, 1983, p. 83.

41 *T. D. Lee*, "Broken Parity," *T. D. Lee Selected Papers,* Vol. 3, ed. G. Feinberg, Boston: Birkhauser, 1986, pp.508–509.

42 杨振宁访问谈话，1999 年 5 月 17 日，纽约州立大学石溪分校办公室。

43 杨振宁，致李政道信函，1962 年 6 月 19 日，杨振宁提供。

44 杨振宁访问谈话，1999 年 5 月 17 日，纽约州立大学石溪分校办公室。

45 凌宁访问谈话，1999 年 9 月 9 日，纽约长岛办公室。

46 杨振玉访问谈话，1999 年 9 月 10 日，纽约州立大学石溪分校理论物理研究所办公室。

47 同上。

48 同上。

49 黄克孙访问谈话，1999 年 9 月 11 日，麻省理工学院理论物理中心办公室。

50 派斯访问谈话，1999 年 5 月 12 日，纽约市洛克菲勒大学办公室。

51 同上。

52 杨振宁访问谈话，1996 年 5 月 17 日，纽约州立大学石溪分校办公室。

53 杨振宁，致奥本海默信函，1962 年 9 月 28 日，杨振宁提供。

54 李政道，致奥本海默辞职信，1962 年 11 月 15 日，杨振宁提供。

55 戈德伯格访问谈话，1998 年 12 月 11 日，加州大学洛杉矶分校办公室。

56 派斯访问谈话，1999 年 5 月 12 日，纽约市洛克菲勒大学办公室。

57 对杨振宁的看法出自崔曼、施泰因贝格尔、戈德伯格、罗森布卢特、凌宁、何炳棣、郑洪、乔玲丽等人。

58 对李政道的看法出自派斯、施泰因贝格尔、戈德伯格、罗森布卢特、凌宁、何炳棣、郑洪、乔玲丽等人。

59 崔曼访问谈话，1998 年 10 月 29 日，普林斯顿大学办公室。

60 Chen Ning Yang, *Selected Papers 1945-1980 with Commentary,* New York: W. H. Freeman, 1983, p. 53.

61 *T. D. Lee*, "Broken Parity," *T. D. Lee Selected Papers,* Vol. 3, ed. G. Feinberg, Boston: Birkhauser, 1986, pp.505–506.

62 乔玲丽访问谈话，1999 年 3 月 21 日，乔治亚州亚特兰大市 Omni 饭店餐厅。

63 戴森访问谈话，1999 年 5 月 22 日，纽约州立大学石溪分校杨振宁退休研讨会会场。黄克孙访问谈话，1999 年 9 月 11 日，波士顿麻省理工学院办公室。

64 杨振宁访问谈话，1999 年 5 月 17 日，纽约州立大学石溪分校办公室。

65 杜致礼访问谈话，2000 年 4 月 23 日，台北市福华饭店房间。

66 同上。

67 乔玲丽访问谈话，1999 年 3 月 21 日，乔治亚州亚特兰大市 Omni 饭店餐厅。

68 杨振宁访问谈话，1999 年 5 月 17 日，纽约州立大学石溪分校办公室。

69 20 世纪 60 年代到 70 年代在哥伦比亚大学物理系念书的许多研究生

都有相同的看法。

70 拉比太太访问谈话，1990 年 1 月 28 日，纽约市家中。当时是为了《吴健雄——物理科学的第一夫人》（时报文化出版）的访问。

71 乔玲丽访问谈话，1999 年 3 月 21 日，乔治亚州亚特兰大市 Omni 饭店餐厅。

72 Zhao Zhong Ding, "Some Recent Experiments in High Energy Physics," *Thirty Years Since Parity Nonconservation,* ed. Robert Novick, Boston: Birkhauser, 1988, p. 61.

73 杨振宁，致李政道未寄出信函，1968 年 2 月 18 日，杨振宁提供。

74 杨振宁访问谈话，1999 年 5 月 17 日，纽约州立大学石溪分校办公室。杨振宁在石溪理论物理研究所的同事德内斯登听了李政道的演讲大为吃惊，于是也告诉了杨振宁。

75 杨振宁访问谈话，1999 年 5 月 17 日，纽约州立大学石溪分校办公室。

76 乔玲丽访问谈话，1999 年 3 月 21 日，乔治亚州亚特兰大市 Omni 饭店餐厅。

77 杨振宁访问谈话，1999 年 5 月 17 日，纽约州立大学石溪分校办公室。

78 董桥：《杨振宁的灵感》，载《中国时报》，1985 年 2 月 6 日，人间副刊。

79 聂华桐访问谈话，1998 年 5 月 8 日，清华大学公寓住处。乔玲丽访问谈话，1999 年 3 月 21 日，乔治亚州亚特兰大市 Omni 饭店餐厅。

80 Chen Ning Yang, *Selected Papers 1945-1980 with Commentary,* New York: W. H. Freeman, 1983, p. 7.

81 Chen Ning Yang, *Selected Papers 1945-1980 with Commentary,* New York: W. H. Freeman, 1983, pp. 53-54.

82 *T. D. Lee*, "Broken Parity," *T. D. Lee Selected Papers,* Vol. 3, ed. G. Feinberg, Boston: Birkhauser, 1986, p. 489.

83 曼利，致杨振宁信函，1956年1月11日；杨振宁，致曼利信函，1956年1月18日。杨振宁提供。

84 聂华桐访问谈话，1998年5月8日，清华大学公寓住处。

85 吴健雄，致杨振宁信函，1983年7月9日，杨振宁提供。

86 克罗尔访问谈话，1999年6月28日，加州大学圣地亚哥分校办公室。

87 丘访问谈话，1998年12月28日，加州旧金山伯克利附近家中。

88 陈方正访问谈话，1998年9月25日，香港中文大学办公室。

89 郑洪访问谈话，1998年10月23日，波士顿麻省理工学院办公室。

90 乔玲丽访问谈话，1999年3月21日，乔治亚州亚特兰大市Omni饭店餐厅。

91 杨振宁，与施泰因贝格尔来往信函，1984年5月到1985年3月，杨振宁提供。

92 乔玲丽访问谈话，1999年3月21日，乔治亚州亚特兰大市Omni饭店餐厅。

93 周光召访问谈话，1999年5月22日，纽约州立大学石溪分校杨振宁退休研讨会会场。

94 崔曼访问谈话，1998年10月29日，普林斯顿大学办公室。

95 黄克孙访问谈话，1999年9月11日，波士顿麻省理工学院办公室。

96 郑洪访问谈话，1998年10月23日，波士顿麻省理工学院办公室。

97《杨振宁专辑》，杰出华人系列，香港电视台，1998年8月23日。

98 此两经验皆为作者1989年在纽约市撰写《吴健雄——物理科学的第一夫人》时的经验。

99 Chen Ning Yang, *Selected Papers 1945-1980 with Commentary,* New York: W. H. Freeman, 1983, p. 54.

第八章

宇称不守恒的革命

宇称不守恒研究，让杨振宁和李政道于 1957 年获得诺贝尔奖（杨振宁提供）

第二次世界大战后，近代物理科学接续战前量子力学的辉煌革命成就，继续展现它丰沛的创造力。但是，其中有一个重大的变化，就是像费米等一些重要物理学家由欧洲转到了美国，使得近代物理科学发展的重心，渐渐地由欧洲移转到美国。另外粒子加速器科学工艺技术方面的快速发展，促成粒子物理学这门科学领域的蓬勃进展，也因而在战后10年左右的光景，造就出在物理科学上所称的“宇称不守恒的革命”。

杨振宁会成为这个“宇称不守恒的革命”的缔造者，一方面是物理科学发展趋势的客观条件相配合，另外也有他自己对于物理科学品位和穿透能力的主观因素。

“宇称守恒”简单地说就是一种物理定律的左右对称，所以又有一种说法叫作“镜像对称”。事实上，对称在人类对宇宙的观察经验中，是早有的概念。

到了20世纪，物理学家对于对称定律有了更深刻的认识。用杨振宁自己的话说，就是“随着狭义相对论和广义相对论的出现，对称性定律获得了新的重要性：他们与动力学定律之间有了更完整而且相互依存的关系，在古典力学里面，从逻辑上来说，对称定律仅仅是动力学定律的推论，动力学定律则仅仅偶然地具备了一些对称性”。[1]

举例来说，到 20 世纪，物理学家了解到他们在 19 世纪所谈论的动量和能量守恒定律，事实上是建立于空间和时间的对称的基础之上；也就是说，在一个物理系统中，动量和能量在物理作用前后保持不变，是建立在"物理作用不会因为作用的时间和地点改变而不同"的基础之上。而物理学中所讨论的角动量守恒，也与物理定律的旋转不变性相关联。

可是在量子力学发展以后，物理的语汇中才开始大量使用对称的观念。量子力学要描述物理系统中原子或者分子的量子结构，就必须讨论它们的量子数，而量子数这一观念就是从对称这个观念来的。举例来说，19 世纪发展而来的元素周期表，在量子力学发展以后，科学家才了解到周期表中的原子数，事实上可以直接从库仑定律的旋转对称中得到。同样的，反物质（反粒子）的存在，也是根据洛伦兹变换（Lorentz transformation）的对称性而在理论上预测到的。

这些发展使得物理学家认识到自然界所隐含着的对称定律的简单数学表述方式，他们领悟到其中数学推理的优雅和完美，以及物理结论的复杂和深远。他们感受到对称定律的强大力量，也因而受到极大的鼓舞，增强了他们对于对称概念重要性的认识。[2]

左右对称定理在古典物理中之所以显得不是特别重要，原因是左右对称不像旋转对称是连续的，在古典力学中，连续对称一定会导致守恒定律，左右对称则不然。但是到了量子力学的讨论范围，这些差别消失了，左右对称定律也导致出了一种守恒定律，那就是宇称守恒。

宇称守恒这种概念，最早是德国杰出物理学家索末菲（Arnold Sommerfeld）的学生拉波特（Otto Laporte）在 1924 年研究铁原子能级的时候发现并提出讨论的。1927 年，大物理学家维格纳证明拉波特所讨论的概念，是左右对称所造成的结果，并且渐渐在物理中发展出宇称守恒的概念。

杨振宁十分佩服的大数学家外尔（Hermann Weyl），在他所著的《群论和量子力学》1930 年德文版出版前言中，就预告了宇称守恒的潜在问题：

> 质子和电子的基本问题已经用其与量子定理的对称性性质的关联来讨论了，而这些性质是与左和右、过去和将来以及正电和负电的互换有关。现在似乎还看不到这个问题的解决：我担心悬在这一课题上的乌云会滚动到一处而形成量子力学中的一个新危机。[3]

所谓宇称守恒，简单地说，就是物理定律在最深的层次上，是不分左右的，左边和右边是没有区别的。也就是说，依这个定律，一物体及其左右相反的镜像所发生的运作是相同的。

事实上，真正物理作用中的宇称守恒定律，并不仅止于“镜像对称”而已。在真正的物理作用当中，应该是左右、上下、前后整个空间的置换对称，而在量子力学中所讨论的，是空间坐标变数的宇称数守恒的问题。

在物理科学的进展中，通常是由理论和实验交互验证而向前推进，但是和许多人想象的不一样，这中间并不全是有系统而且理性的交流，也包含许多天马行空的猜测和谬误。20 世纪 50 年代初期，宇称守恒突然会成为一个热门的问题，事实上和实验方面发现的一些不可解释的奇怪现象有密切的关系。

近代科学由 16 世纪牛顿以来快速发展，但其主流趋向，一直没有脱离由希腊以降的那个追寻物质最基本构成物的传统。最早“原子”这个字，在希腊文里面就是“不可分割”的意思。

1911 年，英国物理学家拉瑟福德（Ernest Rutherford）在曼彻斯特大学做金箔散射实验，确定了原子中还有更小的原子核，科学家才意识到，还有比原子更小的构成物质的基本单元。

接着科学家又发现，原子中间还有带正电的质子和带负电的电子。起初科学家以为，原子和电子都是在原子核里面，但是发现这种想法无法圆满地解释一些问题。1932 年，英国物理学家查德威克（James

Chadwick）发现了不带电的中子，并且确定在原子核之中只有质子和中子，电子是环绕在原子核外运动。同一年，美国加州理工学院的物理学家安德森（Carl D. Anderson）在探测来自外层空间的宇宙射线的仪器中，看到了一个新的粒子。这是人类从来没有见识过的一种东西，一种“反物质”。

这种新的粒子是电子的反物质，叫作正电子或者正子（positron，和电子质量相同，但是带正电）。前面四种粒子，加上传送光的粒子也就是光子在内的这五种粒子，构成了到 1932 年底，物理学家所知道的所谓“基本粒子”。

到 20 世纪 50 年代和 60 年代，基本粒子的数目增加到十多个甚至数十个，这种数目的多少，与当时科学家对于什么是“基本”并没有很清楚的定义有关。但是物理学界对于这种寻找新粒子的发展，反应是褒贬不一的。英国大物理学家狄拉克就曾经提到，早期科学界是很强烈地反对提出新粒子设想的。[4] 到 1962 年物理学家发现第二类的微中子之后，哥伦比亚大学物理系的元老物理学家拉比还不以为然地说：“谁预订了这些粒子？”[5]

20 世纪初期，物理学家开始探测高能量的宇宙射线，科学家曾经利用一种叫作“云雾室”的探测仪器：云雾室中的云雾状物质在高能量宇宙射线经过的地方，会变成电离状态而显现出宇宙射线的轨迹。1932 年安德森的正电子就是在“云雾室”中发现的。

有好长一段时间，宇宙射线是科学家获得一些短寿命新粒子的主要来源。但是宇宙射线飞越遥远距离，因为受到地球大气层和地球磁场阻绝的影响，数量和能量都不容易控制，因此利用宇宙射线来研究一些新粒子的特性，并不是十分方便和准确的办法。于是便有了人造高能量粒子束的构想，这就是粒子加速器。

第一个加速带电粒子到相当高能量的加速器，是 1932 年两位英国科学家考克饶夫（John Cockcroft）和瓦耳顿（Ernest Walton）利用电场和磁场加速带正电的质子而完成的。这种类型的“考克饶夫—瓦耳顿”加速器，就是现在所谓直线加速器的初始原型。这种直线加速器由于在增加能量上碰到瓶颈，于是一种新的构想，将带电粒子在一个圆形轨道中加速的概念出现了。

最先成功地利用这种概念，并且发展出来一个高能量回旋加速器的科学家，是加州大学伯克利分校的劳伦斯。劳伦斯因为在这种圆形的回旋加速器方面的前驱性工作，得到 1939 年的诺贝尔物理学奖。考克饶夫和瓦耳顿也因为加速原子核粒子造成原子核人工蜕变的研究成果，得到 1951 年的诺贝尔物理学奖。

1953 年，位于纽约长岛的布鲁克海文国家实验室建造完成了一个加速器 Cosmotron，杨振宁被邀请到那里访问一年。1955 年在加州大学伯克利分校也完成了另外一座加速器 Bevatron，这两座加速器的先后完成，使得粒子物理实验开始了一个全新的局面，也是后来造成“宇称不守恒”革命的契机。

其实，在这两座加速器完成以前，科学家已经在宇宙射线的探测中，看到许多新的粒子，这些粒子由于没有理论预测过它们的存在，因此被称之为“奇异粒子”。

“奇异粒子”最早是两位英国实验物理学家罗切斯特（George Rochester）和巴特勒（Clifford Butler）1947 年在观测宇宙射线的云雾室中看到的。后来在加速器中观测到的“奇异粒子”，是利用高能量质子撞击普通物质的“碎片”所产生的。在许多的“奇异粒子”当中，最引起物理学家兴趣的，乃是分别被命名为 θ（希腊字母，读作西塔）和 τ（希腊字母，读作套）的两个粒子，这两个粒子的一些奇特难解的特性，被当时的物理学家称之为“θ — τ 之谜”。

θ 和 τ 这两个粒子存在的生命期很短，会很快地转变成其他生命期较长的粒子，这种转变现象在物理学上叫作“衰变”。物理学家也正是由它们衰变出来的产物，才推知它们的存在。

“θ—τ 之谜”之所以困扰物理学家，乃是因为 θ 粒子的衰变会产生出两个 π 介子，而 τ 粒子的衰变，却产生了三个 π 介子。介子是日本第一位诺贝尔物理学奖得主汤川秀树在 1934 年首先提出理论预测其存在的。这种粒子后来经由实验证实，确实如其预测的存在，而使得汤川秀树得到 1949 年的诺贝尔物理学奖。π 介子正是这类介子的一种。

θ 粒子和 τ 粒子在云雾室的探测结果中，几乎有着完全不同的衰变模式；一个产生两个 π 介子，另一个产生三个 π 介子，造成它们不相同的宇称数，因此又不可能是同一种粒子。

为了避免在宇宙线探测中能量不容易精确控制的问题，物理学家于是就利用加速器来进行研究。利用加速器来进行研究，一方面可以产生数量比较多的这种粒子的衰变，另一方面能量也比较能精确地控制。因此到 1956 年下半年，纽约长岛的布鲁克海文国家实验室的 Cosmotron 加速器，有 60% 的机器运转时间，都是用在进行“奇异粒子”的研究之上。[6]

那个时候澳大利亚的物理学家达利兹（Richard Dalitz）仔细研究了 θ 和 τ 的宇称数。他利用当时普遍被接受的物理定律，去做了一个计算分析，显现出 θ 和 τ 有不同的宇称数，因此不可能是同一种粒子。由于达利兹的计算受到普遍的认同，因此当时许多的物理学家都倾向于接受这两个粒子不是相同的粒子。

1956 年 4 月，杨振宁和派斯以及惠勒三人从罗切斯特坐火车回普林斯顿的路上，杨振宁和派斯还各与惠勒赌一块钱，认为 θ 和 τ 不是同一个粒子。结果后来证实 θ 和 τ 是同一个粒子，也让惠勒赢了两块钱。[7]

如果 θ 和 τ 不是同一种粒子，那么它们会有不同的衰变模式就是很自然的事情了。但是在利用加速器对这两个“奇异粒子”的作用和衰变进行详细和精确测量之后，科学家进一步发现，它们有着相同的质量和存在寿命，而且这类实验的准确性愈来愈高。这也就是说，这两个粒子似乎又应该是同一种粒子。这就是所谓的“θ—τ 之谜”。

一种相同的粒子，却产生两种不同的衰变模式，以当时物理学理论是说不通的。于是理论物理学家便要提出各种的想法，试图来圆满解释这个问题。理论物理学家酝酿新想法时的私下讨论，是随时以口头、书面甚至电话进行的。对于“θ—τ 之谜”正式公开讨论的高潮，是 1956 年 4 月初举行的第六届罗切斯特会议。

罗切斯特会议是由物理学家马沙克（Robert Marshak）所组织的，有一点接续早年谢尔特岛会议的传统的味道，不过参加的不只是理论物理学家，还有许多实验物理学家，是 20 世纪 50 年代最重要的粒子物理学国际会议。那一次在罗切斯特大学召开的第六届会议，时间是从 4 月 3 日到 7 日，杨振宁应邀在会议上做一个介绍性的报告。当时和杨振宁密切合作的李政道也第一次参加了罗切斯特会议。

在这次会议的最后一天，有一项“新粒子的理论解释”讨论会，由大科学家奥本海默主持。杨振宁在讨论会中，先从理论上对于“奇异粒子”的不同想法做了一个介绍性的综合报告，他在报告中提出了一些自己的观点，也提到其他几位物理学家的看法。另外，物理学家盖尔曼和费曼也先后提出他们的想法以及基本的质疑，会议主要还是在讨论 θ 和 τ 到底是相同的粒子，还是不同的粒子。根据那一次罗切斯特会议的记录，这一段讨论经过是这样的：

> 讨论进一步继续，杨振宁认为，由于我们到目前为止，对于 θ 和 τ 衰变的了解是这么少，因此也许最好是对这个问题保持开放的想法。遵循这种开放的思考方式，费曼替布洛克（Martin Block）提出了一个问题：会不会 θ 和 τ 是同一种粒子的不同宇称状态？而他们没有特定的宇称，也就是说宇称是不守恒的。这就是说，自然界是不是有一种单一确定的右手和左手的方式呢？杨振宁说，他和李政道曾经研究过这个问题，但是并没有得到确定的结论。[8]

为了解决这些问题，当时许多理论学家提出了各种不同的想法，有从这两个粒子的基本性质着手，提出为什么两个不同的粒子会显现出相同的质量和生命周期的解释。另外则是从对称性的方向着眼，在这一方面杨振宁和李政道，还有另外一位理论物理学家盖尔曼，都曾经提出了一个比通常想象的要大的一种对称性的概念，就是所谓的“宇称二重态”（parity doublets）。杨振宁说，这些建议事实上都反映了当时他们的思想，是陷在急于要解决这两个粒子质量和生命周期问题的泥沼里。[9]

正如第六届罗切斯特会议中的讨论，一些科学家的讨论已经注意到，宇称守恒的成立与否是一个相关的方向。但是为什么这些讨论没有深入下去呢？杨振宁认为，由于时间和空间的对称性，在原子、分子和原子核物理中极为有用，这种有用的价值，使人们自然地假定这些对称是金科玉律，当然是不可置疑的。另外由于宇称的定律在原子核物理和 β 衰变上，也一直都应用得很好，因此要提出宇称是不守恒的想法，就马上会碰到互相矛盾抵触的地方。[10]

整个问题的关键，事实上也是被人忽略的一个想法，就是要把弱作用中的宇称守恒和强作用中的宇称守恒分开来看待。杨振宁说，若没有这种想法，关于宇称不守恒的所有讨论，都会碰到观念上和实验上的困境。[11]

在由罗切斯特会议回到普林斯顿高等研究院以后两个礼拜，杨振宁全家搬到布鲁克海文国家实验室做暑期的访问。他和李政道继续维持每周两次的相互访问，通常是每个星期四杨振宁到纽约市的哥伦比亚大学访问李政道，每个星期二李政道则到普林斯顿高等研究院或者布鲁克海文国家实验室访问杨振宁。[12] 杨振宁说，和过去一样，他们讨论各种物理问题，而当时他们最关注的当然就是“θ—τ 之谜”。

最终促成杨、李解决“θ—τ 之谜”，并且创造了一次物理科学历史革命的关键概念，就是在那一年的 5 月初，杨振宁由长岛布鲁克海文到哥伦比亚大学和李政道会面的讨论中产生的。

杨振宁说，那一天他开车到哥伦比亚大学做每周例行的访问，把李政道从办公室接出来，但是当时很难找到停车的车位，因此杨振宁先把车停在百老汇大街和 125 街的转角处。由于附近的餐馆还没有营业，于是他们就到附近的“白玫瑰”咖啡馆，在那里继续讨论。稍后他们到“上海饭店”吃中饭，讨论依然集中在“θ—τ 之谜”上面。在这个讨论中间，杨振宁想到了，应该把产生过程的对称性和衰变过程的对称性分开来看，也就是说，假如只认定宇称在强作用中守恒，而在弱作用中则不然，就可以解决“θ—τ 之谜”了。[13]

杨振宁说这个想法的出现，牵涉两个反应式中间的问题，而那个问题是他 1948 年的论文以及 1954 年和另外两个物理学家斯诺和施特恩海默合作的一篇论文中讨论过的，所以他把这个想法说给李政道听，最后终于改变了李反对的想法。1962 年 4 月，杨振宁和李政道在普林斯顿重新回忆这一段经过的时候，杨振宁记得这一段讨论是发生在“上海饭店”，而李政道的记忆则认为是下午在他哥伦比亚大学的办公室。[14]

可是这种分开讨论强、弱作用中不同的宇称性，能不能和已有的上千个成功的“选择规律”的应用不发生冲突呢？这就要仔细研究 β 衰变中的各种选择规律的细节。这项研究正好用到杨振宁在 1950 年和蒂奥姆诺合作发表的一篇论文中所讨论过的十种“耦合常数”（coupling constant）。由于对于弱作用方面的这些问题有过去的这些研究基础，因此杨振宁第二个礼拜在和李政道见面的时候，就向李政道提出了在 β 衰变中所有需要重新考察的现象的清单。[15]

随后的几个礼拜，杨振宁就用这十种耦合常数做了许多 β 衰变方面的计算。他说，那个时候李政道对于 β 衰变不大熟悉，变得有一点焦虑，主张先写一篇关于那两个没有 β 衰变反应式的短文发表。杨振宁否决了这种想法，因为他要把 β 衰变的计算做完。

杨振宁说他一共只花了一两个礼拜，就做完了所有的计算，得到的结果显示，过去所有的 β 衰变实验，和 β 衰变中宇称是否守恒完全没有关系。李政道稍后也做了同样的计算，并且同意杨振宁的结论。[16]

杨振宁说，他在一年半以后的诺贝尔演说中，描述了当时他自己对于这种惊人结论的心理反应：

> 长久以来，在没有实验证据的情况下，人们都相信弱作用中的宇称守恒，这是令人十分惊讶的。但是更令人惊讶的是，物理学家看到他们如此熟知的时空对称定律可能是不对的。我们并不喜欢看到这种前景。只是因为试图去了解“θ—τ 之谜”的各种其他努力都归于失败，我们才不得不考虑这一种结论。[17]

5 月中旬，杨振宁在布鲁克海文实验室做了一个报告，介绍他们的工作。报告结束的时候，物理学家赛洛夫（Walter Selove）问杨振宁，过去所有的实验和 β 衰变中的宇称守恒问题都没有关系，这中间到底有什么深一层的道理？杨振宁回答说他不知道。

一两天以后，李政道到布鲁克海文来访问杨振宁，两人于是共同思考这个问题。杨振宁说他们不想通过复杂的计算，而要从数学原则上证明，为什么过去的 β 衰变研究都和宇称守恒无关？那一天快到晚上的时候，杨振宁了解到其中的关键，是以前的实验中没有测量“赝标量”（pseudoscalar），所以才会造成它们和 β 衰变中宇称守恒问题没有关系。杨振宁说，他因为弄清楚了这个道理十分高兴，并且在开车回住所吃饭的时候，向李政道解释了这些道理。[18]

要在实验中测量赝标量的一个办法，是测量极化的原子核 β 衰变的方向分布，当时杨振宁和李政道都不知道其实在低温实验物理领域，物理学家已经成功地把原子核极化了。后来他们二人在布鲁克海文实验室，碰到后来担任布鲁克海文国家实验室主任的物理学家戈德哈贝尔，戈德哈贝尔告诉他们英国牛津大学的科学家已经把原子核极化的消息。另外，李政道也由他在哥伦比亚大学物理系的同事，当时世界

Question of Parity Conservation in Weak Interactions*

T. D. LEE, *Columbia University, New York, New York*

AND

C. N. YANG,† *Brookhaven National Laboratory, Upton, New York*

(Received June 22, 1956)

The question of parity conservation in β decays and in hyperon and meson decays is examined. Possible experiments are suggested which might test parity conservation in these interactions.

RECENT experimental data indicate closely identical masses[1] and lifetimes[2] of the $\theta^+(\equiv K_{\pi 2}^+)$ and the $\tau^+(\equiv K_{\pi 3}^+)$ mesons. On the other hand, analyses[3] of the decay products of τ^+ strongly suggest on the grounds of angular momentum and parity conservation that the τ^+ and θ^+ are not the same particle. This poses a rather puzzling situation that has been extensively discussed.[4]

One way out of the difficulty is to assume that parity is not strictly conserved, so that θ^+ and τ^+ are two different decay modes of the same particle, which necessarily has a single mass value and a single lifetime. We wish to analyze this possibility in the present paper against the background of the existing experimental evidence of parity conservation. It will become clear that existing experiments do indicate parity conservation in strong and electromagnetic interactions to a high degree of accuracy, but that for the weak interactions (i.e., decay interactions for the mesons and hyperons, and various Fermi interactions) parity conservation is so far only an extrapolated hypothesis unsupported by experimental evidence. (One might even say that the present $\theta-\tau$ puzzle may be taken as an indication that parity conservation is violated in weak interactions. This argument is, however, not to be taken seriously because of the paucity of our present knowledge concerning the nature of the strange particles. It supplies rather an incentive for an examination of the question of parity conservation.) To decide unequivocally whether parity is conserved in weak interactions, one must perform an experiment to determine whether weak interactions differentiate the right from the left. Some such possible experiments will be discussed.

* Work supported in part by the U. S. Atomic Energy Commission.

† Permanent address: Institute for Advanced Study, Princeton, New Jersey.

[1] Whitehead, Stork, Perkins, Peterson, and Birge, Bull. Am. Phys. Soc. Ser. II, **1**, 184 (1956); Barkas, Heckman, and Smith, Bull. Am. Phys. Soc. Ser. II, **1**, 184 (1956).

[2] Harris, Orear, and Taylor, Phys. Rev. **100**, 932 (1955); V. Fitch and K. Motley, Phys. Rev. **101**, 496 (1956); Alvarez, Crawford, Good, and Stevenson, Phys. Rev. **101**, 503 (1956).

[3] R. Dalitz, Phil. Mag. **44**, 1068 (1953); E. Fabri, Nuovo cimento **11**, 479 (1954). See Orear, Harris, and Taylor [Phys. Rev. **102**, 1676 (1956)] for recent experimental results.

[4] See, e.g., *Report of the Sixth Annual Rochester Conference on High Energy Physics* (Interscience Publishers, Inc., New York, to be published).

PRESENT EXPERIMENTAL LIMIT ON PARITY NONCONSERVATION

If parity is not strictly conserved, all atomic and nuclear states become mixtures consisting mainly of the state they are usually assigned, together with small percentages of states possessing the opposite parity. The fractional weight of the latter will be called $\mathfrak{F}^2$. It is a quantity that characterizes the degree of violation of parity conservation.

The existence of parity selection rules which work well in atomic and nuclear physics is a clear indication that the degree of mixing, $\mathfrak{F}^2$, cannot be large. From such considerations one can impose the limit $\mathfrak{F}^2 \lesssim (r/\lambda)^2$, which for atomic spectroscopy is, in most cases, $\sim 10^{-6}$. In general a less accurate limit obtains for nuclear spectroscopy.

Parity nonconservation implies the existence of interactions which mix parities. The strength of such interactions compared to the usual interactions will in general be characterized by $\mathfrak{F}$, so that the mixing will be of the order $\mathfrak{F}^2$. The presence of such interactions would affect angular distributions in nuclear reactions. As we shall see, however, the accuracy of these experiments is not good. The limit on $\mathfrak{F}^2$ obtained is not better than $\mathfrak{F}^2 < 10^{-4}$.

To give an illustration, let us examine the polarization experiments, since they are closely analogous to some experiments to be discussed later. A proton beam polarized in a direction z perpendicular to its momentum was scattered by nuclei. The scattered intensities were compared[5] in two directions A and B related to each other by a reflection in the x–y plane, and were found to be identical to within $\sim 1\%$. If the scattering originates from an ordinary parity-conserving interaction plus a parity-nonconserving interaction (e.g., $\boldsymbol{\sigma}\cdot\mathbf{r}$), then the scattering amplitudes in the directions A and B are in the proportion $(1+\mathfrak{F})/(1-\mathfrak{F})$, where $\mathfrak{F}$ represents the ratio of the strengths of the two kinds of interactions in the scattering. The experimental result therefore requires $\mathfrak{F} < 10^{-2}$, or $\mathfrak{F}^2 < 10^{-4}$.

The violation of parity conservation would lead to an electric dipole moment for all systems. The magnitude of the moment is

$$\text{moment} \sim e\mathfrak{F} \times (\text{dimension of system}). \quad (1)$$

[5] See, e.g., Chamberlain, Segrè, Tripp, and Ypsilantis, Phys. Rev. **93**, 1430 (1954).

□Reprinted from *The Physical Review* 104, 1 (October 1, 1956), 254–258.

1956 年杨振宁和李政道合写的这篇论文，使得两人共同得到 1957 年的诺贝尔物理学奖（杨振宁提供）

β 衰变方面权威的实验物理学家吴健雄那里，得到相同的讯息。

5 月底，杨振宁碰到了他有生以来的第一次严重背痛，这个毛病在他后来的一生中还发生过多次。在卧床休养期间，杜致礼根据杨振宁的口述，替他写成了一篇论文。杨振宁说，因为杜致礼没有受过秘书方面的训练，所以是一个字一个字手写下来的。论文的题目是《在弱作用中，宇称是否守恒？》。杨振宁把论文给李政道看，李政道做了几处小改。接着他们就把论文的手稿交给布鲁克海文加速器部门的秘书凯克小姐（Barbara Keck）请她打字。打好的论文预印本，后来改正了一些小的错误，并且加上了另外一种可以检验宇称不守恒的实验办法。

那一年 6 月 22 日论文正式打出来，并且标上布鲁克海文国家实验室的编号，然后投寄给《物理评论》杂志。他们这一篇日后成为科学文献中不朽经典著作的论文，1956 年 10 月 1 日刊出时，题目却改成了《对于弱作用中宇称守恒的质疑》，原因是当时《物理评论》的编辑，也是著名物理学家的古德斯米特（Samuel Goudsmit）认为，论文的标题不应该是一个问句。杨振宁认为，原来的题目要更有意义得多。[19]

杨振宁和李政道的论文中，并没有声称宇称在弱作用中确实是不守恒的。他们只是指出了这是没有被验证的问题，并且希望说服实验物理学家去研究这问题。在他们的论文中有这样的一段话：

> *要能够没有异议地确定宇称是否在弱作用中守恒，就必须以实验来决定在弱作用中，左和右是不是有差异性。*[20]

尽管杨、李的论文有非常详尽的理论讨论，并且还提出了一些可以去检验的实验办法，但是由于这个宇称守恒定律过去在各方面的应用如此之好，加上这些实验也都是非常困难的实验，所以他们的论文一开始并没有得到非常热烈的反应。一直在普林斯顿高等研究院的著名理论物理学家戴森，虽然他在科学品位方面的过人鉴赏力一向受到推崇，但是他看了那篇论文两遍后，也只是认为文章“很有意思”，然后就把《物理评论》放回到书架上去。[21]

杨振宁说他和李政道对于这一篇论文都十分满意，觉得他们完成了一件分析宇称守恒物理方面的好工作，而且还讨论了当时他们所知道的一切可能的实验检验办法。他觉得，他们这一件工作的风格是符合好的物理学传统的。论文完成以后，他们只能静待实验的证明。[22]

这个宇称不守恒的科学革命，在实验物理方面扮演着关键角色的，是当时在 β 衰变实验方面已经有世界一流权威地位的女物理学家吴健雄。她在杨、李二人的论文完成以前，就已经认识到，对于研究 β 衰变的原子核物理学家来说，这是去进行一个重要实验的黄金机会，不可以随便错过。她认为，即使结果证明宇称在 β 衰变方面是守恒的，也一样是为这方面的科学论点设定了一个极重要的实验证据。杨振宁说过，他们当时和许多其他的实验物理学家谈过，但是只有吴健雄看出了其中的重要性，这代表吴健雄独具慧眼。[23]

杨振宁后来也表示：

> 在那个时候，我并没有押宝在宇称不守恒上，李政道也没有，我也不知道有任何人押宝在宇称不守恒之上。我不清楚泰莱格迪（Valentine Telegdi）[24] 是如何想的，但是吴健雄的想法是，纵然结果宇称并不是不守恒的，这依然是一个好的实验，应该要做，原因是在过去，β 衰变中从来没有任何关于左右对称的数据。[25]

吴健雄打定主意要进行这个实验，从 1956 年 5 月 6 日就开始积极准备，后来花了大约半年的时间，终于成为最先以实验证实杨、李提出“在弱作用中宇称不守恒”这个理论想法的实验物理学家。[26]

在吴健雄的实验结果还没有尘埃落定以前，整个科学界的气氛是倾向于不相信杨、李的猜想是对的，也就是说不相信在弱作用中宇称真的是不守恒的。杨振宁那一年 6 月在波士顿麻省理工学院做一个报告的时候，曾经碰到 1952 年的诺贝尔物理学奖得主珀塞耳（Edward

Purcell）和后来也得到诺贝尔奖的拉姆齐（Norman Ramsey），他们两人也曾经想在橡树岭实验室进行这个实验，但是他们的构想被物理学家费曼斥之为“疯狂”。[27]

另外，苏联著名的物理学家、后来因为超流体方面的研究得到诺贝尔奖的朗道，在 1956 年 10 月苏联召开的第一次物理会议上，也曾经强烈地反对杨、李论文中所提出的理论可能。[28]

其实这些反应都很正常，因为杨振宁和李政道也没有认定弱作用中宇称真的是不守恒的。两人在那篇论文寄出去以后的两个礼拜，又写了一篇论文，列出了宇称二重态和宇称不守恒的实验的区别，而且他们在论文中并没有认为哪一个的可能性更高。后来 9 月份在西雅图的理论物理国际会议上，杨振宁以《目前关于新粒子的知识》为题所做的报告中也说，要不是由于 θ 和 τ 两个粒子在实验测量上具有相同质量和寿命，那么认定这两个粒子是不同的两个粒子，更能够得到大家的信服。也就是说，那就不会产生宇称不守恒的问题了。[29]

虽然杨振宁和李政道的论文《在弱作用中，宇称是否守恒？》预印本早在科学界流传，但是《物理评论》是在 10 月 1 日那一期正式刊出的。在文章正式刊登以后，到吴健雄的实验还没有得到肯定结果以前，中间还有一个插曲。

那个时候已经到了加州理工学院的盖尔曼，有一天在麻省理工学院开会。他一面开会一面研究杨、李的论文，结果觉得文章里面有些是错误的。于是他就在黄色有横条格的纸上，用铅笔写了一封评论杨、李论文的信，请也去开会的著名物理学家戴森带给杨振宁，并且在那封信第一页的顶上写着：“弗兰克 · 杨：在这封信送去发表以前，请给我你的评论。”[30]

杨振宁说，盖尔曼会写这个短函，其实正是因为他没有把问题弄清楚的缘故，所以在 12 月 14 日，杨振宁和李政道就共同写了一封信给盖尔曼，指出他对事实认识的一些错误。盖尔曼也很聪明，他很快就发现自己早先手写的那一封短函是不对的，所以同一天他也从加州理工学院给杨振宁又写了一封信，承认自己的前一封短函中犯了错误。[31]

其实这已经不是盖尔曼第一次来找他们的麻烦。杨振宁说，那一年的 2 月份，他们听说盖尔曼跟加州大学伯克利的物理学家说，杨振宁和李政道稍早写的一篇讨论重介子（heavy meson）质量问题的论文的概念，是从盖尔曼那里学去的，盖尔曼还说了“告诉那些中国男孩，不要随便剽窃我的想法”之类的话。杨振宁说，他听到以后大怒，立刻给盖尔曼写了一封信，警告他不要乱说话。杨振宁说，盖尔曼很聪明，也有很多想法，他不写文章，但是老要到处去讲，还说别人是听了他的想法才会写出了什么论文，造成他老是在跟别人吵架。[32]

12 月的这个插曲过了一个多礼拜，大概在圣诞节前后，吴健雄带回来她和华盛顿国家标准局物理学家合作检验宇称守恒的实验结果，确实显现出在 β 衰变中宇称是不守恒的证据。虽然吴健雄说她的实验还需要经过最后的查证，希望暂时不要公开，但是消息却还是流传开来；纽约哥伦比亚大学的另外一组科学家，也很快地做了另外一种查证宇称不守恒的实验，并同样得到了肯定的结果。

1957 年 1 月初，最后查证结果显示在 β 衰变中宇称确实不守恒，吴健雄正式公布她的结论，也震撼了全世界的物理学界。这个发展之所以震撼如此剧烈，主要因为它影响了整个物理学界，是囊括原子、分子、核子和基本粒子物理的一个基本革命，不是一个局部性的发展。

在 1957 年 1 月的一个礼拜，世界物理学界各种的传说很多，后来在《纽约客》杂志上写了那一篇关于这个杨、李合作文章的物理学家伯恩斯坦说，他那时候某一天正好在哈佛大学和一群理论物理学家讨论流传的谣言。哈佛大学最顶尖的理论物理学家施温格让大家在最后结果出来以前，不要径下结论。然后他去接听一个电话，是哥伦比亚大学的拉比教授打来的，拉比在电话中告诉了施温格最后的结果。施温格回来向大家说：“各位先生，我们必须服膺自然。”[33]

1 月 5 日，杨振宁给在加勒比海维京群岛度假的奥本海默发了一封电报，告诉奥本海默吴健雄的实验显现出有很大的不对称性的结果。奥本海默给他的回电只有短短几个字："走出了房门。"他这样写的原因是杨振宁曾经在 1956 年的一次报告中说过，他当时把高能物理学家在 1956 年的情况，比喻为一个在一间黑暗房子里的人。他知道在某一个方向一定有一扇门，但是门在什么方向呢？[34]

杨振宁后来写道：

> 在 1 月 15 日，哥伦比亚大学物理系召开了一个记者招待会，伯恩斯坦后来称这个记者招待会是"史无前例"的。我不知道这种说法是否准确，但是我认为，用记者招待会的方式来宣布一项科学研究的成果不大有格调。虽然被再三敦促，但是我没有去参加。第二天的《纽约时报》在头版上刊登了关于宇称不守恒的消息。[35]

在《纽约时报》头版的报道中，曾经引述哥伦比亚大学物理系的元老物理学家拉比的话说："就某种特定的意义来说，一个完整的理论架构，可以说已经从基础上被动摇了，而我们并不清楚，这些破碎的东西会如何组合起来。"第二天的《纽约时报》还以《表象与真实》为题，发表了一篇社论，讨论第二次世界大战后这一个物理科学上的重大革命。[36]

1 月 17 日，那时候人在欧洲而且素以好质疑著称的大物理学家泡利，写信给另外一位著名的物理学家魏斯科普夫（Victor Weisskopf），说他不相信宇称会不守恒："我不相信上帝是一个弱的左撇子。我准备下注一大笔钱来赌实验将显现出对称的电子角分布。我看不出来在一个作用的强度和它的镜像不变之间，有任何逻辑上的关联性。"[37]

10 天以后，一向不屈服的泡利改变了他的说法，他在给魏斯科普夫的另一封信上说，他陆续收到论文和消息以后，经过一阵冲击，才渐渐恢复常态。他说他幸好没有跟别人打赌，否则他要输一大笔钱，可能让他负担不起，还好只是在信件和口头上说说，并没有印成白纸黑字的文章，成为别人的笑柄。最后他写道："使得我震惊的并不是'上帝是一个左撇子'的这个事实，而是尽管如此，它在强的方面所表现出来的，依然展现了它自己的左右对称。"[38]

对于宇称不守恒被证实之后所发生的一些事情，杨振宁曾经这样写道：

> 李政道和我接到布鲁克海文实验室和哈佛大学演讲的邀请。我决定让李政道去这些地方做演讲，而在纽约市召开的美国物理学会年会，则由我去报告宇称不守恒。物理学的年会在纽约客旅馆举行，宇称问题的讨论会定在1957年2月2日星期六的下午。那个讨论会决定得太晚，所以不能成为正常的议程，而只能作为"报名截止后"的专题讨论会。
>
> 关于这个讨论会的消息传得很快，造成会场爆满，达罗（K. K. Darrow）后来形容当时的情景："我们通常不会使用的那个最大的演讲厅挤满了人，拥挤的程度，使得一些人就差没有爬上大厅的吊灯了。"

在那一个特别的讨论会上，吴健雄、莱德曼、泰莱格迪和杨振宁都做了报告。在他们这个讨论会前面，原来议程上定在同一个大厅的是一个天文物理的讨论会。那个天文物理讨论会的一个报告者，也是杨振宁在芝加哥大学的女同学妮奥娜·马歇尔后来抱怨，虽然有满座的听众，但是没有人在听她的报告。[39]

弱作用中宇称不守恒的理论论文获得证实以后，宇称不守恒成为当时物理科学上最热门的问题，许多实验物理学家开始进行各种相关的实验，杨振宁和李政道也停下了他们在等待实验结果期间所做的统计物理工作，开始进一步研究和宇称不守恒相关的理论问题。后来在理论方面进一步发现，除了宇称之外，电荷共轭（C）和时间反演（T）两种对称不变性在弱作用中也是不成立的。

1956 年，芝加哥大学的一位物理学家厄梅（Reinhard Oehme）给杨振宁写了一封信，向杨振宁请教在弱作用中不守恒定律的关系。后来厄梅到普林斯顿访问，年底还和杨振宁与李政道合写过一篇论文，但是却没有预见到电荷共轭（C）和宇称（P）的组合乘积 CP 不变性也是不成立的。1964 年，两位物理学家以实验证实了 CP 不守恒，CP 不守恒在物理科学上意义重大，到现在还是粒子物理学家研究的热门课题。

除了继续物理科学上的工作，杨振宁也收到许多道贺的电报和信函，这其中有他父母兄弟由上海家里打来的贺电。1957 年的 10 月，不出人意外的，诺贝尔奖委员会宣布杨振宁和李政道得到那一年的诺贝尔物理学奖，不过得主中没有任何实验物理学家，特别是没有包括最早得到实验结果的吴健雄，曾经引起过一些议论。1980 年证明 CP 不守恒这两位实验物理学家得到诺贝尔奖的时候，再一次没有考虑吴健雄，也让许多人感到不解。[40]

虽然普林斯顿大学的物理学家崔曼曾经半开玩笑地说："宇称不守恒完全有资格得到诺贝尔奖，但是却不能作为一篇博士论文。"[41] 但是如同科学历史上得享巨大名声的成就中不可避免的纷争，宇称不守恒的革命也没有例外。除了实验物理学家有着谁先得到实验成果的争论，理论物理学家也有谁先想到这个主意的看法歧异。标榜着客观理性的科学，事实上并不能回避每一个科学家本身主观和偏见的先天宿命。

对于这个科学革命，杨振宁在 1985 年曾经写道：

> 为什么在弱作用下，电荷共轭、宇称和时间反演都不守恒？这是目前还完全不能了解的问题。我认为这个问题恐怕不是 10 年、20 年之内可以解决的。[42]

今天，杨振宁认为此革命尚未结束。弱交互作用中左右如何不对称，经过 40 多年的研究，已大致明了。但是为什么会有这些不对称，仍然是未解之谜，留待 21 世纪去研究了。

注 释

1 Chen Ning Yang, "The Law of Parity Conservation and Other Symmetry Laws of Physics," *Selected Papers 1945-1980 with Commentary,* New York: W. H. Freeman, 1983, p. 237.

2 参考 Chen Ning Yang, "The Law of Parity Conservation and Other Symmetry Laws of Physics," *Selected Papers 1945-1980 with Commentary,* New York: W. H. Freeman, 1983, p. 237。Chen Ning Yang, "Symmetry and Physics," *The Klein Memorial Lectures,* Vol. 1, ed. G. Epspong, Singapore: World Scientific, 1991.

3 杨振宁演讲:《外尔对物理学贡献》, 1985 年纪念外尔诞生一百周年大会, 收入《杨振宁文集》, 上海, 华东师范大学出版社, 1998 年, 第 484 页。

4 杨振宁:《杨振宁文集·对汤川秀树一九三五年的论文的评价》, 上海, 华东师范大学出版社, 1998 年, 第 501 页。

5 Jeremy Bernstein, *The Tenth Dimension,* New York: McGraw-Hill, 1989.

6 Chen Ning Yang, "Present Knowledge about the New Particles," *Selected Papers 1945-1980 with Commentary,* NewYork: W. H. Freeman, 1983, p. 194.

7 A. Pais, *Inward Bound,* New York: Oxford University Press, 1986, p. 525.

8 *High Energy Nuclear Physics: Proceedings of the Sixth Annual Rochester Conference,* Apr. 3-7, 1959, NewYork, eds. J. Ballam et al., New York: Interscience, 1956.

9 Chen Ning Yang, *Selected Papers 1945-1980 with Commentary,* New York: W. H. Freeman, 1983, p. 25.

10 同上。

11 同上。p. 26。

12 T. D. Lee, "Broken Parity," *T. D. Lee Selected Papers,* Vol. 3, ed. G. Feinberg,

Boston: Birkhauser, 1986, p. 506.

13 Chen Ning Yang, *Selected Papers 1945-1980 with Commentary,* New York: W. H. Freeman, 1983, pp. 26-27.

14 同上。p. 27。

15 同上。

16 同上。p. 28。

17 同上。

18 同上。p. 28-29。

19 同上。p. 29-30。对于杨、李这篇论文关键想法的产生，李政道的版本主要是说，他对于 θ 和 τ 这两个粒子的特性的最早猜测想法不对之后，他立刻就猜测到宇称是不守恒的可能性。1956 年罗切斯特会议以后，他和同在哥伦比亚大学的同事施泰因贝格尔讨论施泰因贝格尔进行的一个实验，认为实验结果和宇称不守恒有关联性。后来施泰因贝格尔告诉他说，杨振宁在一个讨论会上反对这种想法，李政道说他就打电话给杨，要杨在还没有和他谈过以前，不要公开反对这种想法。

第二天杨到哥伦比亚来访问他，他把他的想法和分析告诉杨，杨很快地被说服，接受这种想法的重要性，并且要和李一起研究。李政道说，因为杨振宁很有批判的精神，任何问题如果他能够说服杨，会让自己更有信心。另外杨振宁是优秀的物理学家，有杨的参加，无疑对最后的结果将大有帮助。于是李政道说他表示欢迎杨加入研究。此段经过详细的内容，可以参看：T. D. Lee，“Broken Parity,” *T. D. Lee Selected Papers,* Vol. 3, ed. G. Feinberg, Boston: Birkhauser, 1986, pp. 493-497.

20 T. D. Lee and C. N. Yang, “Question of Parity Conservation in Weak Interaction,” *Physical Review*, 104.1 (October 1956): 254-258.

21 Robert Crease and Charles Mann：*The Second Creation,* New York: Macmillan, 1986, p. 207.

22 Chen Ning Yang, *Selected Papers 1945-1980 with Commentary,* New York: W. H. Freeman, 1983, p. 30.

23 杨振宁访问谈话，1989 年 11 月 16 日，纽约市。这是作者在撰写《吴健雄传》期间和杨振宁的访谈。

24 泰莱格迪是当时在芝加哥大学的一位杰出的实验物理学家，他后来领导进行了宇称不守恒的一种实验。

25 Chen Ning Yang, "Some Discoveries, Concepts, and Institutions from Thirties to Fifties," *International Colloquium on the History of Particle Physics,* 21-22 July, 1982 C8-450.

26 有关吴健雄如何开始准备，并着手进行利用钴六十验证弱作用中宇称不守恒的整个过程，请参看作者所著的《吴健雄——物理科学的第一夫人》，台北，时报文化出版公司，1996 年，第 196—233 页。

27 拉姆齐访问谈话，1990 年 2 月 22 日，哈佛大学。此一访问是为当时吴健雄传的撰写而进行，亦可见《吴健雄——物理科学的第一夫人》，台北，时报文化出版公司，1996 年，第 213 页。

28 Chen Ning Yang, *Selected Papers 1945-1980 with Commentary,* New York: W. H. Freeman, 1983, p. 30.

29 同上。p. 30, p. 241。

30 盖尔曼，致杨振宁手写短函，杨振宁提供。

31 李政道、杨振宁，致盖尔曼信函，1956 年 12 月 14 日，杨振宁提供。盖尔曼，致杨振宁信函，1956 年 12 月 14 日，杨振宁提供。

32 李政道、杨振宁，致盖尔曼信函，1956 年 2 月 8 日，杨振宁提供。杨振宁访问谈话，1998 年 10 月 28 日，纽约州立大学石溪分校办公室。

33 Jeremy Bernstein, "A Question of Parity", *New Yorker* 12 May 1962.

34 Chen Ning Yang, *Selected Papers 1945-1980 with Commentary,* New York: W. H. Freeman, 1983, p. 35.

35 同上。p. 36。

36 *New York Times,* 16 and 17 Jan. 1957.

37 Chen Ning Yang, *Selected Papers 1945-1980 with Commentary,* New York: W. H. Freeman, 1983, p. 30.

38 同上。p. 37。

39 同上。

40 关于吴健雄没有得到诺贝尔奖的讨论，可以参见作者所著《吴健雄——物理科学的第一夫人》，台北，时报文化出版公司，1996 年，第 228—232、355—358 页。

41 崔曼访问谈话，1998 年 10 月 19 日，普林斯顿大学物理系办公室。

42 杨振宁:《杨振宁文集》，上海，华东师范大学出版社，1998 年，第 91 页。

第九章

开创规范场论的大师

杨振宁在1999年的退休研讨会上和米尔斯（右）合照（杨振宁提供）

近代物理科学的发展，其中一个关键的中心问题，乃是各种不同的交互作用的数学结构。从杨振宁开始接触物理科学，到他在芝加哥大学时代开始他的物理学研究，这个问题一直萦绕在他心中。1954 年，他由数学入手提出了一个规范性的理论架构，后来 20 年间，这个理论架构逐渐发展成为量子物理近半个世纪以来最重要的一个理论规范架构，也使得杨振宁成为近代物理科学奠基的一代大师人物。

19 世纪的物理科学发展，由现象的观察到数学结构的整合，麦克斯韦（J. C. Maxwell）的电磁方程把当时认为分开的电和磁两种现象结合起来，形成了一个可以由单一数学方式完整描述的“场”论。

20 世纪最伟大物理学家爱因斯坦上场。他看出保留麦克斯韦方程不变的洛伦兹变换的真正意义，从而发展出 1905 年的狭义相对论。10 年以后，他进一步要求一种普遍的坐标对称性，加上等效原理的物理观念，而完成了弯曲时空的几何学和广义相对论，这是又一个划时代的伟大物理成就。

爱因斯坦在他的晚年，执着于要将他由处理坐标不变性而产生的重力理论，和麦克斯韦的电磁理论结合起来，形成一个可以处理这两种作用力的统一理论，但是最终没有成功。这是许多人熟悉的故事。

1918 年，也就是爱因斯坦发表广义相对论以后三年，受到爱因斯坦研究的刺激，也受到后一年科学家利用日全食实际观测到光线经过重力场确实如相对论预测那样会弯曲的鼓舞，德国著名大数学家外尔连续发表了三篇文章，试图表现出电磁作用同引力作用一样和对称相关，而他最终的目的也是想要表现出这两种作用力是同一回事。外尔当时讨论这两种作用力的对称时所提出的一个概念，就是所谓的“规范不变性”（gauge invariance）。

规范顾名思义就是“测量的标准”。譬如说测量长度有公尺、英寸等不同的标准，但是这两种不同标准却可以做适当的对称转换，而不影响测量以后的效果。外尔最早叫这种对称的德文名称是“校准恒定性”（Eich Invarianz），后来在 20 世纪 20 年代初期，它被翻译成英文，叫作“规范不变性”。当时外尔就了解到，有两种不同的“规范转换”，用于场本身和用于其他物理量。而区域的“规范不变性”是十分重要的概念。

后来物理科学中“规范不变性”的概念，不容易用通俗的语言描述，它是一种复杂的对称。根据 20 世纪极重要但是却受到忽略的德国女数学家诺特（Amalie Emmy Noether）的理论，任何一个对称，都相对着有一个守恒定律；同样的，任何一个守恒定律，也相对着有一个对称。那么外尔的想法，加上诺特的理论，结果就得到了电荷的守恒。[1]

但是外尔的想法却不为爱因斯坦所同意。爱因斯坦认为，如果外尔的想法是对的话，那么如果有两个钟，都从同一地点出发，但是经过不同的路径以后再回到同样的地点，由于这两个钟经历不同的历史，那么测量这两个钟的时间的长短应该不同，也就是说，这两个钟的时间将会是不同的。爱因斯坦强烈反对这个结果，他认为如果真的是这样的话，那么每个人都将有他自己的定律，因而就没有物理科学可言，而且还会造成种种的混乱。[2]

就像外尔晚年讨论爱因斯坦发现广义相对论以后一些情况的那篇文章里说的，爱因斯坦当时的困境，是他把他的数学和物理推测，同哲学混在一起了。在欧洲物理学界素以好质疑著名的大物理学家泡利出于哲学上的考虑，也拒绝接受外尔的理论。

1927 年，另外一个重要的理论物理学家伦敦（Fritz London）认为，外尔的想法虽然是对的，但是所引用的对称不对。在那个时候，20 世纪最重要的物理革命量子力学开始了，伦敦认为，外尔提出和电荷守恒相关的对称不是简单的“规范”，而是量子力学大师薛定谔（Erwin Schrodinger）1926 年所提出的波动方程中的相位因子。伦敦指出，相位的规范对称（规范不变性）造就了整个电磁场论。

1929 年，外尔再写了一篇文章，确立了他念兹在兹的“规范不变性”概念，他在这一篇文章中，也将规范不变性和广义相对论紧密地联系在一起。[3]

规范场论虽然在 20 世纪初期有这些发展，但是一直到了 20 世纪 50 年代才有了真正的突破，而这个突破正是 1954 年杨振宁和米尔斯提出的“杨–米尔斯规范理论”。

杨振宁早在昆明西南联大念书的时候，就上过马仕俊先生开的场论课，后来也曾经研究过大物理学家泡利关于场论的评论文章。他对于电荷守恒与一个理论在相位改变时的不变性有关的这一观念，印象极为深刻。后来杨振宁进一步发现，这个观念最先是外尔提出来的，而外尔“规范不变性决定了全部电磁交互作用”的观念，使他更加印象深刻。[4]

20 世纪 50 年代，近代科学中讨论粒子的特性，除了原有的电荷和质量等概念之外，又增加了自旋和同位旋等不同的概念。同位旋（isotopic spin）这个观念，最早是德国量子物理大师海森堡为了给他的原子核作用力理论做解释而提出来的。海森堡在讨论原子核中的质子和中子的时候，为了方便起见，把这两个粒子看作是同一粒子的两种不同状态。也就是说，质子和中子虽然说一个带正电，一个不带电，但是有相同的质量（质量差甚微），所以如果去除电磁交互作用的话，这两个粒子就可以看作同一种粒子。

海森堡于是提出来这两个粒子可以看作是在一个想象的空间中旋转，如果一个粒子的旋转轴是朝上，那么这个粒子带有正电，就是质子；如果一个粒子的旋转轴朝下，那么这个粒子不带电，就是中子。海森堡于是赋予质子和中子一个相同的量子数，也就是它们的同位旋，质子和中子的同位旋同样是二分之一。

杨振宁在芝加哥大学做研究生的时代，就了解到规范不变性在物理科学上的重要性，于是他试图把规范不变性推广到其他的守恒定律，而那个时候和电荷守恒定律相类似的只有同位旋守恒。而从当时的实验结果看到，同位旋守恒虽然不是一个完全的守恒定律，因为它在电磁交互作用和弱作用中会受到破坏，但是它在强作用中是成立的。于是杨振宁尝试将规范不变性推广到同位旋守恒，但是在起初的几个步骤之后就碰到困境，使得他不得不罢手。

杨振宁并没有放弃，他曾经写到他当时面对这个研究困境的情形：

> 然而，基本的动机仍然吸引着我，在随后几年中我不时地再回到这个问题上来，但是每一次都困在同一个地方。当然，对于研究学问的人来说，一些看起来很好的想法，却老是不能成功，是每个人都会碰到的共同经验。多数情况下，这些想法要不就只好放弃，要不就束之高阁。但是也有一些人坚持不懈，甚至执迷不悟。有的时候，这种执迷不悟最后成了一桩好事。[5]

1953年秋天，杨振宁在日本参加国际物理会议以后，就去了布鲁克海文国家实验室访问一年。那个时候随着新加速器和新探测器的发展，物理科学上发现了许多的介子。杨振宁于是又想，是不是可以用一个规范场来描述这些粒子的交互作用，就好像电磁场理论曾经有过的相类似的一个作用。

在布鲁克海文国家实验室和杨振宁共享办公室的，是一个当时即将得到哥伦比亚大学博士学位的研究生米尔斯。杨振宁和米尔斯谈起他一直萦绕在心的问题，发现米尔斯也有兴趣，于是两人开始研究这个问题。就像米尔斯说的："杨振宁当时在许多场合中，已经表现出他对于刚开始物理学家生涯的年轻人的慷慨。他告诉我关于推广规范不变性的思想，然后我们较为详细地做了讨论。我当时已有了关于量子电动力学的一些基础，所以在讨论中能有所贡献，而且在计算它的表达形式方面也有小小的贡献，但是一些关键性的思想，都是属于杨振宁的……"[6]

杨振宁和米尔斯虽然是用数学方法研究这个问题，但却是从两个有实验基础的观念入手——同位旋守恒和电磁场论。他们考虑到在电磁场中，波动方程的相位在时空中可以任意地变换，是因为电磁场中间的规范不变性，于是他们想在同位旋这个观念上做同样的事情。

因为当时的实验已经显示出强烈的证据，像质子和中子这些所谓的"核子"（nucleon）交互作用中，同位旋是守恒的，这也就是说，质子和中子是没有差别的，也就是所谓的全局"同位旋不变"。杨振宁和米尔斯把这个概念进一步地推广，提出来他们的所谓区域"同位旋不变"。也就是说，在这个情况下，质子和中子的差别纯粹是一种随意的过程；何者为质子，何者为中子，仅仅是一个约定，可以任意选择。如果要求不同的观测者可以有不同的选择自由度，便导致了规范原理的推广。

就好像量子电动力学的规范不变产生了传送作用力的光子，杨振宁和米尔斯提出的这个区域同位旋不变理论也同样产生了传送作用力的粒子。但是他们碰到的困难是，他们不能解决这个粒子的质量问题。杨振宁和米尔斯曾经采用了一种推论，认为在纯粹的规范场中，可以认定这个粒子是没有质量的，但是他们很快就放弃了这种方式的推论。[7]

杨振宁和米尔斯提出的这个规范理论中的粒子，后来在粒子物理学中称之为"向量玻色子"（vector boson）。杨振宁他们当时提出的理论架构是希望这个粒子可以成为强作用力的传送粒子，也因而可以为强交互作用提出一个如同量子电动力学一样完整的理论。

杨振宁和米尔斯由数学推导中得到的结果，显示出这个粒子有电荷但没有质量。他们碰到的困难是，如果这一有电荷的粒子是没有质量的，那么为什么又没有任何实验证据呢？而如果假定这个粒子有质量，规范对称性就会被破坏。对于如何决定这个粒子的质量，他们承认："我们没有满意的答案。"[8]

杨振宁和米尔斯对于这个问题的研究，在1954年2月左右就完成了。那个月底，奥本海默邀请杨振宁回到普林斯顿高等研究院，就他和米尔斯的研究工作做几天的讲学。那一年大物理学家泡利也在普林斯顿，他一向对于对称和交互作用有浓厚的兴趣。他曾经用德文粗略地写下一些想法的大要，并且寄给了派斯。几年以后，也在普林斯顿的大物理学家戴森把这个大要翻成英文。那个大要开头有这样的注记："写于1953年7月22日到25日，目的是想要知道它究竟会是什么样子。而它的标题是《介子—核子交互作用和微分几何》。"[9] 泡利自然地对杨振宁要讲的题目感兴趣，因此也成为杨振宁讲学的听众之一。

杨振宁还记得，在他第一天的讲学开始的时候，他刚在黑板上写下第一个公式，泡利马上问道："这个场的质量是什么？"杨振宁说："不知道。"然后他继续他的报告，但是泡利很快打断杨振宁的话，又提出相同的一个问题。杨振宁说他大概说了"这问题很复杂，我们研究过，但是没有肯定的结论"之类的话。杨振宁还记得泡利很快回应："这不是一个理由充分的借口。"杨振宁说他大吃一惊，犹豫了一下，决定坐下来。当时整个场面很尴尬。最后奥本海默说："我们让弗兰克继续说下去吧。"杨振宁于是接着讲下去，而泡利没有再问任何的问题。

杨振宁写道：

我不记得讨论会最后是怎么样的。第二天我收到了下面的这张便条：

亲爱的弗兰克，

很抱歉，你在讨论会上的说法，使我几乎无法再跟你谈些什么。

祝好

诚挚的泡利　上

2 月 24 日

我跑去找泡利谈。他说我应该找薛定谔的一篇论文来看，那上面有相类似的数学表述。[10]

杨振宁回到布鲁克海文实验室以后，找到了薛定谔的这篇论文，论文是讨论在重力场中狄拉克电子矩阵的时空相关表示法。这中间的数学式子，一方面与黎曼几何的方程有关，另一方面又和杨振宁、米尔斯所研究的方程式相类似。杨振宁说，一直到许多年以后，他才了解到薛定谔论文中的数学式子和他们的方程式，都和一种几何观念“纤维丛”（fibre bundle）密切相关，只不过是不同的表示法。[11]

杨振宁和米尔斯回头想要解决他们在整个规范场中间的困难，他们曾经想利用费米处理电磁场的办法，但是那种办法使得计算变得非常复杂，他们的尝试并没有成功。尽管有一些不能够完全处理的困难，但是杨振宁和米尔斯都觉得这篇论文应该发表。

杨振宁曾经写道：“我们应不应该发表这一篇关于规范场的文章？在我们的想法中，这从来不是一个真正的问题。这个想法是很美妙的，应该发表。但是规范粒子的质量如何？我们没有确定的结论，我们只由一种挫折的经验中了解到，非阿贝尔的理论要比电磁场错综复杂。”[12]

所谓非阿贝尔理论就是指杨振宁和米尔斯所讨论的同位旋规范理论。阿贝尔这个名词是来自 19 世纪挪威的数学家阿贝尔（Niels Abel）。在群论的运算中，阿贝尔表示运算是可以交换的，非阿贝尔表示是不可以交换的意思。

1954年的4月，杨振宁和米尔斯为在华盛顿召开的美国物理学会写了一篇文章，题目叫作《同位旋守恒和一个广泛的规范不变性》。文章开始写着：

> 同位旋守恒指出了存在着一个基本的不变定律，这个定律是和电荷守恒定律相类似的……我们试图把这种规范不变性的概念推广到同位旋守恒上面。结果是可能得到一种自然的推广。在电磁场中的那个场，在这里是一个向量场，可以在没有其他场的情况下满足一个非线性方程。[13]

那一年的6月，杨振宁和米尔斯把他们写好的论文投寄到美国《物理评论》杂志，题目是《同位旋守恒和同位规范不变》，文章在1954年的10月1日刊出。这篇论文后来成为影响往后半个世纪物理科学最重要的论文之一。

从今天看来，这篇文章之所以重要，是因为它指出了麦克斯韦方程的唯一推广。这是意义深远的发展，一方面因为麦克斯韦方程是今天物理学、电子工程与通信工程的基础，另一方面推广的主宰观念是广义的对称—广义的规范不变性。而今后的理论物理发展方向，公认是将杨-米尔斯的广义对称再推广。

但是这篇如此重要的论文，起初几乎没有多少人特别注意。杨振宁也曾经说过，他和米尔斯的文章发表以后，除了一次他在哈佛大学讲学时候主动去讲，就再也没有任何一个学校请他去讲有关规范场推广的研究。[14] 这种情形其实并不奇怪，在科学进展的历史中，如果客观上的科学发展没有创造出成熟的条件，促使科学家能够意识到新知识的意义的时候，总是要发生这样的情况的。

接下来是一段长时间的尝试错误和曲折的过程。有美国物理学家格拉肖（Sheldon Glashow）尝试着建立一个将电磁交互作用和弱交互作用结合起来的理论，另外美国物理学家温伯格和一位巴基斯坦裔的

[54c]

Commentary begins page 19

Conservation of Isotopic Spin and Isotopic Gauge Invariance*

C. N. YANG † AND R. L. MILLS
Brookhaven National Laboratory, Upton, New York

(Received June 28, 1954)

It is pointed out that the usual principle of invariance under isotopic spin rotation is not consistant with the concept of localized fields. The possibility is explored of having invariance under local isotopic spin rotations. This leads to formulating a principle of isotopic gauge invariance and the existence of a **b** field which has the same relation to the isotopic spin that the electromagnetic field has to the electric charge. The **b** field satisfies nonlinear differential equations. The quanta of the **b** field are particles with spin unity, isotopic spin unity, and electric charge $\pm e$ or zero.

INTRODUCTION

THE conservation of isotopic spin is a much discussed concept in recent years. Historically an isotopic spin parameter was first introduced by Heisenberg[1] in 1932 to describe the two charge states (namely neutron and proton) of a nucleon. The idea that the neutron and proton correspond to two states of the same particle was suggested at that time by the fact that their masses are nearly equal, and that the light stable even nuclei contain equal numbers of them. Then in 1937 Breit, Condon, and Present pointed out the approximate equality of $p-p$ and $n-p$ interactions in the ^1S state.[2] It seemed natural to assume that this equality holds also in the other states available to both the $n-p$ and $p-p$ systems. Under such an assumption one arrives at the concept of a total isotopic spin[3] which is conserved in nucleon-nucleon interactions. Experi-

* Work performed under the auspices of the U. S. Atomic Energy Commission.

† On leave of absence from the Institute for Advanced Study, Princeton, New Jersey.

[1] W. Heisenberg, Z. Physik **77**, 1 (1932).

[2] Breit, Condon, and Present, Phys. Rev. **50**, 825 (1936). J. Schwinger pointed out that the small difference may be attributed to magnetic interactions [Phys. Rev. **78**, 135 (1950)].

[3] The total isotopic spin **T** was first introduced by E. Wigner, Phys. Rev. **51**, 106 (1937); B. Cassen and E. U. Condon, Phys. Rev. **50**, 846 (1936).

□Reprinted from *The Physical Review* 96, 1 (October 1, 1954), 191–195.

奠定杨振宁成为一代物理学大师地位的正是 1954 年的这篇论文（杨振宁提供）

物理学家萨拉姆（Abdus Salam）合作，在理论中利用杨-米尔斯场来建构他们的向量介子，并且建立起利用两种表述群所描述的电磁和弱交互作用的理论，他们也利用了所谓的“希格斯机制”和“自发失称”的办法，来解决原来杨-米尔斯场论中规范粒子质量的问题。

另外，荷兰的物理学家韦尔特曼（Martinus Veltman）从 20 世纪 60 年代开始就认为，要彻底了解电弱交互作用的理论，必须要解决格拉肖理论里面的一个无穷大的问题，所以他认为寻找出可以重整化的有质量规范粒子的杨-米尔斯场论，是解决无穷大问题极关键的一步。

韦尔特曼自己虽然没有解决杨-米尔斯规范场的重整化问题，但是他的学生霍夫特（Gerardus’t Hooft）以高超的数学能力和技巧，解决了这个杨-米尔斯规范场的重整化问题。消息传开以后，最早没有办法解决这个问题的格拉肖就说过：“这家伙（霍夫特）要不是一个彻头彻尾的白痴，要不就是这些年来物理界最伟大的天才。”[15]

霍夫特确实是物理界的天才。后来他和韦尔特曼继续的一些工作，显现出杨-米尔斯规范场论的深刻意义，也进一步证明电弱理论的可行性。20 世纪 70 年代初期，一些实验结果陆续验证了电弱理论的一些预测，格拉肖、萨拉姆和温伯格三人也因为这个理论成就，得到 1979 年的诺贝尔物理学奖。

在杨-米尔斯规范场论的架构上，格罗斯（David Gross）、波利策（David Polizer）和维尔泽克（Frank Wilczek）三位物理学家，又发展出了描述强交互作用的量子色动力学，也建构起近代粒子物理所谓的“标准模型”理论架构。

杨振宁虽然是杨-米尔斯规范场论的创建者，但是面对后来在这个理论架构上面的许多发展，文章写得并不多。原因是他认为，不应该马马虎虎地把它变成唯象的东西。他曾经在自己的《论文选集》中提到过一个插曲，说起在 20 世纪 60 年代，有些人从纯结构的立场上认为很妙，于是就做唯象的工作，譬如像一位物理学家樱井纯（J. J.

Sakurai）的研究工作，杨振宁就不同意他的想法，因为樱井纯的做法破坏了规范理论中最美妙的观念，也就是规范不变性。[16]

1960 年樱井纯发表了一篇论文，急切地提出了一种强作用的非阿贝尔规范理论。由于杨振宁的反应冷淡，樱井纯后来给杨振宁写了一封信，表达了他的气恼情绪，信上认为杨振宁对他过去两年提出的理论态度冷淡，而且也不鼓励支持。樱井纯写道：

> 你经常告诉年轻理论学家说，理论学家至高无上的任务就是提出一个好实验的建议。但是你 1954 年提出杨-米尔斯理论，却并没有鼓励实验物理学家去寻找“杨-米尔斯粒子”。这是何故？[17]

杨振宁在《论文选集》中继续写道：

> 我记得看信以后坐在那里很长的时间，不知道如何回答他。后来到底回信了没有，我就记不清了。我想，即使我回了信，那必然也只是一些礼貌的客套话，没有实质的内容。[18]

虽然不喜欢唯象研究的方法，杨振宁并不是完全没有做规范理论方面的工作，他后来做的工作是从“费曼图”的方法入手，那个时候费曼也在做类似的工作，但是因为十分复杂，都没有做出来。后来这方面的工作是两个俄国的物理学家法捷耶夫和波波夫（Victor Popov）做成功的。[19]

杨振宁一直到 1967 年才和吴大峻合作写了一篇探讨规范场论的论文，写那篇文章的时候，由于还没有了解规范场论的几何意义，所以并没有走到正确的路途上。杨振宁说，那个时候吴大峻和他也没有意识到，他们所针对的目标，事实上和对称破缺的观念有很大的关系。杨振宁当时有一种先入为主的看法，排斥基本场论中对称破缺的观点。后来发现，他当时的看法犯了一些错误。[20]

杨振宁曾经提到，一位物理学家在 1977 年出版的一本书里面曾经写道："读了杨–米尔斯的论文，就可以看出作者一定明白了规范势的几何意义，因为他们用了规范供变微商和联络的曲率形式，此外，论文中的基本方程将会与由更几何的考虑而推导出来的方程式相符合。"杨振宁说，米尔斯和他 1954 年所做的是麦克斯韦理论的推广。他们并不懂得麦克斯韦理论的几何意义，而且他们也没有从那个方向去看问题。[21]

杨振宁真正了解到规范场论的几何意义是到了 1967 年和 1968 年，那个时候杨振宁考虑到将规范场的概念推广，才了解到不可积相位因子的概念是非常重要的。杨振宁说，从不可积相位因子概念，他了解了规范场公式和黎曼几何的公式是相类似的，也就是说，从数学的观点看来，规范场在根本意义上是一种几何概念。杨振宁理解到这一点以后："喜不自胜，得意之情实难用笔墨形容。"[22]

为了了解规范场的几何意义，杨振宁便去请教他当时任教的纽约州立大学石溪分校的数学系主任西蒙斯（Jim Simons），西蒙斯是一个杰出的微分几何学家，他认为规范场一定和纤维丛上的联络有关系。于是杨振宁就找了著名数学家斯廷罗德（N. E. Steenrod）写的《纤维丛的拓扑学》来看，但是不得要领。杨振宁说，对物理学家来说，近代数学的语言太过冷僻而抽象了。[23]

杨振宁在 1974 年写了一篇论文，讨论规范场中不可积相位因子的想法。由于他还没有完全抓住纤维丛概念的精神，所以还不能够领会规范场概念中必须要有的全局（相对于区域）的考虑。[24]

杨振宁说他是到 1983 年才知道，外尔早在 1918 年就从不可积相位因子的概念出发，来研究规范不变性的概念。杨振宁说，外尔的研究入手方式，表现了他的物理思想的风格，他从积分的方法入手，进而到微分的方法，这是与物理学家不同的。杨振宁说，他和米尔斯是物理学家，所以他们从泡利那里学到了微分的方法，过了很长的时间以后，才体会到也能够用积分的形式入手。[25]

杨振宁逐渐地才了解到，研究场论的物理学家必须学习纤维丛的数学概念。所以在 1975 年初，他邀请西蒙斯在午餐的时间，来给他和他的同事做一系列关于微分型和纤维丛的讲座。杨振宁由此学到许多数学的定理，也了解了一些物理实验的数学意义。这使得杨振宁和吴大峻意识到，规范场具有全局性的几何内涵，这个和物理学家所谈的全局相位因子是不一样的。这种内涵可以用纤维丛的概念表示出来。[26]

1975 年杨振宁和吴大峻合作，写了一篇论文，讨论不可积相位因子、纤维丛和规范场的全局内涵。他们的论文说明了，规范相位因子给电磁学提供了一个真实而且完整的描述。[27] 杨、吴的文章中有一个“字典”，列出了物理学家的规范场语言与数学家的纤维丛语言的对应。这个“字典”后来引导出数学家对规范场的数学结构的研究，在数学的拓扑学中有了深远的影响。

1983 年，格拉肖、萨拉姆和温伯格的“电弱理论”所预测的中间向量玻色子 W（等同于杨-米尔斯理论中的规范粒子）和粒子，在瑞士日内瓦欧洲核子研究中心的实验探测器上找到了，这个发现，可以说进一步肯定了“电弱理论”以及整个粒子物理理论规范的“标准模型”。找到 W 和 Z 这两种粒子的意大利实验物理学家鲁比亚（Carlo Rubbia）和发展加速器技术的荷兰物理学家范德米尔（Simon van der Meer）共同得到 1984 年的诺贝尔物理学奖。

在 20 世纪下半叶的物理科学发展中，电弱理论和量子色动力学，以及粒子物理整个理论规范的所谓“标准模型”，是极为关键的重大成就，引领着整个物理科学发展的走向。而这些理论都是在“杨-米尔斯理论”非阿贝尔规范场的数学结构之上发展出来的，这也就看得出来“杨-米尔斯理论”对物理科学影响的深远。

今天物理学界一致的看法都认为：“杨-米尔斯理论”是一篇干净而漂亮的论文，也是 20 世纪物理科学上伟大的贡献，而且杨振宁这个工作的重要性，远远超过了他和李政道合得诺贝尔奖的宇称不守恒的工作。[28]

曾经和杨振宁同在普林斯顿高等研究院，后来一直留在高等研究院的著名物理学家戴森，是杨振宁最为推崇的物理学家之一。戴森就认为，显然杨振宁在提出“杨-米尔斯理论”的时候，并没有看出其中完全的物理意义，但这确实是 20 世纪下半叶物理科学上最重要的一个理论。戴森以为，除了“杨-米尔斯规范场论”之外，另外一个重要的理论是盖尔曼提出的“夸克模型”。[29]

曾经和杨振宁合写过论文的普林斯顿大学著名物理学家崔曼也说，杨振宁的物理风格非常优美，而“杨-米尔斯理论”正是这样一个优美风格的工作。后来物理科学上发展出来的“电弱理论”“量子色动力学”和粒子物理“标准模型”等许多理论，虽然都是建立在“杨-米尔斯理论”之上，但是杨振宁却一直没有在这些方向上做研究。崔曼说，他曾经和杨振宁谈过，但是杨振宁对于后来的这些发展方向有着质疑，不愿意加入争逐的热潮，一直坚持着他自己原来的步调和风格。[30]

被杨振宁请到石溪理论物理研究所来，后来接续杨振宁成为石溪理论物理研究所所长的范 · 尼乌文赫伊曾，在杨振宁的退休研讨会上说：“杨-米尔斯理论在 20 世纪物理科学上的地位，就好像麦克斯韦电磁理论在 19 世纪物理科学的地位一样。”[31]

康奈尔大学著名理论物理学家颜东茂曾经在文章中写道：“在物理科学的历史中，杨-米尔斯规范场论的重要性，无疑只有牛顿的重力理论、麦克斯韦的电磁理论和爱因斯坦的广义相对论可以与之相提并论。量子力学是同等重要的另一项发展，但它是完全不同的一个范畴。”[32] 另外也有物理学家写文章，把“杨-米尔斯理论”所提出的规范方程，列入近代物理科学 300 年来九组最重要的方程之一。[33]

杨振宁提出了拥有如此美妙数学结构的规范场论，他自己确实也意识到这个理论在物理科学上可能要有的重要意义。杨振宁后来曾经讲到，他 20 世纪 70 年代有一天在洛克菲勒大学访问，在学校的咖啡厅碰见大物理学家维格纳，两人如何讨论费米最重要物理贡献的故事。

杨振宁说，维格纳认为费米最重要的贡献，是他在 1934 年发表的 β 衰变理论。杨振宁不同意，他认为费米 1926 年所做的费米–狄拉克统计更为重要。维格纳说不对，他说你要看费米 β 衰变理论对当时的影响，尤其他中间为电子的波函数所做的一个创造性的概念，是非常重要的。杨振宁于是对维格纳说，费米做的这个东西其实在 20 世纪 20 年代维格纳和约尔旦（Pascual Jordan）早就做过，费米只是把它拿来用了而已。维格纳说，但是一直到费米拿来用了以前，他们完全没有想到这个东西可以用在物理上。[34]

杨振宁曾经在科学会议上讲过这个故事。1999 年在纽约州立大学石溪分校替他办的退休研讨会上，杨振宁又再讲过一次。同样提到这个故事的戴森认为，这似乎或多或少代表着杨振宁对于自己当时创造出的那个理论在科学历史处境上的一种看法。[35]

正如同和杨振宁一起提出这个理论的米尔斯曾经写过的："量子规范理论是否足够美，以至于它是真确的?"杨振宁和米尔斯当年虽然是从两个有实验证据的物理概念——电磁场论和同位旋守恒出发，但是他们的成功，确实是因为整个理论的数学结构非常美，符合了杨振宁对于物理理论基本的信念。因为这个缘故，刚开始的时候，大家都把"杨–米尔斯理论"看作是数学，而不是物理，也许是这样一个普遍的印象，甚至有一回哈佛大学要邀请一个物理学家去做讲座，结果有些人认为杨振宁是一个数学家而没有请他去。[36]

杨振宁由推广"杨–米尔斯理论"经验中领悟到的完美数学结构和物理自然现象中的一种相关性，对于科学界的思想产生了重大的影响。1976 年夏天，麻省理工学院的数学教授辛格（I. M. Singer）到纽约州立大学石溪分校访问，并且和杨振宁做了许多讨论。辛格原来在大学学的是物理，20 世纪 40 年代转入了数学系做研究生。他 1985 年的时候写道："30 年后，我发觉自己在牛津大学讲规范场理论，自吴大峻和杨振宁的一张对照表讲起，结果是得到了瞬子（instanton），即杨–米尔斯方程的自对偶解。做了 30 年的数学，似乎我又回到物理学了。"[37]

另外，英国著名的数学家，曾经担任过英国皇家学会会长的阿蒂亚（M. F. Atiyah）在他的《论文选集》以“规范场理论”为副题的第五卷前言中写道：“从 1977 年开始，我的兴趣转向规范场理论以及几何学和物理学间的关系。一直以来，我对理论物理的兴趣不大……1977 年的动因来自两方面：一是辛格告诉我，由于杨振宁的影响，杨-米尔斯方程刚刚开始向数学界渗透。”[38]

对于这一切的发展，对于他自己提出的一个数学结构美妙的理论后来在物理科学上所带来的新观念的蓬勃发展，以及由进一步推广的深层意义中所看到的规范场论和数学几何概念的关联性，都使得杨振宁惊讶不已并且深获启发。他曾经写道：

> 20 世纪 60 年代和 70 年代关于规范场论的论文数不胜数，要把它们罗列出来是不可能的。其中特别重要的有，韦尔特曼的一个学生霍夫特所做的关于重整化的出色工作，以及格拉肖、温伯格和萨拉姆所发展的模型的成功。关于渐进自由、大统一和量子色动力学以及量子幽禁等激动人心的观点，都显现出蓬勃发展的新近局面。但是我依然相信，仍然缺少一些基本的新观念。举例来说，引进一个场来使得对称破缺，或许就像费米的 β 衰变理论，是一个很好的暂时理论，不过它却不会是最后的终极理论。[39]

当这些发展显现出所有的交互作用都是规范场之后，杨振宁提出了一个基本的原则，那就是“对称原理决定交互作用”。他曾经说过，第一个应用这个原理的人是爱因斯坦，他在广义相对论中就应用了这个原理，而非阿贝尔规范场可以说是后来的一个应用。[40]

20 世纪 70 年代中期，霍夫特完成非阿贝尔规范场的重整化工作以后，后来又有格拉肖、温伯格和萨拉姆电弱理论和量子色动力学的发展，许多人已经在谈论杨振宁是不是可以再一次得到诺贝尔奖。杨振宁芝加哥大学时代的老师泰勒，1982 年在祝贺杨振宁 60 岁生日的一篇文章中就提到，杨振宁应该再次得到诺贝尔奖。[41]

1995 年，美国历史最悠久的富兰克林学会，将那一年他们地位崇隆的鲍尔科学成就奖颁给了杨振宁。在鲍尔奖的颂辞中写道："基于（他）所提出的一个统合自然界物理定律并提供我们对宇宙基本作用力了解的一个广义场论，他的这个理论，是 20 世纪解释次原子粒子交互作用的一个观念杰作，在过去的 40 年中，已经深刻重塑了物理和近代几何的发展。这一个理论模型，和牛顿、麦克斯韦和爱因斯坦的工作相提并论，必将对未来世代有着足堪比拟的影响。"[42]

1999 年 10 月，瑞典皇家科学院宣布将那一年的诺贝尔物理学奖，颁给完成非阿贝尔规范场重整化工作的霍夫特和韦尔特曼二人。那一年 5 月间曾经到石溪参加杨振宁退休研讨会，却完全没有透露自己已身罹癌症的米尔斯，也在那一个月中病逝，似乎再一次展现了他的谦逊。

诺贝尔奖没有再颁给杨振宁，但是无损他在这个工作中给物理科学带来的深远影响。

注 释

1 Robert Crease and Charles Mann, *The Second Creation*, New York: Macmillan, 1986, p. 190.

2 杨振宁演讲:《外尔对物理学的贡献》, 1985年纪念外尔诞生一百周年大会; 原载于中国《自然杂志》, 第九卷, 第十一期(1987年); 后收入《杨振宁文集》, 上海, 华东师范大学出版社, 1998年, 第490页。

3 同上。第492—493页。

4 Chen Ning Yang, *Selected Papers 1945-1980 with Commentary*, New York: W. H. reeman, 1983, p. 19.

5 同上。

6 Robert Mills, "Gauge Fields," *American Journal of Physics* 57.6 (1989): 493—507. 该文中译文发表于中国《自然杂志》, 第十卷, 第八期, 第563—577页。

7 Chen Ning Yang, *Selected Papers 1945-1980 with Commentary*, New York: W. H. Freeman, 1983, p. 20.

8 同上。p. 173。

9 同上。p. 20。

10 同上。

11 同上。

12 同上。p. 21。

13 同上。p. 171。

14 杨振宁:《杨振宁文集·科学人才的志趣、风格及其他在美国和复旦大学倪光炯教授的谈话》, 上海, 华东师范大学出版社, 1998年, 第416页。

15 Robert Crease and Charles Mann, *The Second Creation*, New York: Macmillan, 1986, p. 326.

16 杨振宁：《谈谈物理学研究和教学》，原载于《中国科技大学研究生院学报》，1986 年 10 月；收入《杨振宁文集》，上海，华东师范大学出版社，1998 年，第 518 页。

17 Chen Ning Yang, *Selected Papers 1945-1980 with Commentary*, New York: W. H. Freeman, 1983, p. 49.

18 同上。

19 杨振宁访问谈话，1998 年 11 月 2 日，纽约长岛石溪家中。

20 Chen Ning Yang, *Selected Papers 1945-1980 with Commentary*, New York: W. H. Freeman, 1983, p. 67.

21 同上。p. 74。

22 同上。p. 73。

23 同上。

24 同上。

25 杨振宁演讲：《外尔对物理学的贡献》，1985 年纪念外尔诞生一百周年大会；原载于中国《自然杂志》，第九卷，第十一期（1987 年），李炳安、张美曼译；后收入《杨振宁文集》，上海，华东师范大学出版社，1998 年，第 499 页。

26 Chen Ning Yang, *Selected Papers 1945-1980 with Commentary*, New York: W. H. Freeman, 1983, p. 75.

27 同上。

28 这种看法已经是物理学界的一个共识。

29 戴森访问谈话，1999 年 5 月 22 日，纽约州立大学石溪分校杨振宁退休研讨会会场。

30 崔曼访问谈话，1998 年 10 月 29 日，普林斯顿大学物理系办公室。

31 范·尼乌文赫伊曾访问谈话，1999 年 9 月 8 日，纽约州立大学石溪分校办公室。

32 Dong Mao Yan, "Professor C. N. Yang's Impact on Physics," *Chen Ning Yang: A Great Physicist of the Twentieth Century*, ed. C. S. Liu and S. T.

Yau, Boston: International Press, 1995, p. 453.

33 李炳安、邓越凡:《杨振宁——20世纪一位伟大的物理学家》，甘幼玶译，丘成桐、刘兆玄编，桂林，广西师范大学出版社，1996年，第128页。他们列出的九组方程是：一、牛顿的运动与引力方程；二、热力学第一与第二定律；三、麦克斯韦方程组；四、统计力学的基本方程；五、狭义相对论方程；六、广义相对论方程；七、量子力学的方程；八、狄拉克方程；九、杨振宁-米尔斯方程。

34 杨振宁访问谈话，1999年5月8日，纽约州立大学石溪分校办公室。

35 戴森访问谈话，1999年5月22日，纽约州立大学石溪分校杨振宁退休研讨会会场。

36 郑洪访问谈话，1998年10月23日，波士顿麻省理工学院办公室。

37 I. M. Singer, "Some Problem in the Quantization of Gauge Theories and String Theories," *Proc. Symposia in Pure Math.* 48 (1988): 198-216. 译文引用自张奠宙译,《杨振宁文集·杨振宁和当代数学》，上海，华东师范大学出版社，1998年，第733页。

38 M. F. Atiyah, *Collected Works* Vol. 5.: Gauge Theories, Cambridge, England: Cambridge University Press,1988, p. 1. 译文引自张奠宙译，《杨振宁文集·杨振宁和当代数学》，上海，华东师范大学出版社，1998年，第733页。

39 Chen Ning Yang, *Selected Papers 1945-1980 with Commentary*, New York: W. H. Freeman, 1983, p. 67.

40 倪光炯:《杨振宁教授一席谈》，原载于中国《百科知识》，1987年(第一、二期)，后收入《杨振宁文集》，上海，华东师范大学出版社，1998年，第417页。

41 Edward Teller, *Gauge Interactions: Theory and Experiment*, ed. A. Zichichi, New York: Plenum Press, 1984.

42 Citation, The Bower Awards, 1995.

第十章 统计物理集大成

1999 年 5 月 22 日，杨振宁与“杨-巴克斯特方程”的巴克斯特于石溪留影（杨振宁提供）

就某种标准来看，到 19 世纪末，古典物理科学的发展可以说已经达到令人赞叹的程度：其整个理论结构和谐、内容齐备。那个时候，对于宇宙结构的描述，建立在两个重要的支柱之上，那就是牛顿力学和麦克斯韦的电磁理论。曾经有一个欧洲的科学家形容当时物理科学内容的精妙，已经达到西方基督教上帝创世的水平，麦克斯韦的电磁方程式就好像《圣经·创世纪》中的上帝创造了“光”，而天体运转则服从牛顿力学的规范。

物理科学的第三块基石就是热力学。这门科学源于工业革命中对蒸汽机的科学研究，后来发展出所谓能量守恒的概念，而一般常常被人们提起的所谓热力学第二定律中“熵”的观念，却不能够完全解释物理现象中所谓不可逆这个概念的矛盾，也就是说，热力学第二定律的绝对有效性，事实上是一个高度基于概率的论断。

19 世纪伟大物理学家麦克斯韦在给英国物理学家瑞利爵士（Lord Rayleigh）的一封信中曾经写道：“热力学第二定律真确的程度，就好像说‘你将一杯水倒入海中，你不可能再把同样的一杯水从海中舀出来’的叙述是一样的。”[1]

为了弥补力学现象以及电磁现象都是可逆而热力学不可逆的缺陷，于是有科学家引入概率的概念来解决这个问题，这便是统计力学。统计力学的奠基者，包括了伟大的物理学家麦克斯韦、出身维也纳的物理学家玻尔兹曼（Ludwig Boltzmann），以及当时受到大多数物理学家忽略的美国物理学家吉布斯（Josiah Willard Gibbs）等人。统计力学使得物理学家可以处理超越热力学范围的问题，它的效力可以应用在多粒子的系统，从物理术语上来说，就是可以应用在多个自由度的问题之上。

古典的统计力学的一个重要结果，是麦克斯韦在提出“决定单原子气体速度分布的定律”时发现的，后来玻尔兹曼和其他物理学家也在上面做了许多工作。20 世纪开始，德国物理学家普朗克（Max Planck）在他的黑体辐射定律中提出了一个成功的黑体辐射公式，这个公式虽然是靠运气猜对的，但是其中用了不同于古典统计力学的办法。到 20 世纪 20 年代，量子力学发展以后，物理学家在统计力学中，已经有了玻色–爱因斯坦统计和费米–狄拉克统计两种不同的形式。

杨振宁在他的物理科学生涯中，第一次接触统计物理，是他在昆明西南联大做学生的时候。那个时候在西南联大教书的王竹溪，是英国剑桥大学物理学家福勒（R. H. Fowler）的学生，其毕业论文是讨论相变的问题。那个年代讨论物质的所谓相变，譬如由固体变成液体或气体，是一个热门的题目，有许多物理学家在这一方面做了许多的工作。

杨振宁记得，大概是 1940 年或者 1941 年，王竹溪在西南联大做了一个系列的讲座，介绍当时科学上这一方面的重要工作。杨振宁说，他去听了这些讲座，虽然那些讲座的内容超出了他当时的认知范围，但是这些讲座却对他后来的科学经历有决定性的影响，因为通过这些讲座，他知道了相变理论的重要性。[2]

1942 年杨振宁由西南联大毕业以后，继续进了西南联大的研究院。为了准备硕士论文，他开始研究统计力学，他的导师就是王竹溪。后来在他 60 岁出版的杨振宁《论文选集》中所选的第一篇文章《超晶

王竹溪教授。杨振宁统计物理方面的工作，是在西南联大受到王竹溪启发而开始的（杨振宁提供）

格》，就是关于统计力学方面的工作，也是他在西南联大硕士论文的一部分。[3]

1944 年或 1945 年的某一天，杨振宁听王竹溪说起，昂萨格已经得到二维伊辛模型的一个准确解。杨振宁说，王竹溪是一个沉静而内向的人，但是那一天他显然是相当的兴奋。杨振宁说，半个世纪之后他依然记得，王竹溪在告诉他关于昂萨格解决二维伊辛模型的论文的时候，语气中充满钦仰和兴奋之情。[4]

昂萨格是一位出生在挪威的著名科学家，他因为在热力学不可逆理论方面的重要贡献，后来得到 1968 年的诺贝尔化学奖。昂萨格在科学上研究的范围广泛，除了化学之外，自 1944 年的文章开始，在统计物理方面也有极为重要的贡献。

杨振宁当时就找来昂萨格的论文研究，发现这篇文章很难读懂，原因是昂萨格在论文中只是详细叙述其中一步步的步骤，而没有明白说出他求解的策略思想。杨振宁说他读这篇文章的时候，感觉到好像被人牵着鼻子转圈，一直到解答突然掉出来。杨振宁说，这种研究昂萨格的论文因不得要领而令人沮丧的历程，从西南联大到芝加哥大学，一直困扰着他。[5]

1946 年，杨振宁进入芝加哥大学的物理系，他依然对相变理论保持着强烈的兴趣。不过那时候在芝加哥大学，却没有人真正对相变理论有浓厚的兴趣。在芝加哥大学任教的物理学家约瑟夫 · 梅耶，虽然在 20 世纪 30 年代曾经提出过相变方面的一个理论，引起过物理学界极大的兴趣，但是那个时候对于相变理论也是兴趣缺失的。[6]

杨振宁在芝加哥大学除了粒子物理之外，依然通过种种努力来研究相变的问题。而其中一个方向就是去弄懂昂萨格的文章，可是没有成功。

1949 年秋天，杨振宁到了普林斯顿高等研究院，那时候杨振宁和大家一样都在研究场论和粒子物理。11 月初的一天，杨振宁由普林斯顿镇中心帕默广场搭乘到高等研究院的交通车，同车的一位物理学家卢廷格告诉他说，昂萨格的一个女学生，也就是后来成为爱因斯坦助手的考夫曼，已经把昂萨格二维伊辛模型的代数表示法简化了，使得昂萨格论文思想的策略方针变得清晰简单。

杨振宁因为对于昂萨格原来的代数表示法很熟悉，所以很快就掌握了昂萨格和考夫曼简化解法的要点。那一天，他一到高等研究院，就推导出昂萨格和考夫曼解法的关键步骤，因为终于完全了解昂萨格的解法而感到非常高兴。

那天下午杨振宁去找卢廷格，提议两人合作把昂萨格和考夫曼的解法做进一步的推广，但是卢廷格因为当时在做其他的题目，不想分心做这个问题。后来杨振宁想了一下，觉得把这个问题推广的做法不够挑战，所以自己也放弃了。[7]

可是杨振宁并没有放弃这方面的问题。他后来了解到，昂萨格和考夫曼的解法，事实上个中另有深意，由其出发，可以得到更多的结果。1951 年 1 月，杨振宁正式开始他在这个领域里的深入研究工作。

他后来对于这一段研究经历写过一个回忆：

> 于是我做了漫长的计算，这是我的物理生涯中最长的计算。这个过程充满了局部的战术上的机巧，计算的过程可说是峰回路转，遭遇到许多的障碍，但是总在几天之后找到一个新的诀窍，指出一条新的途径。麻烦的是，我很快就感到像是进了迷宫，而且总不能够确定在经过这么多转折之后，我是否比刚开始的时候更接近了目标。这种战略上的总评估非常令人沮丧，有好几次我几乎要放弃了。但是每一次总有某些事情又把我拉回来，通常是一个新的战术上的诀窍使得情况变得豁然开朗，而这往往也仅是局部的。
>
> 最后，经过六个月断断续续的工作，所有部分片段突然变得可以衔接，产生了奇迹般的各项相消的情况，我瞪眼看着令人惊讶的简单的最后结果……[8]

由于杨振宁的计算中有一些极限的过程不太严格，于是他就把这些方程式的展开式和另外三位物理学家做过的展开式相比较。因为那三位物理学家所做过的展开式到 X 的十二次方是正确的，所以杨振宁就把他自己的展开式和那三位物理学家的展开式比较到 X 的十二次方，结果发现两者完全一致，这才使他感到完全放心。这个结果是伊辛模型的自发磁化，杨振宁虽然在国内也发表过几篇统计力学方面的论文，但是这却是他在严格的统计力学方面的第一个工作。[9]

一年以后，杨振宁到西雅图的华盛顿州立大学去访问，在那里碰到一个中国来的研究生张承修；杨振宁于是向张承修提出建议，说也许可以把他一年前的工作，由方晶格磁化推广到一个长方形晶格磁化。张承修接受杨振宁的建议，花了几个月得到推广的结果，写成了一篇论文。在张承修的论文结尾有一段话，指出在二维空间中方晶格和长方形晶格得到同一个 β 值，都是八分之一，这也许具有普适性。杨振宁认为，张承修的论文包含了对临界指数具有普适性的最早推论。[10]

1951 年的秋天，杨振宁和由他介绍来到普林斯顿高等研究院的李政道合作，继续在他前一年伊辛模型的工作上进一步研究。杨振宁说，昂萨格做的是关于比热方面的计算，他的推广是做了磁化的计算，再接下去应该就是做磁化率（susceptibility）的计算；从数学的角度来说，昂萨格做的是原来的计算，接下来杨振宁做的是它的微分，再下去就应该是做微分的微分。

杨振宁说，他当时就看得很清楚，昂萨格的计算里面，内容非常广泛，并不仅仅是比热，所以他就先做了他的第一个微分，也就是磁化；那么接下去还有第二个微分、第三个微分，可以继续做下去，而这些工作都有准确的公式可以依循。

1951 年秋天开始，杨振宁和李政道合作开始计算磁化率，也就是昂萨格的计算的第二个微分。他们做了几个星期以后，发现太复杂了，是一个愈运算方程式愈长的问题，于是他们只好改变方向。[11]

他们转变研究的对象，一个是关于格气；另外一个是由物理学家约瑟夫·梅耶所提出的，用单一数学表示来描述相变中不同相的凝聚理论。这个理论杨振宁是在西南联大王竹溪的一系列演讲中得悉的。

到了 1952 年的春天，他们写出了两篇很有价值的论文，一篇是针对约瑟夫·梅耶的凝聚理论，做了更进一步的开展；另外一篇是讨论格气和伊辛模型方面的问题，这篇文章里面有一个很有名的定理，后来被称之为单位圆定理，成为讨论热力学的一个重要工具。

对于单位圆定理研究的最后过程，杨振宁在 1969 年给数学家卡茨（Mark Kac）的一封信上有一段描述：

> 第二天早上，我开车载李政道去买几棵圣诞树，在车上我把证明的方法告诉了他。稍晚，我们去了研究院；我还记得在黑板上给你讲述了这个证明方法。
>
> 这一切我记得十分清楚，因为我对这个猜测和其证明都感到很得意。这并不是那么伟大的贡献，但是我满心欢喜地把它当作一个小小的杰作。[12]

杨振宁和李政道的论文发表以后，受到对于统计力学非常有兴趣的伟大物理学家爱因斯坦的注意，还曾经要他的助手考夫曼来请杨、李二人去和他谈了一次话。

1952 年到 1953 年，荷兰的物理学家德波尔（J. de Boer）到普林斯顿高等研究院访问。德波尔是当时大家公认对液氦的理论和实验知识最丰富的物理学家，所以杨振宁请他做了关于液氦的一系列演讲。杨振宁说他从这些演讲中获益良多，对于液氦超流体性质发生了浓厚的兴趣，并且想了解玻色–爱因斯坦凝聚和超流体性质之间的关系，但是当时并没有得到有价值的结果。

1955 年，麻省理工学院的物理学家黄克孙到普林斯顿高等研究院来访问，并且介绍费米的“准位能”方法给杨振宁，这再度激起他对液氦问题的兴趣。从 1955 年到 1959 年，杨振宁和黄克孙以及后来和李政道合作，对于玻色系统的性质做了许多探索，直到 1960 年底，杨振宁暂时停止了这一方面的工作。[13] 1995 年以后，杨振宁又回到此领域做了一些研究。

1961 年春天，杨振宁到加州的斯坦福大学做了几个月的访问，那个时候在斯坦福大学有一位实验物理学家费尔班克（William Fairbank）和他的学生迪弗（B. Deaver）正在做关于超导体的磁通量量子化的实验。费尔班克是一个很好的实验物理学家，他来斯坦福大学以前，曾经在杜克大学做过一个很漂亮而且重要的实验，他的那个实验是后来奠定相变理论一系列实验的头一个。

杨振宁一到斯坦福大学，费尔班克就把他和他学生所做的实验计划告诉杨振宁，并且问杨振宁，假如他们真的发现了磁通量量子化的现象，那么从理论方面来看，这是一个新的、原理性的现象，还是由已知的物理学原理就可以推导出来的?

杨振宁曾经看过费尔班克在杜克大学的实验设计，对于他的实验设计的优美构思和实验结果，印象深刻。费尔班克在斯坦福大学的实验同样非常困难，但是杨振宁在费尔班克问他以前，并没有想过关于磁通量量子化的问题，所以并不能够回答他的那个问题。[14]

所谓磁通量量子化，是发生在超导管或者环上的一种宏观量子现象，这种现象的理论最早是 20 世纪 50 年代著名物理学家伦敦和昂萨格提出过的。杨振宁和那个时候在斯坦福大学的女物理学家拜尔斯（Nina Byers）合作开始研究这个课题，他们逐渐地认识到，虽然伦敦和昂萨格对超导环中可能存在磁通量量子化的看法，具有令人瞩目的洞察力，不过他们的推论却不对。而这个问题最完整的、由伦敦在他的名著中所做的讨论，却建立于一个完全不正确的假设之上。

起初杨振宁和拜尔斯还弄不明白，根据已经知道的物理学原理，到底超导环中是否应该有磁通量量子化。费尔班克的实验初步结果极

杨振宁和黄克孙（右）合写过统计物理的论文（杨振宁提供）

不准确，可是费尔班克说他已显示出磁通量量子化。但是杨振宁、拜尔斯和一位得到诺贝尔物理学奖的布洛赫三个理论物理学家，都持怀疑态度。

后来杨振宁回到东岸去了几天，回来以后费尔班克和迪弗开始用第二个超导环的样品做实验，结果他们的图表上出现了漂亮的“（能量）阶梯”。这种现象，即使是理论物理学家也看得出来，确实存在着磁通量量子化现象。[15]

差不多同时，杨振宁和拜尔斯已经弄明白了，磁通量量子化并不是一个新的物理原理，是用古典的统计力学加上量子力学，再加上麦克斯韦方程，就可以推导出来的。他们把这个结果写成了一篇论文，纠正了伦敦的错误假设。

杨振宁对于这一段经历有一个心得：

> 迪弗和费尔班克实验初步结果的这一个经验，使我再一次认识到，每一个领域中间的专家，确实能察觉一些未经训练的外行人所不能够察觉的事物。但是，我还是相信，布洛赫、拜尔斯和我的怀疑态度是健康的。不人云亦云对我们物理学术的进展是重要的。当然，反过来也同样对（也许更对）：实验物理学家绝不能被理论物理学家吓倒。[16]

后来杨振宁继续写下一个故事，来强化他关于实验物理学家应如何面对理论物理学家的看法。他写道：

> 一百年前，麦克斯韦写信告诉法拉第，他努力地在将法拉第的物理思想表达为数学的语言。1857 年 3 月 25 日法拉第回信写道：
>
> 尊敬的阁下：
>
> 收到您的论文，深为感谢。我并不是说我要感谢您是因为您谈

> 论了“力线”，而是因为知道您所做的是为了哲学的真理；而您必然以为这项工作令我开心，并且鼓舞我进一步去思考它。当我看到用您这样大的数学力来针对这样的主题，起初差一点吓坏了，后来才惊讶地发现它处理得如此之好。[17]

杨振宁 1961 年在磁通量量子化这一方面的工作，后来和物理科学中重要的量子霍耳效应有密切的关系。另外，杨振宁由于对 20 世纪 50 年代一个重要的阿哈罗诺夫-玻姆（Aharonov Bohm）实验深感兴趣，他根据在超导环中磁通量量子化现象的研究，在 1983 年一个会议上建议一位实验物理学家，利用超导环重做阿哈罗诺夫-玻姆实验，此建议导致 1986 年一个极准确的重要实验结果。

1961 年的这些工作，使得杨振宁对于在极低温度的液氦会从容器爬出来的超流体现象，以及很低的温度下液氮会变成完全没有电阻的超导体之物理理论，发生了浓厚的兴趣。对于液氦超流体的研究，杨振宁注意到昂萨格和另外一位物理学家彭罗斯（O. Penrose）最早提出来的关于在玻色子交互作用中的玻色凝聚的概念，他也了解到超导理论中所谓的 BCS 理论和库珀电子对机制的重要意义。[18]

BCS 理论解释了超导是因为电子对的玻色凝聚而造成的，其中的波动方程式掌握了凝聚的本质，但是这个本质内涵又是什么呢？杨振宁想弄明白凝聚的本质，也就是说，他想弄明白一个费米子和玻色子交互作用系统中玻色凝结的定义是什么。1961 年到 1962 年的冬天，杨振宁深入地研究这个问题，将结果写成了一篇论文《非对角长程序及液氦和超导体的量子相》。杨振宁说，这是他非常喜欢的一个工作。[19]

所谓的“非对角长程序”，就是说在一个条件之下，一个运动系统就会有超流体或者超导的现象。杨振宁 1962 年的这一篇文章指出来，BCS 理论之所以正确，是因为他们猜出了一个波动函数，而这个函数具有非对角长程序。但是 BCS 理论并不能证明超导现象和这个猜出来的波函数是什么关系，严格地说，这个波函数并不是理论模型的解，

杨振宁和以色列物理学家阿哈罗诺夫（中）以及外村彰（Akira Tonomura，右）1983 年访问日本的日立实验室（外村彰提供）

或者可以笼统地说，只是一个近似的解。

杨振宁接下去想继续做的一个工作方向，是看看能不能找到一个简单的模型，而在这个模型里可以严格证明，模型的波函数具有非对角长程序。

杨振宁在这一个方向上工作了好几年，其中也曾经和他的弟弟杨振平以及哈佛大学的吴大峻合作，找出一些模型，但是其中许多的工作都没有发表，原因是杨振宁对这些工作不大满意，因为这些模型都有点太牵强，使他觉得不容易与实际发生关联。[20] 杨振宁在这方面的努力虽然并未达到原来的目的，却引导出来一个新的重要领域，叫作“杨–巴克斯特方程”。

在做这些问题的过程中，杨振宁特别注意到著名物理学家贝特（Hans Bethe）20 世纪 30 年代提出的一个想法。在 1965 年他研究一个问题，看看用贝特的想法解出来的模型有没有非对角长程序。有一天他和杨振平讨论的时候，突然想到自贝特以来求解中间碰到的困难，如果利用另外一个三角函数，就可以避免最关键地方的困难。

1966 年他和杨振平合写的一系列文章中，特别将他们所利用到的贝特的想法叫作“贝特拟设”（Bethe ansatz）。随后几年，杨振宁和杨振平以及杨振宁在石溪的第一个学生萨瑟兰等人继续研究那些利用贝特拟设的问题。现在贝特拟设在统计物理中已经生根，许多人在贝特拟设上做了许多的工作，杨振宁等人当年论文的方法和结果，在场论中也变得有用了。

1967 年的 11 月和 12 月，杨振宁写了两篇论文，把当时一个比较小范围的热门问题，用一些群论的方法，以及“广义贝特拟设”解决了。在研究这个问题的过程中，杨振宁写下来一个方程式，这个方程式对于证明广义贝特拟设是对的，具有关键的重要性。

1972 年，澳洲的物理学家巴克斯特（R. Baxter）为了了解统计力学中一些新的模型，写出了一组方程式。到 20 世纪 80 年代初期，俄

1984 年夏天，吴大峻（左）到荷兰访问与杨振宁的合影，杨振宁那时在荷兰的莱顿大学任劳伦斯教授，两人在统计物理领域做过重要的工作（杨振宁提供）

国物理学家法捷耶夫和他的学生继续在这个方向上做研究，并且指出杨振宁 1967 年所提出的矩阵方程，和巴克斯特的方程是一样的，只是写法不同，于是他们就用了“杨–巴克斯特方程”这样一个名称。

杨–巴克斯特方程后来在物理和数学方面有许多重要的发展，尤其是数学方面：杨–巴克斯特方程已经被认为是与许多种数学的分支有关的一个基本数学结构，这些数学的分支包括拓扑学中间的结理论和辫子理论、三维拓扑，另外还有量子群、微分方程和算子理论以及代数等等。

1990 年 8 月在日本京都举行的国际数学大会上，四年一度的有数学诺贝尔奖之称的菲尔兹奖颁给四位数学家，其中三位的工作都与杨–巴克斯特方程有关。

杨振宁认为，一些物理学家认为杨–巴克斯特方程是纯数学的看法将会改变。因为杨–巴克斯特方程是一种基本的结构，无论物理学家喜不喜欢，最终必然要使用它。他也举了一个例子说，在 20 世纪 20 年代，许多物理学家也称数学的群论为“群害”，但是 30 年代以后这种说法就消失了。[21]

杨振宁这些由物理概念出发而发展出来的具有基本数学结构的理论工作，随着时间的演进，总是慢慢显现出在物理方面的深层意义。譬如他 20 世纪 50 年代所做的昂萨格伊辛模型解的推广，当时被认为纯粹是一种数学的好奇，没有真正的物理意义，甚至那个时候还有一种“得了伊辛病”的说法，但是后来发现这不但和相变理论相关，甚至与场论也有密切的关系。

20 世纪 60 年代杨振宁所做的非对角长程序的工作，也是一篇非常重要的文章。杨振宁曾经推断，这方面的想法也许和目前高温超导研究不能完全解决的机制相关，而它的重要性还没有完全发挥出来。[22] 20 世纪公认继爱因斯坦之后最重要的理论物理学家狄拉克，就非常欣赏杨振宁的这个工作，并认为这个工作应该是他做的[23]。

杨振宁自己对于科学传统的重要性，有深刻的领悟。他曾经写过一篇短文，描述自己和统计力学代表人物昂萨格几次科学上的邂逅。他不但提到最早的所谓的二维伊辛模型解的推广工作，是由昂萨格的工作出发的，还回忆1953年在日本东京—京都会议聆听昂萨格的演讲，以及他1961年访问斯坦福大学对于昂萨格深刻物理内涵的再一次认识，而他后来所做的非对角长程序工作，也受到昂萨格这篇论文的启发。[24]

1965年3月，杨振宁和昂萨格以及另外两位物理学家，受邀到肯塔基大学讲统计力学。在那一次有趣的行程之后，杨振宁和昂萨格在飞机场候机，杨振宁于是有机会问起这位统计力学的前辈，怎么会想到1944年那篇论文的复杂代数步骤？昂萨格说，那是因为在大战的时候，他有很多的时间，可以慢慢地把矩阵对角化。[25]

杨振宁在统计力学方面广泛而影响深远的工作，一直得到普遍的推崇。1999年3月在亚特兰大举行的美国物理学会100周年年会，将地位崇高的昂萨格奖颁给了杨振宁。昂萨格奖的颂词上面写着：

> 他在统计力学和量子流体理论方面有基本而且开创性的贡献，这包括了单位圆定理、在非对角长程序和磁通量量子化方面的精心杰作、玻色–爱因斯坦凝聚理论，以及一维和二维统计力学模型热力学特性的准确计算。[26]

注　释

1 Rayleigh, *Life of Lord Rayleigh, Madison: University of Wisconsin,* 1968, p. 47.

2 杨振宁,《杨振宁文集·在统计力学领域中的历程》,上海,华东师范大学出版社,1998年,第680—681页。

3 Chen Ning Yang, *Selected Papers 1945-1980 with Commentary,* New York: W. H. Freeman, 1983, p. 3.

4 Chen Ning Yang, *Path Crossing with Lars Onsager,* 1995.

5 杨振宁:《杨振宁文集·在统计力学领域中的历程》,上海,华东师范大学出版社,1998年,第682页。

6 杨振宁:《杨振宁文集·在统计力学领域中的历程》,上海,华东师范大学出版社,1998年,第681页。

7 Chen Ning Yang, *Selected Papers 1945-1980 with Commentary,* New York: W. H. Freeman, 1983, pp. 11-12.

8 同上。p. 12。

9 同上。同6,第683页。

10 杨振宁:《杨振宁文集·我对统计力学和多体问题的研究经验》,上海,华东师范大学出版社,1998年,第659页。

11 同上。第660页。

12 Chen Ning Yang, *Selected Papers 1945-1980 with Commentary,* New York: W. H. Freeman, 1983, p. 15.

13 同6,第681页。同10,第660、661页。

14 同12, pp. 49-50. 同10,第661页。

15 在刊登迪佛和费尔班克实验结果论文的那一期《物理评论》上,也有另外两位在德国慕尼黑的物理学家 R. Doll 和 M. Nabauer 的论文,宣告他们同时也发现了磁通量量子化的实验结果。

16 Chen Ning Yang, *Selected Papers 1945-1980 with Commentary,* New York: W. H.

Freeman, 1983, p. 50.

17 同上。p. 21。

18 BCS理论是到目前为止解释超导现象最成功的理论，分别由三位物理学家巴丁（John Bardeen）、库珀（Leon Cooper）和施里弗（John Schrieffer）在20世纪50年代末期提出，他们也因为这个贡献共同得到1972年的诺贝尔物理学奖。其中巴丁也是因为发现晶体管效应成为共同获得1956年的诺贝尔物理学奖的三位得主之一。

19 同16，p. 54。

20 同10，第662页。

21 张奠宙:《杨振宁文集·杨振宁和当代数学——接受张奠宙访问时的谈话记录》，上海，华东师范大学出版社，1998年，第736页。

22 同10，第661、662页。

23 黄克孙访问谈话，1999年9月11日，麻省理工学院理论物理中心办公室。

24 Chen Ning Yang, *Path Crossing with Lars Onsager*, 1995.

25 同12，p. 13。

26 Citation, Onsager Prize, 1999.

第十一章

有生应感国恩宏

有生应感国恩宏（江才健摄）

1971年7月19日，杨振宁从法国巴黎搭上法航的班机，飞往上海。这是他1945年离开中国到美国留学之后，26年来头一次回国，心中感受可想而知。在巴黎机场，杨振宁给麻省理工学院的物理学家，也是他熟识的好友黄克孙写了一张明信片，上面有这样的两句话："我现在正要登上一班飞往北京的班机……对我来说，这是一个心情激动的时刻。"[1] 杨振宁搭乘的法航班机一路经停了雅典、开罗、卡拉奇和仰光等地。然后飞机自缅甸东飞，进入云南上空，驾驶员宣布已进入了中国领空，杨振宁说，他当时的激动心情是无法描述的。[2]

这一趟不过10多个小时的航程，居然花了26年的时间才能完成，中间是中国近代历史纷争的波折，是国际冷战对峙之局的阻隔，对杨振宁来说，更是一段难以言喻的深刻生命历程。

杨振宁在1945年11月底踏上纽约码头，除了初履新土的兴奋，心中念头所想，觉得自己和当年父亲那一代大多数的留学生一样，在美国念书求学几年之后，就要回到中国，贡献自己给还相当贫穷落后的国家。哪里料到往后的事与愿违，四年不到，中国政局丕变，中国共产党取代国民党，成为新中国的当政者，蒋介石退居台湾，之后朝鲜战争爆发，第二次世界大战后新的冷战对抗之局于焉成形。

朝鲜战争爆发以后一个立即的影响，就是杜鲁门总统下了一道命令，禁止所有在美国得到科学技术博士学位的中国人回到中国去，杨振宁也成为受到这个禁令限制的一员。虽然他在 1949 年上海解放之时，因为关心在那里的家人，曾经以电报和他们联络，后来冷战开始中美完全隔绝 20 多年，他和家中也有讯息往来，但是不能回去探望家人，多年来一直是杨振宁心中的一个遗憾。

除了到美国来念书的弟弟杨振平以外，杨振宁头一次再见到父母和家人，是他得诺贝尔奖的 1957 年。那年夏天，杨振宁打电报回家，说他将带杜致礼和大儿子杨光诺到瑞士日内瓦工作数月，希望父亲也能去日内瓦小聚。后来杨武之得到中国政府许可，到日内瓦和杨振宁一家共同生活了几个礼拜。杨武之向儿子介绍了新中国的各种新气象和新事物，并且带儿子到中国驻日内瓦领事馆去看了纪录片《厦门大桥》，看到建造大桥中所克服的不能想象的艰难。[3]

1960 年和 1962 年夏天，杨振宁的父母亲两度到日内瓦和杨振宁再次见面相聚。这些亲人的相聚除了感情的冲击，每一次父亲总要和他谈新中国的建设和思想。他说，父亲说的话中的许多地方他能了解，也有许多地方他不能了解，因此两人有许多的辩论。有天晚上他们辩论了很久，最后杨振宁说："您现在所说的和您几十年以前所教我的不一样。"杨振宁的父亲说："你怎么还没有了解，我正是要告诉你，今天我们要否定许多我以前认为是对的而实际是错的价值标准。"杨振宁说，这句话给了他很深刻的印象。[4]

杨振宁 1945 年到了美国，后来一直身处学术圈中。那时候美国的物理学界受到第二次世界大战的影响，有许多由欧洲到美国来的第一代移民科学家，譬如说他的老师费米、泰勒都是这样的人物。加上他所研究的物理科学领域，特别具有国际合作的特色，因此杨振宁并没有感受到他身为一个中国人和中国血统，而碰到他父亲当年留学时代所遭遇的种族歧视。

杨振宁头一个这样的遭遇，发生在 1954 年。那一年年底，杨振宁和太太杜致礼在普林斯顿附近一个新开发的地区，付了几百块美金的定金，准备买一栋房子。过了几个礼拜，开发商告诉他们，他必须退还他们的定金，原因是杨振宁他们是中国人，他担心中国人买了那个区域的房子，会影响房屋的销售。

杨振宁说他们愤怒极了，于是去找了一个律师。但是律师劝告他们不要兴讼，因为以律师的看法，他们赢的机会很小。[5]

杨振宁后来慢慢地才了解到，像他父亲和他这样的知识分子在美国所受到的屈辱，比起许多早年来美的中国人，还不是最糟的。他曾经写道：

> 不仅如此。我渐渐了解到中国人在美国早期的历史。那是我们的历史，是浸透了难以用言语形容的偏见、迫害和杀戮的历史。宋李瑞芳（Betty Lee Sung）将这一段历史归纳如下：
>
> 1878年，特拉基（Truckee）镇的中国人全部被集中起来，并被赶出镇去。
>
> 1885年，28个中国人在怀俄明州的罗克斯普林斯（Rock Springs）镇遭到无耻的屠杀。还有许多人受伤，数以百计的人被驱离家园。
>
> 1886年，俄勒冈州的木屋镇（Log Cabin）又发生一件野蛮的屠杀。
>
> 玛丽·库利奇（Mary Coolidge）教授写道："在克尔尼主义（Kearneyism）的年代，美国居然还有华人活着，这真是个奇迹。"[6]
>
> 接着，又产生了1892年的盖瑞（Geary）法案以及1904年、1911年、1912年和1924年的排华法案。这些法案使得在美国的华人小区，变成畸形的、与美国社会隔离、受鄙视以及被剥削的单身男子劳工的集中地，我1945年到美国的时候，情况依然如此。[7]

但是杨振宁渐渐了解这些中国早期移民的历史，事实上大多数是劳工的历史，与他父亲以及如胡适、吴大猷他师长那一代留学生，以及他自己的情况还是有些不同的。中国近代历史上到美国的留学生，从清朝的容闳开始，到后来他父亲和胡适等师长那一代，绝大多数都是念完书或者待上几年，就都回到中国去的。杨振宁说，从他的那一代，才开始有较多数的留学生长期留在美国，这主要是受到朝鲜战争以及后来冷战的影响。[8]

杨振宁在美国待的时间愈久，也就愈加深刻意识到他们在美国社会中的地位，而他自幼成长环境中得自父亲和师长那一代知识分子的影响，加上他内在个性里一种内敛的、但是对人关怀的天生热情，使得他慢慢地更多意识到自己的处境以及对于较广大中国人社群的一份责任，这也使得他后来从纯粹的物理世界走出来，在政治和社会上陷入一些争议的处境。

1957 年杨振宁得到诺贝尔奖以后，对于自己科学成就背后所代表的意义，就更加有一种醒悟。1960 年杨振宁到巴西访问，在里约热内卢机场看到好几百个华侨热烈地欢迎他，令他印象深刻。他说，这些华侨本来和他一点关系都没有，他们来欢迎他，是因为他在科学上有了一些成就，在世界上有一点名气，使得全球华裔的人都感到高兴。这件事使他领悟到，得到诺贝尔奖已不仅只是他个人的事情了。[9]

杨振宁得到诺贝尔奖的时候，拿的是国民党发的“中华民国”护照。那个时候，杨振宁的岳母曹秀清住在台北，早几年杜致礼也曾经回台湾去探望过母亲，但是因为杜聿明被俘，情况不明，曹秀清在台湾一直有一点像是人质的味道，并不能到岛外去旅行。1957 年杨振宁得了诺贝尔奖，原本就和杜家很熟的蒋介石，才特别请曹秀清去见面，并且给她一本护照，让她可以到美国看女儿和女婿，也希望她劝杨振宁到台湾看看。曹秀清第二年和杜致礼的妹妹杜致廉到了美国，住在杨振宁家里。1962 年杜致廉回到台湾和海军军官邓天才结婚，1963 年曹秀清则去了中国和丈夫杜聿明团聚。

中国近代历史上的屈辱，杨振宁有很深的感触（杨振宁提供）

杨振宁那个时候并没有到台湾访问；因为有杜鲁门总统的禁令，他也不能回中国探望父母亲和家人。1958 年，台湾的“中研院”选举杨振宁为第二届的院士。第二年的 3 月 12 日，杨振宁和吴大猷、吴健雄以及李政道四人，联名给在台湾的“中研院”院长胡适打了一封电报，对于麻省理工学院教授黄克孙的岳父母沈志明夫妻的被捕，表示震惊和失望，并希望胡适帮忙使其得到立即而公正的调查。后来沈志明夫妻在胡适具保之下被释放了。1960 年台湾发生《自由中国》杂志创办人雷震被捕事件，杨振宁因为知道吴健雄和胡适十分熟识，也曾经要吴健雄向胡适说项，请胡适出面要求释放雷震。[10]

1961 年 2 月 14 日，杨振宁和李政道二人署名，由杨振宁所在的普林斯顿高等研究院给当时的美国白宫国家安全事务助理邦迪（Mcgeorge Bundy）写了一封信，提到当时中国粮食紧缺、出现饥荒的问题，信上说他们不但看到新闻报道，也从家人的来信得知情况相当严重。信上说他们对此关切，是因为他们都是在中国出生和成长，而且他们对于美国在历史上多次尽力帮助受难的人民，特别是中国的受难人民，感到鼓舞。他们也说写这封信前曾经跟奥本海默讨论过，是奥本海默建议他们给邦迪写信。最后他们期待邦迪能够把这封信转给相关的负责人。[11] 那段时间，物理学家沈君山曾经在普林斯顿大学的图书馆里碰到杨振宁，杨振宁正在那里找中国过去大饥荒的资料。[12]

事实上杨振宁并不全然是政治取向的，他关心的还是一个普遍的人的问题。在他 60 岁出版的杨振宁《论文选集》中，就有一段文字，真实描述出他对于一个普通人的关怀的感情：

> 20 世纪 60 年代初的一个晚上，我从纽约市坐火车经帕乔格到布鲁克海文。夜很深很沉。摇摇晃晃的车厢几乎是空的。我后面坐着一位老人，我跟他聊起来。他约莫是 1890 年生在浙江，在美国住了 50 年了，替人洗衣服、洗碗，不一定。他没有结过婚，一向孤零零住一间房间。他脸上总是挂着笑容。难道他心中真的毫无怨

气？我不明白。我看到他蹒跚穿过车厢里灯光黯淡的通道在湾滨站下车，年老背驼，有点颤巍巍的，我心中悲愤交集。[13]

尽管如此，杨振宁终究无法回避外在环境给他的许多压力。杨振宁说，他和父母亲在日内瓦见面。父亲在1960年和1962年的两次见面时，曾经劝他回中国看看，这一方面是中国政府的建议，一方面也是父亲自己灵魂深处的愿望。杨振宁说，父亲内心十分矛盾，一方面他有希望杨振宁回中国看看的愿望，一方面又觉得杨振宁应该留在美国，力求学术的更上层楼。[14]

杨振宁没有贸然地回到中国。而在1964年，他做了一个重大的决定，那就是他申请入了美国籍。

对于这样的一个决定，杨振宁曾经写出他的心路历程：

1964年春天，我变成了美国的公民。

从1945年到1964年，我在美国已经住了19年，这是我成年生活中的大多数时光。然而，申请成为美国公民的决定，对我来说并不容易。我猜想从大多数国家来的许多移民也有同样的问题，但是对于一个中国血统的人，这样的决定尤其不易。一方面在中国的传统文化中，根本就没有永久离开中国移居其他国家的概念。事实上，移居别国一度被认为是彻底的背叛。此外，对于曾经有过璀璨文化的中国人来说，100多年来所蒙受的屈辱和剥削，在他们的心灵中都留下了极深的烙印。这是任何一个中国人都难以轻易忘记的一个世纪。[15]

杨振宁在了解了早期中国移民辛酸的血泪史，自己也碰到种族歧视的待遇之后，他写下自己另外一段的心路历程：

一点不错，是有许多的事让我踌躇不前。但是我知道美国对我

> 十分的慷慨。我来美国的时候已有很好的根基，但是美国给了我发展潜力的机会……
>
> 1961 年 1 月，我在电视上看肯尼迪总统的就职典礼。罗伯特·弗罗斯特（Robert Frost）应肯尼迪之请，上台朗诵他的一首诗。他选了《没有保留的奉献》（*The Gift Outright*），我听他念道：
>
> 拥有我们尚未拥有的，
> 被我们已不再拥有的所拥有。
> 我们的有所保留使我们软弱，
> 直到发现原来正是我们自己，
> 我们拒绝给予我们生活之地，
> 而在屈服中即获新生。
>
> 似乎有什么东西触动了我的心。我在一本诗集中找到弗罗斯特的这一首诗。诗句优美，充满了力量。它在我申请美国公民的决定中起了一个作用。[16]

虽然杨振宁曾经有过挣扎，虽然申请美国公民的决定，也是因为有实际的需要，但是在杨振宁的心灵深处，还是有着一丝遗憾。他曾经写道：

> 我父亲 1973 年去世以前，一直在北京和上海当数学教授。1928 年他曾经在芝加哥大学得到博士学位。他游历甚广。但是我知道，直到临终前，在他心底一角，始终没有原谅我的抛乡弃国之罪。[17]

1964 年底，杨振宁到香港讲学，他写信希望父母家人能和他在香港团聚。结果这一次父母亲和快 20 年未见到杨振宁的弟弟振汉及妹妹振玉，也一起来到香港，家人有一次愉快的团聚。那一年的10月，中国刚成功试爆了原子弹，政治气氛相当的紧张。杨振宁到了香港，有一位杨振宁父亲的旧识，当时在台湾任要员的人来香港，希望杨振宁顺道去台湾看看，而在他们住的饭店房间隔壁，还有两个英国的安全人员，说是保护杨振宁，其实是怕他跑回中国去。[18]

当时美国的驻香港总领事，也不止一次打电话给杨振宁，说如果杨振宁的父母和弟妹要到美国去的话，他们可以马上替他的家人办手续。杨振宁告诉他们说，父母和弟妹都要回上海去。[19]

1970年夏天，杨振宁给家里写信，说他12月要到香港中文大学讲学，希望父母亲和弟妹能够再来和他重温1964年相聚的美好日子。1970年中国正是“文革”期间，杨武之办理申请手续困难重重，虽然得到批准，但是因为奔波劳累而病倒。后来是弟弟振汉陪着母亲到香港和杨振宁相聚，妹妹振玉则留在上海陪重病的父亲。

虽然杨振宁和母亲、弟弟振汉以及另一位从美国来的弟弟振平可以在香港相聚，但是心里却担心着重病的父亲。那时候杨振宁已经有了一个想法，认为自己也许一年两年内就可以回到中国内地看看，因为他看到美国的政治气氛在改变，而中国的情形也有了变化。那时候毛泽东接见了他在延安时代的一个老友，就是写了《西行漫记》的美国著名记者和作家斯诺（Edgar Snow），事实上毛泽东透过斯诺传达了对美国的修好之意。[20]

1971年4月有一天，杨振宁忽然在美国报纸上一个不大显眼的地方，看到美国政府的一个通告，就是美国护照上原来印有美国公民不可随便去的国家，包括越南（北部）、古巴、中国和朝鲜，现在这个通告把中国取消了。后来中国和美国之间又进行所谓的“乒乓外交”，他觉得通往中国的门已经打开，心中甚为振奋。但是当时越战还没有结束，杨振宁怕这个打开的门几个月又会关上，所以希望趁这个机会，一圆他26年来想回中国探视的心愿。[21]

当然杨振宁对于回到中国早有心理准备，在美国他所研究的物理里面，有一部分是核物理，那是和原子武器有密切关系的。所以在 26 年当中，他都有意地避开这方面的研究，而且也绝对不去美国制造核武器的洛斯阿拉莫斯实验室。他曾经用了一个英文的说法“Keep it at arm's length”，也就是“保持适当距离”，甚至他连 IBM 公司的顾问都辞掉，以免影响回中国的可能。[22]

1971 年冷战局面未解，从美国到中国去访问系非比寻常之举，尤其杨振宁是一个“归化”的美国人，又是国际知名的物理学家，可以说相当的敏感。那个时候杨振宁在纽约州立大学石溪分校，因此他将自己的想法告诉了校长托尔，另外还曾经找了一个美国朋友去打听到中国去的可能，那个朋友告知没问题，于是他就正式通知了美国政府，说他要回中国探亲。美国政府的回答是由白宫的科学顾问告诉他的，他们说欢迎杨振宁到中国去，不过不能帮他拿到签证。[23]

杨振宁在那以前，已经给父亲写了一封信，说他要到中国去探亲。杨武之写了一个报告给中国国务院，后来国务院通知杨武之，欢迎杨振宁回中国来探亲，并且要杨武之告诉杨振宁，可以到加拿大或者法国的中国大使馆去拿签证。杨振宁打听了一下到上海的飞机，发现那个时候除了苏联的航班之外，只有法航每个礼拜有一班飞机从巴黎到上海，于是杨振宁决定到巴黎的中国大使馆去拿签证。[24]

杨振宁做决定的那个时候，只有少数人知道他有回中国的打算。当时中国还处于冷战的半封闭状态，所以杨振宁的美国朋友或者华裔朋友，都对杨振宁回中国有些担心，怕他去了会被中国政府扣住，不让他再回美国。杨振宁说，这种事不会发生，因为他对中国政府有些了解。他说，如果他回去以后跟中国政府说愿意留在中国，中国政府一定会欢迎；如果他不说这样的话，中国也不会强要留他下来的。[25]

当然，杨振宁也清楚地意识到他此行可能造成的冲击，譬如说那个时候的台湾当局一定会对他不满意。那时候，和杨振宁在高能碰撞方面合作做出所谓“邹–杨模型”的邹祖德，正好计划在同一年的夏天回中国台湾探亲。杨振宁6月里和邹祖德谈起他要到中国大陆去的计划，并且还劝邹祖德是不是可以暂时不要回台湾去，原因是邹祖德和他关系密切，怕邹祖德回台湾会受他去大陆的牵连。[26]

7月15日，杨振宁由纽约飞到巴黎，并且拿到赴中国的签证，四天以后他踏上了26年来魂牵梦系的归乡之旅。

杨振宁到达上海的虹桥机场，除了家人之外，还有上海市政府统战部的官员来接机。有一位官员跟杨振宁说，是不是可以把护照和机票交给他们保管。杨振宁虽然把东西给了他们，但是仍难免有些担心，问弟弟振汉说，这些人靠得住吗？杨振宁担心了一个礼拜，就拿回了他的护照和机票。后来杨振宁曾经说起一个故事：早年在英国成为著名科学家的俄国大科学家卡皮察（Pyotr Kapitza），20世纪30年代初回苏联以后被政府扣留，苏联政府并且出钱把他在英国的研究设备全部搬到苏联。[27]

杨振宁第一次回中国，停留到8月17日才离开，差不多待了一个月的时间。这中间除了在上海和家人相聚，每天探望生病住院的父亲，也去了合肥、北京和大寨等一些地方，见到许多老朋友，看到许多新的发展。他比较1945年离开中国时的印象，感受到26年来翻天覆地的大变化，个人情感上的复杂感受非言语所能描述。[28]

杨振宁刚到上海起先是住在家里，后来因为报纸上有了消息，接待杨振宁的统战部担心安全问题，于是就让杨振宁住到锦江饭店去。第二天一大早，杨振宁被外面的高音喇叭吵醒，就起来走了出去，想去买豆浆油条吃。卖油条的妇人给了他烧饼油条，他付了钱，妇人问他："粮票呢？"他哪里知道什么叫作粮票，妇人瞪了他一眼，他知道不妙，赶快挤在人丛中溜掉了。

后来他走到锦江饭店门口，看到有些小孩在抓树上的知了，杨振宁就拿出相机给他们照相，这一来交通警察过来要把他照相机的底片曝光，还问他是什么地方来的？这时就聚集许多围观的人，锦江饭店的警卫赶快出来把他带回去，说杨振宁是他们的客人。以后统战部就要杨振汉搬到锦江饭店陪杨振宁住，以免再弄出什么麻烦。[29]

事实上那个时候的西方世界，对于左翼运动同样有着一种普遍浪漫的看法。1968 年法国的学生运动，美国反越战的学生运动，都为这种思潮提供了一个滋养的环境，因此对于中国的“文革”，杨振宁也有着一分好奇。

杨振宁回到美国以后，立刻有许多地方请他去演讲，谈他的中国之行，譬如说那一年 8 月在康奈尔大学的物理会议，以及 9 月份在他任教的纽约州立大学石溪分校，杨振宁都做了公开的演讲。这些演讲都十分轰动，而演讲的主调，可以说就是盛赞“新中国的建设”。

后来杨振宁还在美国以及欧洲的一些地方，陆续做过中国之行的演讲。听过他演讲的许多中外人士，虽然对杨振宁演讲中所呈现的中国面貌，以及他个人所显现的热情印象深刻，但是也发觉杨振宁对中国有着过分天真的看法，反映出一种一厢情愿的感情，甚至有人认为他的热情有点幼稚。[30]

美国政府当局对于杨振宁的中国之行也非常感兴趣，杨振宁回到石溪以后，就曾经接到美国联邦调查局和中央情报局的查问电话。有一次一个调查员来电说要和杨振宁谈一谈，并且说要到杨的家里来，杨振宁拒绝了，于是他们在杨振宁的办公室里见面。谈话中，杨振宁感觉出那个调查员有一些话语带威胁的味道，于是就要他的秘书进来，把他们的谈话记录下来。杨振宁说，他主要的立场是他到中国去，没有做出任何对不起美国的事情，而且他也绝对不会替美国政府打听任何中国的消息。

后来杨振宁还打电话给在美国原子能委员会的一位物理学家朋友，告知和美国情报单位人员谈话的情形，那位朋友说他做得非常正确。[31]

杨振宁因为父亲病势沉重，所以第二年 6 月再度回到中国探亲，当然同样在中国各地参观访问。这一回他还去了南京、砂石峪、西安、延安和广州等一些地方，见的人也更多一些，而且停留的时间更长。回到美国以后，杨振宁曾经在纽约唐人街做公开的演讲。

杨振宁后来曾经说过，从今天的眼光讲起来，那是感情非常丰富的演讲，尤其是头一次四个礼拜在中国的访问，在他身上产生了极大的感情上的冲击。

对于杨振宁的“大力揄扬祖国”，当时许多人除了说他幼稚天真，也有非常严厉的批评，甚至用了“杨振宁在中国酒醉饭饱，冲昏了头”之类的词句。但是许多人认为，杨振宁对于中国的感情的真诚和深切，“君子可欺之以方”以及他完全没有政治动机的立场，都是值得同情和肯定的。[32] 而事实上，当时中美关系还没有完全解冻，杨振宁这些公开的说法，事实上是负担了相当大的风险，需要一些勇气。[33]

不过杨振宁自己说，虽然当时他对于中国的情形，有许多认识不清楚的地方，但是整体来说，他所做的促成中国进一步开放的事情，是符合历史发展的潮流的。他曾经写过：

> 1972 年夏天，第二次到中国去旅行的时候，我已经打定主意，作为一个美国的华裔科学家，我有责任帮助这两个与我休戚相关的国家，建立一座了解和友谊的桥梁。我也感觉到，我应该帮助中国在科技方面的发展。[34]

许多人以为，杨振宁在中国是领导人的座上贵宾，所以他的发言都十分揄扬当政者的所作所为。事实上有许多的证据显现，杨振宁和最高领导人见面的时候，并没有改变他个性中直言无讳的风格，譬如他在 20 世纪 70 年代独持异议地反对中国建造高能加速器的计划，不为当时主事者所喜，就是最出名的一个例子。

在中国的领导人当中，和杨振宁见面谈话最多，也给杨振宁最深刻印象的就是周恩来总理。杨振宁头一次回到中国，周恩来就宴请他，

25位客人中有15位科学家，席间三小时的讨论，宴会后两小时的谈话，与科学完全没有关系。周恩来想多了解美国的情况，于是询问了学生运动、大学改革、黑人运动、失业和选举相关的政治气氛以及美国对日本的态度等问题。[35]

1972年的7月1日，周恩来在人民大会堂新疆厅再次宴请杨振宁，那时正是"文革"的时期，杨振宁谈话中提到，他参观一个工厂，看到一些大学教授被下放到那里，去做把不同电阻找出来分类的工作。杨振宁认为，这样子的工作并不能发挥这些知识分子的作用。两个礼拜以后，周恩来在和任之恭、林家翘等一些知名科学家访问团见面时，就说起两个礼拜以前杨振宁向他提出的建议。周恩来说他去报告毛主席以后，毛主席说杨振宁讲的是对的。周恩来于是当着任之恭等人的面，对在座的北京大学副校长周培源说，要他去把这个政策给落实，也就是把当时"文革"的极端平均主义给改过来。[36]

这于是后来就有了周培源在《人民日报》发表一篇文章，讨论改正极端平均主义的问题，不过这篇文章还是引来张春桥等人的围攻。杨振宁后来深切体会到中国政治情况的复杂；像这种毛泽东讲了话，周总理说要贯彻的事情，还都会遭遇到很大的困难。[37] 不过杨振宁当时的一些建议，也确实直接或间接改善了包括他好友邓稼先在内一些知识分子的处境。[38]

在"文革"批判知识分子为"臭老九"的气氛中，杨振宁也曾经身受其害。有一次周恩来总理请客吃饭，也有江青和王洪文等人在座。在宴会当中，有一个跟着江青的女士，她在敬酒时候故意问了杨振宁一个问题，杨振宁并不清楚这个问题，就用他惯常的口头禅回答说："我不懂。"结果对方马上回敬了一句话："你也有不懂的事情？"这一来可就惹恼了杨太太，她马上拿了一杯酒过去，也问了一个问题，这位女士答不出来，于是杨太太就说："你也有不懂的地方？"[39]

1976年周恩来去世了。那一年美国东岸各界有一个追悼大会，杨振宁在大会上代表致悼词说："我们相信周总理的伟大就在于他的无私的、坚强的、始终不渝的为人民服务的精神。”[40]

1973 年 5 月，杨振宁的父亲病逝，杨振宁回到上海奔丧。他记得父亲曾经多次和他谈起毛泽东，谈到毛的诗词以及对中国的许多贡献。他也记得 1971 年初回中国，看到五星红旗在风中飘扬，中国从半世纪前被瓜分的边缘，到那时一个统一的国家，他想起听见 1949 年毛泽东说“中国人民站起来了”的激动之情，于是向接待的人表示希望能够见到毛主席。他回到美国以后，那一年的 7 月再到中国，并且和毛泽东见了面。

杨振宁和毛泽东的见面，是在中南海毛泽东的书房里，两人谈了一个半小时。毛泽东谈话比较有哲学倾向，他喜欢谈许多大的问题，也和杨振宁谈了和科学有关的哲学问题。谈话结束以后，杨振宁说他快走到门口时，毛泽东和他握了握手，并且说他年轻的时候也希望在科学上能够有所贡献，不过自己没有做到。毛泽东说他很高兴杨振宁能够对人类的科学有所贡献。杨振宁说，毛泽东的这个话，很显然的不是客气话，是真心的。[41]

毛泽东的雄才大略，令他印象深刻，特别是对于毛泽东的诗词，杨振宁评价甚高，认为他的诗词不但写得好，而且气魄甚大。杨振宁以为，也许几百年以后，人们对于毛泽东的政治功过已不那么在意，但是毛泽东的诗词却会流传下来。[42]

1977 年，杨振宁在中国访问，在新疆的乌鲁木齐飞机场碰到了也在中国访问的何炳棣。何炳棣和杨振宁同期考上庚款留美，同船到美国留学，后来在美国历史学界得到很高的学术成就。何炳棣事实上是专程在那里等着杨振宁，为的是希望杨振宁能够来共同发起成立一个全美华人协会。

全美华人协会的真正发起人，是当时在美国华盛顿最出名的中餐厅“北宫”的老板龙绳文。龙绳文是“云南王”龙云的第四个儿子，曾经替他父亲做过一些事情。抗日战争期间，蒋介石密令杜聿明发动兵变拘禁了龙云，后来龙绳文辗转到了美国，但是显然对于中国之事难以忘怀。1970 年保卫钓鱼岛运动以后，何炳棣和龙绳文比较熟识，何炳棣到华盛顿，龙绳文就接他住在家里，所以在 1977 年春天，才有龙绳文希望何炳棣出面劝请杨振宁担任会长来成立全美华人协会之事。[43]

杨振宁一直以来都希望在美国和中国之间建立一个桥梁，也认为美国和中国合作交流符合双方的利益。所以 1977 年 9 月他参加华盛顿举行的会议，同意何炳棣的提议，担任全美华人协会的会长，并且由何炳棣担任副会长。

全美华人协会组织庞大，除华盛顿之外各地还有分会，其中成员除了杨振宁过去接触比较多的学术圈人士，也有许多其他团体的中国人。学术圈里的知识分子喜欢吵架，中国城里的成员更有许多派系和利害的问题，这是杨振宁过去没有经验也比较不会应付的局面。他虽然投入许多时间和精神，组织和规划了许多活动，但是依然遭遇很多的困难，甚至有一次开会时当面被人辱骂“王八蛋”。[44]

但是全美华人协会的两位领头的代表人物，由于都在学术界卓有地位，而且个人形象和演讲都有领袖魅力，因此全美华人协会当时对于促进美国和中国的来往，确实发挥了很大的功能。后来全美华人协会还在《纽约时报》刊登广告，呼吁美国和中华人民共和国建交。1979 年中美正式建交以后，1 月 30 日于华盛顿希尔顿饭店举行的欢迎邓小平副总理访美的盛大聚会上，杨振宁也曾经代表致欢迎词。

杨振宁的带头访问中国，回来演讲盛赞“祖国建设”，后来又正式推动美国和中国建交的行动，自然不为台湾当局所喜。他虽然在 1958 年被“中研院”选为院士，但是后来并没有去开会。20 世纪 70 年代在台湾或者国民党内部不公开的资料中，像杨振宁、何炳棣这些院士，都已被称为“杨匪”“何匪”。到 20 世纪 80 年代，更有人主张撤销他们的院士资格，不过这种主张没有得到蒋经国的同意。

在美国的华人社会中，自 1949 年中华人民共和国成立以后，便一直有着“左、右”对立的问题。1971 年，中华人民共和国取代“中华民国”在联合国的会籍，同一年美国国家安全顾问基辛格密访中国，1972 年 2 月又有尼克松总统正式访问中国。“左、右”对立的形势向中国大陆倾斜，中国台湾处于不利之地位。从保卫钓鱼岛运动，到后来的追悼毛泽东和周恩来，甚至 1979 年的欢迎邓小平访美，也都还是有尖锐的“左、右”对立冲突。

杨振宁在这个局面中，自然成为亲台湾当局人士的眼中之钉。1978 年 5 月，一份叫作《波士顿通讯》的刊物，刊登了一篇《杨振宁不灵了》的文章，在这份刊物的封面还有“杨振宁登台献丑”的内容提要；在刊物的编后语中，特别介绍《杨振宁不灵了》这一篇文章，除了指杨振宁是“统战学家”之外，还说“他（杨振宁）好几年没有论文发表，倒是物理系学生尽人皆知的事”。[45]

《杨振宁不灵了》文章作者最后奉劝杨振宁：“卿本佳人，好好回到物理界，潜心治学吧，你已经好几年没有论文发表了……”[46]

在波士顿地区东北大学任教的物理学家伍法岳，早些年曾经发表一篇统计物理的论文，由于和杨振宁的一项研究有关，1968 年曾到纽约州立大学石溪分校访问，并且和杨振宁的研究生范崇淜合作，完成一系列的工作，并得机会向杨振宁请教。1978 年在波士顿地区华人圈中忽然传出“杨振宁已几年不做研究”的消息，伍法岳自然是十分关心。[47]

于是伍法岳到图书馆查阅数据，发现从 1975 年到 1978 年三年之中，在四个重要的物理期刊上，杨振宁发表的论文就有十八篇之多。于是伍法岳就写了一信投寄《波士顿通讯》，说明他的发现，并附上杨振宁发表论文的参考信息，并且说他询问了波士顿地区一些物理系学生，都认为杨振宁是当代物理学家，没有人说杨不再发表论文。伍法岳希望《波士顿通讯》能够刊出他的来信，以示负责态度。[48]

结果《波士顿通讯》回信伍法岳，告知已将伍的信转给原文的作者杨武风，等杨武风寄来答辩，再一并刊出。到 9 月份，伍法岳见去函仍未刊出，有些不耐，就去信说其实他信中所谈各节，均有数据查证，并无需要原作者之答辩，信中对《波士顿通讯》有些指责。结果《波士顿通讯》很快来信，表示原作者已返回台湾，可能刚回去较忙，信中对于伍法岳的指责有所回应，已有一些火药的气味。

10 月间，伍法岳接到杨武风来信，信中对伍法岳多所指责，说知道似乎伍法岳“出身军方，在台湾受过教育，如今又是波士顿地区清华校友会长，理应才德过人，足为表率，而今天却如此有失风度，恶意攻击……”信中说他的文章以民族大义指责杨君所做之不当，说伍法岳不提他文章中列举的客观例证，只在小节上吹毛求疵，认为伍法岳自己说自己没有政治色彩，有谁能信？最后又说：“我在该文所说他已好几年没有论文发表，乃意指他没有像样的论文或突破性的论文，以符合一个诺贝尔奖得主应有的进步……”

最后伍法岳和《波士顿通讯》之间继续有不愉快的通信往来，他的投书和杨武风的答辩也都没有注销。伍法岳说后来有相关人士相告，当时杂志社内部分为两派，争论之下，反对刊登的一派获胜。[49]

伍法岳说，20 世纪 80 年代以后，他虽然和杨振宁有过数面之缘，但是并没有提起这件事情。1986 年，杨振宁首次去台湾参加“中研院”院士会议，回美国后伍法岳正在石溪访问，某日，杨振宁邀伍法岳晚餐谈访台观感，因只有两人在座，伍法岳才向杨振宁提起这一场笔战官司，随后并寄去有关信件的复印件。杨振宁立刻给伍法岳回了一信，说伍法岳列举的 18 篇论文中，有一篇不是他写的，并指出那是一位长住苏联格鲁吉亚共和国的杨姓华裔物理学家的文章。[50] 后来这一位叫作杨桀的物理学家，在 20 世纪 90 年代到中国台湾淡江大学访问，后来就长期留在中国台湾淡江大学任教。

伍法岳因为这一个波折，以及他在担任波士顿地区的清华校友会会长时，接待清华大学教授访问团，而被一些“职业学生”打了报告，使得后来他在 1980 年要回台湾探视卧病的父亲，起初居然拿不到签证，后来得到“侨委会”委员长曾广顺的回函才解决问题。1988 年，伍法岳回新竹清华大学担任客座教授，也没有通过“教育部”的“安全调查”，后来是当时新竹清华大学校长刘兆玄出面才解决的。[51]

伍法岳的个案，只是反映出当时美国华人“左、右”对立的一种尖锐情形。杨振宁本身因为去中国访问，又公开发表演讲“揄扬祖国”，后来更主持全美华人协会，所以他家里也接到过一些恐吓电话。有一年他应邀到佛罗里达大学演讲，结果竟收到一封恐吓信，用的还是佛罗里达大学物理系的信纸，上面说“如果你敢来演讲，就要割掉你的狗头”云云。所以杨振宁那一段时候，特别要家人小心，不要随便拆不明的邮包。[52]

杨振宁头一次到台湾地区是 1986 年参加“中研院”院士会议，主要也是因为他的老师吴大猷在 1983 年做了“中研院”院长，而且等于是吴大猷替他做了担保。事实上，那个时候杨振宁早已经有过阎爱德、郑国顺和赵午等几个台湾地区来的学生，而且阎爱德和郑国顺也都回到台湾地区任教。原本杨振宁去台湾地区是定在 7 月，没想到行前一段时候，突然一个国民党色彩浓厚的小报，刊出大骂杨振宁的文章，杨振宁担心事有变化，还和那时同在伯克利参加物理会议的阎爱德谈起此事。阎爱德回台之后立刻告诉吴大猷，吴大猷于是电告杨振宁，说台湾当局已经有了决定，只是还没有通知这家报纸。[53]

杨振宁那一次参加院士会议，造成很大的轰动，在“中研院”的演讲也是水泄不通的盛况。杨振宁还和吴大猷一同见了蒋经国，那时候蒋经国的健康已走下坡路，只在杨振宁进来和离去的时候站起来和他握手。吴大猷和蒋经国关系并不太好，肇因于早年吴大猷反对台湾地区的原子弹计划，以及和蒋经国对学术的看法不同等因素。杨振宁是有政治敏感性的人，结果后来吴大猷对于杨振宁和他与蒋经国的见面私下有所评论，不满意杨振宁对蒋经国礼数周到的态度。[54]

1986 年以后，两年一次的院士会议杨振宁差不多都参加，另外也去台湾地区做学术演讲和访问，并曾经接受新竹清华大学、交通大学和中正大学的荣誉博士学位。有一年"中研院"的院士会议，一位和杨振宁意见不同的院士公开质疑他对台湾地区的了解和贡献[55]，事实上杨振宁对台湾地区的学术，可说是尽心尽力。"中研院"院士，也曾经是"中研院"物理所所长的郑天佐就说，杨振宁为人的谦虚踏实，数学和物理风格的美妙简约，不仅在全世界的科学家中少见，更是台湾地区学术界难得的可以亲炙一代大师风采的典范人物。对于"中研院"的学术咨议报告，不像有些人找年轻人写了再看一看就是，杨振宁的学术咨议报告都由自己亲笔撰写。[56]

杨振宁来台湾地区以后，对台湾地区的印象很好，有一次和他的学生阎爱德及郑国顺等人到日月潭去旅游，回来以后说起日月潭的湖光山色，认为比瑞士还要美。大家都认为他的这个看法中带有乡土亲情的感情因素。[57]

杨振宁 20 世纪 30 年代抗日战争逃难时途经香港，60 年代又曾经到香港讲学，但是和香港有密切的关系，还是到了 80 年代初。那时候，杨振宁的母亲住在上海，但是身体不好，杨振宁自幼和母亲感情亲密，自然希望能多有机会照顾母亲，于是乃有 1982 年开始杨振宁到香港中文大学任博文讲座教授，并且把母亲接到香港短住的安排。后来杨振宁的弟弟杨振汉和弟媳谭茀芸到香港工作，妹妹杨振玉、妹夫范世藩也到了美国。杨振宁的母亲很喜欢香港，因此以后又在香港住了几年。

杨振宁在香港中文大学任博文讲座教授，是暑假和寒假来指导物理研究和做一些咨议顾问的工作，虽然停留时间不长，但是他对香港的印象很好，也替香港做了一些事情，譬如安排乔宗淮到香港中文大学去，就是其中之一。

事实上，英国首相撒切尔夫人 1982 年到北京和邓小平开始谈判香港问题以后，香港有一阵子人心惶惶，一些过去在香港政府里很活跃的人士，因为和中国内地没有什么往来，因此觉得必须要有一个桥梁来确保香港未来的前途。

杨振宁到香港以后，和香港的这些代表人物也有来往，这些人觉得杨振宁为人诚恳可靠，于是他们就向杨振宁表达他们对于香港和内地关系的忧虑，并且说那个时候中国驻香港新华社社长王匡，还是老一代共产党人物的想法，既不了解香港的情形，也不和香港社会人士打交道，杨振宁于是同意可以到北京替他们转达这些想法。[58]

1983 年，杨振宁到北京参加他西南联大老师王竹溪的追悼会，趁便拜访了副总理万里。杨振宁之前因美国马里兰州和安徽省的姐妹省关系，得以和当时任安徽省长的万里熟识。杨振宁在北京和万里谈到香港代表人士的意见，万里觉得很重要。[59]

杨振宁看过 20 世纪 30 年代香港的景况，60 年代到香港来讲学的时候，因为在美国更进一步认识到中国人近代受西方欺凌的历史，所以一次和弟弟妹妹走在香港街头，看到一大群中国人围着一个卖东西的外国人，他还特别上前去了解，怕中国人知识不够会吃亏。[60] 80 年代他到香港以后，发觉香港的发展非常之好，譬如香港的地铁，就令他印象非常深刻。他曾经说，香港在盖地铁以前，曾经有过长期的讨论，有许多人，特别是英国的统治者说，香港绝对不能造地铁，原因是中国人太脏，结果后来香港的地铁一点问题也没有。[61]

20 世纪 80 年代，香港中文大学曾经提议要给杨振宁荣誉博士学位，但是在香港的大学制度，港督是学校的最高首长，因此颁授荣誉博士学位时，接受人要向港督鞠躬。杨振宁不愿意如此做，所以到香港回归以后才接受了香港中文大学的荣誉博士学位。[62]

20 世纪 80 年代杨振宁在香港有较多的停留和参与之后，虽然没有接受做香港中文大学的校长，以后也没有接任香港特首董建华的高科技委员会主席之职，但是对香港学术和文化确实贡献甚多，香港学术界十分信服他，把他当作一个大家长。有一次香港科技大学和中文大学为了由谁主办一个会议争执不下，还是由杨振宁出面写一封信解决的。[63]

杨振宁对香港中文大学的感情非常深厚，1999 年的 12 月 8 日，香港中文大学有一个正式的典礼，杨振宁把他的档案数据，包括所得到的诺贝尔奖以及其他的奖牌，都捐给中文大学，成为世界上一个杨振宁数据文件的中心。

当然，杨振宁这些年来所做的事情，主要是为着帮助整个中国人的科学和文化之发展。1978 年，卡特政府国家安全会议主管中国事务的官员奥克森伯格（Micheal Oksenberg）通过当时美国国家科学院院长普雷斯（Frank Press），约了杨振宁、丁肇中和林家翘见面，讨论美国和中国交换留学生的问题。杨振宁还记得当时他问起奥克森伯格，为什么希望中国的学生到美国留学？奥克森伯格说，从 20 世纪初年开始，有比较大量的中国留学生到美国，他们回到中国以后，对中国的经济发展产生很大影响，这对中美双方都是有利的。奥克森伯格的回答让杨振宁觉得，美国政府里头有非常有远见的人。[64]

1979 年，美国和中国建交。20 多年来，除了 10 多万名的留学生之外，也有许多交换访问的学者。杨振宁在他任教的纽约州立大学石溪分校，设立了一个中国教育交换委员会（CEEC），并且向香港和美国的企业家募款，来进行学者的访问交换计划。后来做了中国科技大学校长的谷超豪、复旦大学校长的杨福家以及北京大学校长的陈佳洱，都曾经在这个计划项下到石溪分校访问。

杨振宁由于本身是物理学界的一代大师，加上他为人踏实可靠，因此他介绍中国的许多演讲就特别受到重视，这些都使得美国科学界对中国有着一个正面的、甚至浪漫的看法，也大大地促进了美国和中国的科学学术交流。[65] 对于香港和台湾的科学学术，杨振宁同样投注心力，譬如香港中文大学前校长高锟就特别提到，杨振宁为香港的生物技术投入计划做了许多贡献。[66]

杨振宁支持中国和外国的学术交流，事实上因为有一些访问学者没有回国，而在中国受到一些批评。20 世纪 80 年代初期，李政道弄了一个大规模的人才出国计划（CAS PEA），中国几位很有声望的科学家对此不满意，还曾经反映到邓小平那里，认为会造成人才的流失。杨振宁并没有因为他和李政道关系不好而反对这个计划，他认为这些人如果不回国，不能怪李政道，而且他自己当年就是出国留学没有回国的。[67]

杨振宁自己虽然做理论物理，也在粒子物理方面有得到诺贝尔奖的贡献，但是他却没有特别支持自己的领域，反而在20世纪70年代末独持异议，反对中国建造加速器的计划，受到许多的批评。80年代以后，他看到改革开放给中国经济带来的裨益，大力主张科学应该支持经济的生产，因而也使得许多基础科学领域的科学家对他不满。

杨振宁说，他听说中国有对他的批评，但是很不幸的是并没有了解他真正的意思。他说他从来没有说过要停止做基础研究，他向中国政府提出的建议，是基础研究的经费不要削减，不过也不要增加，增加的经费宜于用在应用方面。杨振宁说，中国这么大的一个国家，有这么多优秀的人才，也有这么好的科研成果，但为什么还是这么穷呢？他认为主要就是没有能够把科研的成果，转化成为经济的效益。杨振宁认为，中国当时最大的问题就是经济的发展，如果经济发展能够搞好，剩下来的问题都可以有办法解决。[68]

对于中国的改革开放，杨振宁给予很高的评价，认为这20年来中国的改变是世界有目共睹的，中国这个人口众多的国家经济的改善，杨振宁认为是了不起的成就。他拿印度来做例子，印度独立以来就没有任何一个20年，能够达到和中国改革开放这20年相比较的经济建设成就。[69]

杨振宁非常推崇邓小平改革开放政策对中国的贡献，也认为中国政府是在努力改善人民的生活，而且获得了了不起的成就，因此他支持他们继续下去。在民主和人权方面问题的看法上，杨振宁和一些与他有深厚交谊的香港学术界人士都有所不同，而香港的自由民主派人士，则经常对杨振宁大加挞伐。杨振宁当然不同意这些香港民主人士的看法，认为他们没有弄清楚中国现在的状况，而他们所唱的高调，对于中国完全没有好处。[70]

1995年1月28日，杨振宁接受香港广播电台的访问，谈到中国过去历史上的科技以及近代科技发展对经济的贡献，讲到中国留学生以及他自己出国留学的一些经历，回中国访问的困难，入美国籍的原因，得到诺贝尔奖的责任感。最后杨振宁谈到，他认为 10 年之内会有华裔科学家得到生物医学奖，20 年之内会有华裔作家得到诺贝尔文学奖。

注 释

1 Ke Sun Huang, "Remembering Princeton," *Chen Ning Yang: A Great Physicist of the Twentieth Century,* ed. C. S. Liu and S. T. Yau, Boston: International Press, 1995. 黄克孙文章中的记忆可能有误，因为杨振宁是搭机飞往上海。

2 杨振宁:《杨振宁文集·父亲和我》，上海，华东师范大学出版社，1998年，第866页。

3 杨振玉:《杨振宁文集·父亲、大哥和我们》，上海，华东师范大学出版社，1998年，第910页。

4 杨振宁:《读书教学四十年·在杨武之先生追悼会上的讲词》，香港，三联书店，1985年，第70—71页。

5 Chen Ning Yang, *Selected Papers 1945-1980 with Commentary,* New York: W. H. Freeman, 1983, p. 57.

6 同上。p. 56。另外宋李瑞芳的话引自 B. L. Sung, *Mountain of Gold*, New York: Macmillan, 1967, p. 44。克尔尼主义是指19世纪70年代由一个叫 Denis Kearney 的人所煽动通过一些不利于中国人生存法规的行径。

7 同6。

8 杨振宁访问谈话，1999年5月11日，纽约州立大学石溪分校办公室。

9《杨振宁专辑》，杰出华人系列，香港电视台，1998年8月23日。另外1995年1月28日接受香港电台记者访问中亦提到。

10 江才健:《吴健雄——物理科学的第一夫人》，台北，时报出版公司，1996年，第310、311页。

11 杨振宁、李政道，致麦克乔治彭岱信函，1961年2月14日，杨振宁提供。

12 沈君山访问谈话，1999年10月5日，北京三〇一总医院病房。

13 此一段文字的优美译文采用自名作家董桥所写的《杨振宁的灵感》，

载《中国时报》，1985 年 2 月 5 日，人间副刊。

14 杨振宁：《杨振宁文集·父亲和我》，上海，华东师范大学出版社，1998 年，第 865 页。

15 Chen Ning Yang, *Selected Papers 1945-1980 with Commentary,* New York: W. H. Freeman, 1983, p. 56.

16 同上。p. 57。

17 同上。p. 56。

18 根据杨振宁、杨振汉和杨振玉的访问以及他们写的文章都提到其中过程。

19 同上。

20 杨振汉、谭茀芸访问谈话，1998 年 9 月 26 日，香港赤鱲角国际机场。

21 根据杨振汉访问谈话，以及杨振宁的文章《读书教学四十年》，收入《读书教学四十年》，香港，三联书店，1985 年。

22 杨振宁：《杨振宁文集·接受香港电台记者的访问记录》，上海，华东师范大学出版社，1998 年，第 815 页。其 IBM 顾问一事系由葛墨林访问中告知。

23 同上。第 816 页。

24 同上。另杨振汉访问谈话，1998 年 9 月 26 日，香港赤鱲角国际机场。

25 同 21，第 815 页。

26 邹祖德访问谈话，1996 年 9 月 5 日，洛杉矶乔治亚州雅典城电话访问。

27 杨振汉访问谈话，1998 年 9 月 26 日，香港赤鱲角国际机场。

28 杨振宁演讲：《读书教学四十年》，1983 年 3 月 2 日在香港中文大学。

29 杨振玉访问谈话，1996 年 9 月 10 日，纽约州立大学石溪分校办公室。

30 在接受访问的人当中，多位在美国的中外物理学家都有这种看法。

31 杨振宁访问谈话，另外杨振宁在“杰出华人系列之杨振宁电视专辑”中也曾经谈到此事。

32 根据张立纲、郑洪和邹祖德的访问谈话。

33 聂华桐演讲《我所知道的杨振宁》，1982 年 9 月访问中国科学技术大学，收入《杨振宁——20 世纪一位伟大的物理学家》，甘幼玶译，丘成桐、刘兆玄编，桂林，广西师范大学出版社，1996 年。

34 杨振宁访问谈话，另外杨振宁在“杰出华人系列之杨振宁电视专辑”中也曾经谈到此事。Chen Ning Yang, *Selected Papers 1945-1980 with Commentary,* New York: W. H. Freeman, 1983, p. 77.

35 G. Lubkin, “C. N. Yang discusses physics in People's Republic of China,” *Physics Today* Nov. 1971. 这篇访问稿后来收入《读书教学四十年》，香港，三联书店，1985 年。

36 杨振宁访问谈话，1999 年 5 月 11 日，纽约州立大学石溪分校办公室。

37 同上。

38 许鹿希、葛康同访问谈话，1998 年 9 月 22 日，清华大学工字厅。

39 葛墨林访问谈话，1998 年 9 月 21 日，清华大学。

40 杨振宁:《哀悼周恩来总理》，香港《七十年代》，1976 年 3 月。

41《杨振宁专辑》，杰出华人系列，香港电视台，1998 年 8 月 23 日。

42 杨振宁访问谈话，1996 年 5 月 11 日，纽约州立大学石溪分校；2000 年 5 月，云南金沙江畔。

43 何炳棣访问谈话，1998 年 11 月 23 日，加州洛杉矶地区厄湾市家中。

44 杨振宁访问谈话，1999 年 5 月 11 日，纽约州立大学石溪分校办公室。

45《波士顿通讯》，1968 年 5 月，伍法岳提供。

46 同上。

47 伍法岳:《离校三十年痛心两件事》，载新竹《清华校友通讯》，1989 年。

48 同上。

49 根据伍法岳和《波士顿通讯》来往信函、杨武风答辩信，以及《离校三十年痛心两件事》文章复印件，伍法岳提供。

50 伍法岳:《离校三十年痛心两件事》，载新竹市《清华校友通讯》，

1989 年。另根据杨振宁，致伍法岳信函，1986 年 11 月 1 日，伍法岳提供。事实上，杨檠是常住在亚美尼亚共和国。

51 伍法岳：《离校三十年痛心两件事》，载新竹市《清华校友通讯》，1989 年。

52 杨振宁访问谈话，1999 年 5 月 11 日，纽约州立大学石溪分校办公室。

53 同上。另阎爱德访问谈话，1998 年 8 月 10 日，新竹清华大学物理系办公室。

54 同 53。另外吴大猷对于杨振宁见蒋经国的看法，系吴大猷告诉"中研院"人文组一位院士，这位院士告诉《中国时报》大陆特派员傅建中的。

55 张立纲访问谈话，1998 年 9 月 25 日，香港科技大学办公室。

56 郑天佐访问谈话，1998 年 9 月 18 日，南港"中研院"物理所。

57 阎爱德和郑国顺都有这种看法。

58 杨振宁访问谈话，1999 年 5 月 14 日，纽约州立大学石溪分校办公室。

59 同上。

60 杨振汉访问谈话，1998 年 9 月 26 日，香港赤鱲角国际机场。

61 杨振宁访问谈话，1999 年 5 月 14 日，纽约州立大学石溪分校办公室。

62 吴家玮访问谈话，2000 年 8 月 3 日，香港科技大学校长办公室。杨振宁访问谈话，2000 年 8 月 21 日，纽约州立大学石溪分校办公室。

63 金耀基访问谈话，1998 年 9 月 25 日，香港启德机场饭店。张立纲访问谈话，1998 年 9 月 25 日，香港科技大学办公室。

64 杨振宁访问谈话，1999 年 5 月 11 日，纽约州立大学石溪分校办公室。

65 聂华桐访问谈话，1998 年 5 月 8 日，清华大学住处公寓。

66 高锟：《杨振宁——20 世纪一位伟大的物理学家·我所知道的杨振宁》，甘幼玶译，丘成桐、刘兆玄编，广西师范大学出版社，1996 年。

67 葛墨林访问谈话，1998 年 9 月 21 日，清华大学。

68《杨振宁访问专辑》，星期二档案，香港电视台，1988 年。

69 杨振宁访问谈话，1999 年 5 月 14 日，纽约州立大学石溪分校办公室。

70 陈方正访问谈话，1998 年 9 月 25 日，香港中文大学办公室。杨振宁访问谈话，1999 年 5 月 14 日，纽约州立大学石溪分校办公室。

第十二章

每饭勿忘亲爱永

1982 年，杨振宁 60 岁生日庆祝宴会后的全家福，左起：杜致礼、杨振宁、杨光诺、杨又礼、杨光宇（杨振宁提供）

杨振宁和家庭的关系是深厚而紧密的。他曾经说过，他从小成长于一个非常稳定而有着丰富感情的家庭环境，这对于他的人生观，对于他做人的态度，都产生了积极正面的深远影响。他认为，自己深受中国传统人伦观念影响，而这种中国文化传统中最好的一部分，对于他后来面对不同的文化和环境挑战，也带来一个强大的稳定作用。[1]

杨振宁 1945 年离开中国到美国留学以后，虽然还和家中保持着联络，但是大环境的阻隔，好像切断了他自幼成长以来和家庭紧密的脐带关系，一直到 1957 年他和父亲在日内瓦再一次的见面。

那一年杨振宁和太太杜致礼带着当时唯一的儿子杨光诺和父亲见面，祖孙三代享受着家庭伦常的亲情至爱。有一天，父亲杨武之给他和杜致礼写了两句话：

> 每饭勿忘亲爱永，
> 有生应感国恩宏。

杨振宁感受父亲留言的深意，他说，今天的年轻人恐怕会觉得这两句话有一点封建味道，可是他以为，封建时代的思想虽然有许多是要不得的，但也有许多是有永久性价值的。[2]

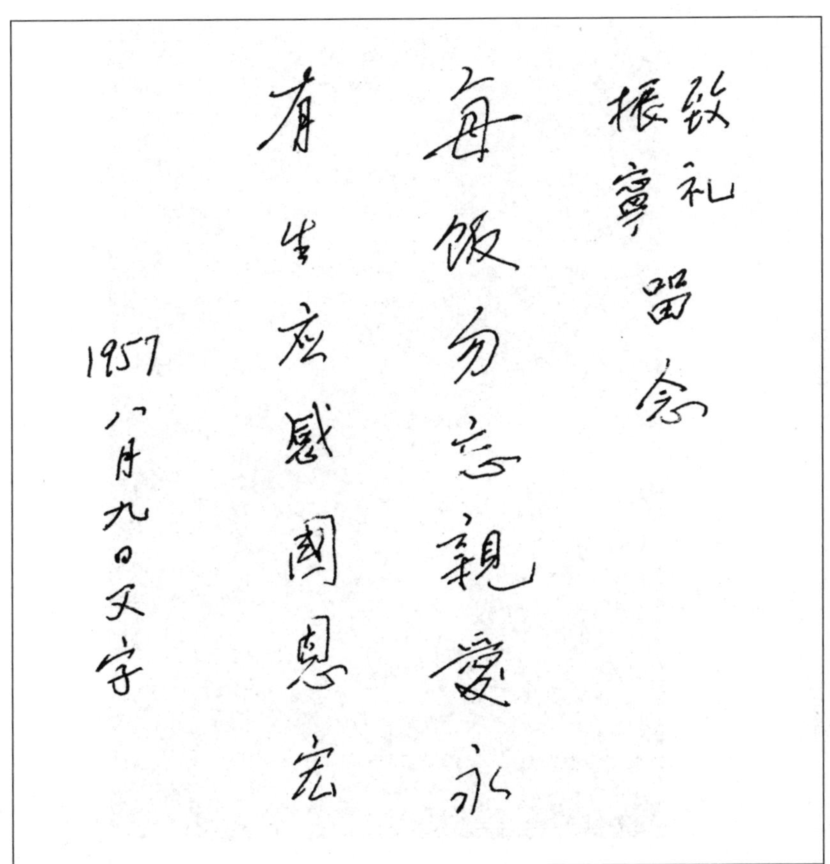

振寧致禮留念

每飯勿忘親愛永
有生應感國恩宏

1957 八月九日 父字

1957 年杨武之在日内瓦给杨振宁夫妇写的字（杨振宁提供）

1962年5月21日，杨振宁在日内瓦机场迎接父亲杨武之（中）和母亲罗孟华（右）（黄长风摄，杨振宁提供）

那个时候杨武之有严重的糖尿病，他是以带病之身，一路经过北京、莫斯科、布拉格，也一路住医院。到了日内瓦，先住进医院检查，出院后每天要自己检查血糖并且注射胰岛素。

那年夏天，杨振宁在日内瓦的维蒙特路（Rue de Vermont）租了一间公寓，三代四口住在一起。杨光诺每天清早总是非常有兴趣地看着祖父用酒精灯检查血糖，杨振宁醒来以后，杨光诺会跑来告诉他说："It is not good today; it is brown."（今天不好，棕色。）或"It is very good today; it is blue."（今天很好，蓝色。）

过了几个星期，杨武之身体逐渐恢复健康，能和小孙子去公园散步，祖孙二人非常高兴地在公园一边的树丛中，找到一个"secret path"（秘密通道）。杨振宁说，每次看到他们一老一少准备出门，父亲对着镜子梳头发，光诺雀跃地开门，就让他感到无限的满足。[3]

那一年和父亲愉快的相聚，使杨振宁感触深刻。在要分手以前，他特别去买了一盆终年盛开的非洲紫罗兰，专门照了一张相，并且在相片簿上写着"永开的花是团圆的象征"。[4]

在那个冷战的年代里，杨振宁和父母于1960年和1962年，又两次在日内瓦相会。这是杨振宁离开中国以后，和母亲的再次见面。杨振宁自幼和母亲相依为命度过六年的童年，感情非常亲近，分隔多年后的再见，感情自是十分激动的。

杨振宁说，1962年他们住在日内瓦的另外一个公寓。有一天晚上，父亲说起新中国使中国人真正站起来了，从前不会做一根针，今天可以制造汽车和飞机；从前常有水灾、旱灾，动辄死去几百万人，今天完全没有了。从前文盲遍野，今天至少城市里面所有小孩都能上学……正说得高兴，母亲打断父亲的话说："你不要专讲这些，我摸黑起来去买豆腐，排队站了三个钟头，还只能买到两块不整齐的，有什么好？"父亲听了很生气，说她专门扯他后腿，给儿子错误的印象，气得走进卧室，"砰"的一声关上门。[5]

成长在中国积弱的年代，20 世纪 20 年代出国留学时还受到歧视的杨武之，对于杨振宁当然是有所期待的，他曾经对杨振宁说血汗应该洒在国土上。他 1957 年和 1960 年两次到日内瓦和杨振宁见面，后来写下“五七六〇两越空，老来逸兴爱乘风，重温万里湖山梦，再叙天涯倚侣衷”的诗来表达他的心情。[6]

杨振宁自己也说，他的个性和行事作风，受父母影响都很大，明显的影响如学术知识是来自父亲，而不明显的影响如精神气质则来自母亲。他说，自己年纪大以后，从他和子女接触中，才深深体会到母亲对他成长的熏陶和影响。杨振宁说，母亲的勤俭朴实作风给了他很大的影响，他后来还一直用的是一辆十多年的老汽车。[7]

1964 年，杨振宁和父母再一次在香港见面，这回还有杨振宁的弟弟杨振汉和妹妹杨振玉。杨振宁从小比弟妹年纪大上一截，弟妹从生活到功课都受到他的照顾，对弟妹来说，杨振宁可说是亦兄亦父，感情非常亲密。杨振宁在美国的大弟弟杨振平初到美国，受到杨振宁照顾的情况，清华大学著名哲学教授冯友兰在 1948 年给儿子冯钟辽的一封信上都有言道：“……现在朋友中的子弟出国成绩最好的是杨振宁，他不但成绩好，而且能省下钱帮助他家用，又把杨振平也叫去了，又帮助邓稼先的费用……”[8]

杨振宁和弟妹的感情一直十分的亲近，一直到大家都六七十岁了，这种亲密的关系也没有丝毫改变，反映出杨振宁家庭情感的紧密。

1966 年，受到“文革”的影响，杨振宁和家中的通信中断了。在那三年多的时间里，杨振宁只能靠着他在日内瓦的一个存折，看到父亲取钱时签下的刚劲有力的字，才知道父亲依然健在上海。这是他当时唯一的“家信”。[9]

1971 年杨振宁回到中国探亲，父亲杨武之的身体已经很不好，长年卧病在华山医院里。杨振宁下机后立即到医院探望父亲，而父亲只能虚弱地躺在床上，靠助听器和杨振宁对话。那个时候杨振宁的家人

1964 年，杨振宁和家人、好友于香港留影，左起：杨振汉、杨振玉、杨振宁、罗孟华、黄克孙、伍美德、黄月眉、杨武之（杨振宁提供）

住在上海的大生胡同（大胜胡同），地点是今天希尔顿酒店对面。杨振宁的母亲有时要带着一锅肉汤或者鸡汤，以及一些水果和日用品到乌鲁木齐路、华山路交会的华山医院看望父亲，老太太提着重物走不动，会包一个三轮车去。杨振宁那段时间陪母亲去医院，无论如何不肯坐在三轮车上，只在后面推着三轮车。[10]

1973年5月12日，父亲杨武之病逝。杨振宁在父亲病逝以前，赶回上海，并且随后参加了父亲在上海的丧礼。丧礼中杨振宁的讲话引述他父亲一位老同学的话："在青年时代，我们都向往一个繁荣强盛的新中国。新中国成立30多年来，在毛主席和中国共产党的英明领导下，当时我们青年梦寐以求的这个新中国实现了。"他说："我想新中国的实现这个伟大的历史事实，以及它对于世界前途的意义，正是父亲要求我们清楚地掌握的。"[11]

在那以后，由于世界局势的变化，杨振宁有更多的机会回到中国和家人相聚。20世纪80年代，杨振宁安排母亲到香港居住，并曾经带母亲到新加坡参观，还带母亲到美国看自己工作和居住的地方，一直到1987年母亲在香港去世为止。

杨振宁母亲的人生态度，给予他很深的感受。他曾经说，他母亲的做人态度与美国人的做人态度是不一样的。她做任何事情都不是从个人出发，她的一生是从她的父母、她的丈夫、她的孩子来出发的，而这个观念是绝对的，她从来不怀疑应把丈夫与孩子的福利放在第一位。对于她，这是绝对的一件事。杨振宁说，人的思想如果把一件事情变成绝对化以后，就变成一种力量，从母亲身上他看到了一些礼教的优点。[12]

杨振宁对于父母亲的感念，是恒久深重的。1992年杨振宁70岁生日，许多地方都有庆祝的聚会。在天津南开大学的庆祝会上，杨振宁讲述他生平时，"说起父母的种种，他放上一张过年夜里推着母亲在香港街上的幻灯片，说到母亲最后两年在香港的生活，讲台上的杨振宁一时悲从中来，痛哭失声，举座来宾无不动容"。[13]

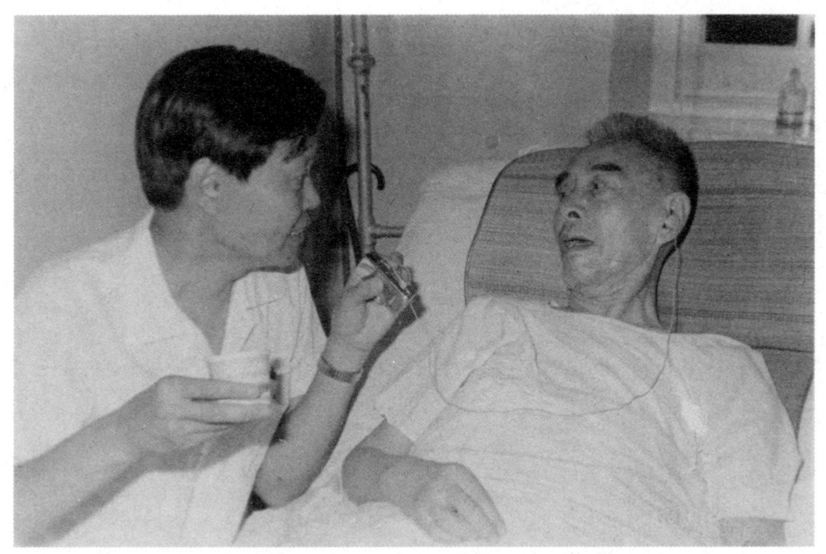

1972 年 7 月，杨振宁在上海华山医院探视卧病的父亲（杨振宁提供）

杨振宁再见久别的母亲，感情激动（杨振宁提供）

1997 年，75 岁的杨振宁在他写的一篇文章中提到童年时和父亲在清华校园中的漫步："童年的我当时未能体会到，在小径上父亲和我一起走路的时刻，是我们单独相处最亲近的时刻。"[14]

现在，杨振宁的父母以及一个早夭的弟弟杨振复都长眠在苏州的东山。

1950 年，杨振宁和杜致礼结婚，开始他个人一个新的家庭关系。杜致礼的父亲杜聿明是蒋介石手下最重要的将领之一，而杨振宁成长于一个大学教授的家庭，两个人的家庭背景当然是颇有差距的。在昆明时期，杜致礼的三个弟弟偶尔骑马上学的景象，也确是给杨振宁家人十分吃惊的印象。

1950 年杨振宁准备和杜致礼结婚以前，曾经写信禀报父母亲。杨武之给儿子写了一封长信，信中提到两家家庭背景的差异，要杨振宁有所考虑云云。杨振宁把这封信给杜致礼看了，显然没有改变他和杜致礼结婚的决心。[15]

杨振宁和杜致礼结婚以后，和正常的婚姻一样，快乐的日子之外也难免要有一些适应的问题。杨振宁认为，杜致礼是一个很有个性的人，如果她有什么想法，你很难去改变她的。在事业方面，杜致礼并没有很大的雄心，她安于做她家庭主妇和母亲的角色，对于美国的所谓女权运动，杜致礼也没有受到这方面的困扰。

另外，杜致礼也是一个有话直说的人。杨振宁他们住在布鲁克海文实验室的邻居库兰特（Earnest Courant）的太太萨拉（Sara）就说过，有一次她和她们那个时候的另一个邻居斯诺（George Snow）的太太莉莉（Lily）以及杜致礼在一起，萨拉和莉莉都是犹太人，结果另外一个太太突然问莉莉说："你是犹太人吗？"杜致礼听到了马上回敬说："What's wrong with that? I am too."（犹太人怎么样？我也是犹太人。）[16]

对于杨振宁工作上难免的要有出外开会旅行，杜致礼颇有一些抱怨。但是杨振宁认为杜致礼的这个想法是错误的，因为杨振宁认为自

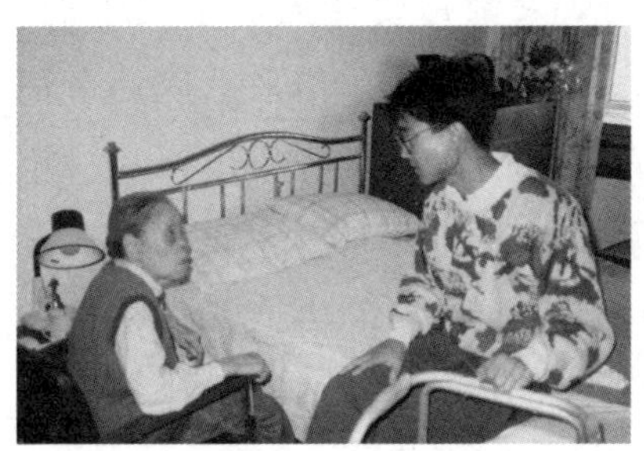

1986 年，杨光宇和祖母于香港北角和富中心留影（杨振宁提供）

1987 年春节，杨振宁和母亲在香港仔的合照（杨振宁提供）

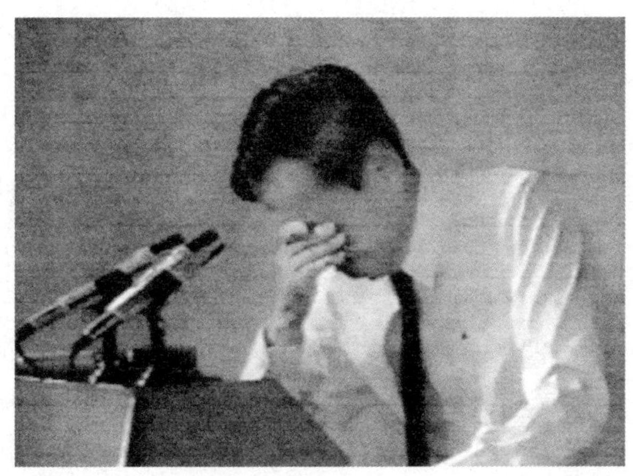

杨振宁 1992 年在演讲中谈到母亲最后的生活和去世，悲从中来（杨振宁提供）

己做理论物理工作，不但比起许多做其他工作的男人，就是比起实验物理学家，待在家里的时间都是比较多的。对于杜致礼有时抱怨他待在家里有一点心不在焉，杨振宁认为也许他在家里并不是没有心不在焉，但是并不觉得自己是特别的心不在焉。[17]

除了对于杨振宁表达感情的过于简略有些不满意之外，杜致礼还说杨振宁从不准时，说什么时候回来，从来都是要让人等了又等的。这也和杨振宁学生说他非常准时的看法不同。不过多年来家里的事情多是杜致礼当家负责，孩子的许多事情也是杜致礼费心料理，有一年他们的二儿子杨光宇打球脾脏被打破了，是等到开完刀才通知人在海外的杨振宁。对于杨振宁没有很多的时间帮忙家里的事，杜致礼难免要有许多抱怨。[18] 有个性的杜致礼许多时候难免也会显现她的脾气，有时甚至当众让杨振宁下不了台。[19]

对于岳父母，杨振宁执礼甚恭，非常亲近。他和杜致礼在 1955 年左右收到杜聿明由中国寄到伦敦中国大使馆转来的信，才知道杜将军还活着。他们立即给在台湾的岳母曹秀清写了一封信，说接到了朋友的来信，使岳母得悉“老朋友”还健在的消息。1958 年，曹秀清由台湾到美国和杨振宁、杜致礼相聚，住在杨振宁的家里，杨振宁对岳母就好像自己的母亲一样。

1959 年，杜聿明在经过 10 年的监禁以后恢复了自由。1963 年，曹秀清由美国去北京和杜聿明相会。杨振宁在 1971 年回到中国以后，首次见到岳父，翁婿二人有 10 年左右的来往。杨振宁说，他和岳父杜聿明之间彼此都有一个好的印象。杜聿明对于中国兵书和战略的了解，以及他的部属对于他的尊敬，都让杨振宁对杜聿明有很深刻的印象；而杨振宁也没有一般中国读书很成功的人常有的令人不喜欢的毛病。[20]

1951 年，杨振宁和杜致礼的大儿子杨光诺出生，杨光诺的名字是祖父杨武之取的，而“诺”字是为了希望杨振宁得到诺贝尔奖。1958 年，老二杨光宇出生，下面还有一个 1961 年出生的妹妹杨又礼。杨振

1951 年，杨振宁举着杨光诺和杜致礼的一张合照（杨振宁提供）

1954 年，杜致礼于华盛顿留影（杨振宁提供）

宁说，对于孩子的教育和期望，他们比较不像一般中国父母那么的殷切，是比较美国式的。虽然杨振宁认为自己对于子女从来没有施加任何的压力，但是他自己在学术上的成就，还是无形中给儿女带来了压力。[21]

有一段时期，杨振宁和大儿子杨光诺的关系非常不好，彼此不大说话。杨振宁对于这件事非常敏感，在被追问的时候不愿意承认，还要反问是哪里听来的。事实上从他的亲人到朋友都证实了这件事情，他们认为主要是因为两个人个性都比较急，身为老大的杨光诺也许受到比较大的压力，那个年代中国血统的孩子经常收到异样眼光，加上杨光诺又长期住校，和家里比较疏离，因而造成了这个结果。不过杨光诺成年以后，两人关系就缓和了。[22]

孩子小的时候，杨振宁由研究室回家以后很喜欢和他们玩在一起。杨又礼就记得父亲很喜欢躺在地下，让孩子躺在他的身上，然后摇动起来玩假装地震来了的游戏。有一次杨振宁在家里和孩子玩骑马打仗，结果一不小心把骑在他身上的杨光宇的头碰到房门上，撞得头破血流，到今天杨光宇的额头上还有一个凸起的小包。[23]

杨振宁到了石溪以后，也许在科学工作上比较稳定一些，所以有了更多的家庭生活。他很喜欢户外的活动，会带着家人去旅行露营。在石溪因为住家靠着海边，杨振宁曾经买了一条小船，偶尔会驾船出海，并且也会滑水，有朋友来了还要教他们滑水。他的家里有一个独轮车，杨又礼可以骑在上面，来去自如。杨振宁自己也很会骑脚踏车，有时候他还要表演倒着骑车，结果有一次把手腕给摔断了。[24]

杨振宁的嗜好不少，偶尔也喜欢打打桥牌，有一阵子对于德国包豪斯（Bauhaus）的电影和家具特别感到兴趣，搜集了不少。他自己也有一部摄影机，除了拍摄家里的活动，有时候全家出游，他就要做导演安排大家演戏。那时候他们家里还养了一只叫 Thinker 的狗。

杨振宁对子女的功课教育虽然不会给予太多的压力，不过还是很关注他们的学习和阅读。有一次，他用一张漫画来和杨又礼沟通，让

杨振宁和杜致礼结褵逾半世纪，扶持中有许多欢笑
（江才健摄）

1978 年，杨振宁的岳父母杜聿明（左）和曹秀清（右）于北京留影（杨振宁提供）

她选择要用哪一种方式来面对她的功课和玩耍的问题。这些漫画杨振宁都留着，多年以后还把这些资料装订起来，寄给了杨又礼，使得杨又礼既意外又感动。[25]

对于孩子的天分，杨振宁也有一些客观的看法。譬如他就看出来老二杨光宇很有动手能力，比他自己要强得多。杨光宇确实从小就对化学感兴趣，在他的房间里面还有一个小的化学实验室，不过这却一直让杜致礼很担心，她怕有一天开车回家，发现房子被炸掉了。[26]

有一次，杨又礼开车送杨振宁到机场去，在路上杨振宁问起杨又礼，说在小的时候她怎么样看他这个父亲。杨又礼说他是一个“fun father”（有趣的爸爸）。杨振宁对于这个答案非常满意，因为这代表在孩子的印象中，他是和他们打成一片的。[27]

对于子女来说，杨振宁虽然偶尔也会生气，但是整体来说，他的感情是比较内敛的。杨光宇就曾经说过，杨振宁是一个关怀备至的父亲、丈夫和祖父，但他是一个感情内藏的人，他的感情幅度比一般人的来得窄。杨光宇用了一个科学式的描述：“譬如说他感情的幅度是四到七，而一般人是二到九。”[28] 杨又礼也说，父亲不会插科打诨式地说笑话，但是他有他那一种的干式幽默（dry sense of humour）。[29]

正如杨振宁自己所说的，对儿女的念书他从来没有给任何特别的压力。老大杨光诺先是在密歇根大学念数学，后来转念了计算机科学。有一阵子杨光诺桥牌打得很好，杨振宁认为已经可以列入美国的前 20 名，但是杨光诺自己则说顶多在 100 名左右。杨光诺在 IBM 工作了 10 多年，后来才知道父亲曾经替他的工作帮了忙。[30]

老二杨光宇和老三杨又礼都念康奈尔大学，杨光宇后来在加州大学伯克利分校得到化学博士学位，在南加州大学教了几年书后，改念了企业管理，在华尔街做财务金融的工作。杨光宇和一位来自香港的华裔女孩结婚，两人育有两个女儿。

杨又礼康奈尔大学毕业以后，过了几年，对医学发生了兴趣，后来在石溪分校念了医学院，成为一位医生。杨又礼说，对于他们的学

1966 年春天，杨光宇（左）和杨光诺（右）于普林斯顿留影（杨振宁提供）

杨振宁是一个有趣的父亲，这是 1966 年他和杨光宇（前左）、杨又礼（前右）在普林斯顿的合照（杨振宁提供）

1966 年，杜致礼抱着杨又礼于普林斯顿住宅院中留影（杨振宁提供）

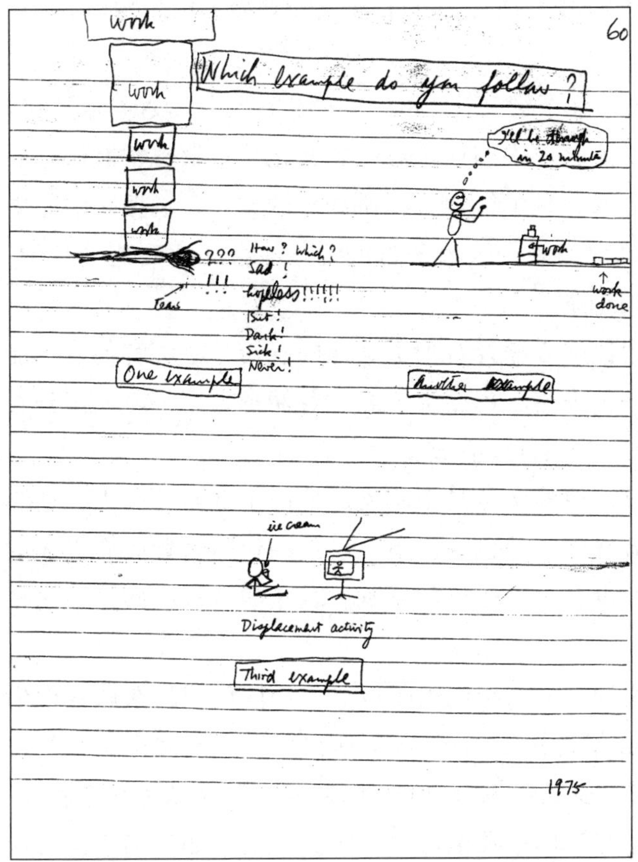

杨振宁早年和女儿杨又礼沟通的漫画，看出一个父亲的细腻心思（杨振宁提供）

1981 年的杨又礼（杨振宁提供）

业、工作，父亲都相当地随他们，她只记得父亲要她不要念物理。[31]

在三个孩子当中，除了杨又礼1983年在台北学过一段时间中文以外，他们基本上都不能够说中国话，对中国文化的了解也很有限。对于自己的孩子不能进入并且了解他自己所涵育的文化，杨振宁的心中不能说没有遗憾。他说如果今天再来过的话，他会注意到这件事情，让子女至少能够说中国话。[32]

他的子女了解到他内心深处对中国文化的感情，也了解他们不能分享他内心感情的一种失落。杨振宁曾经试着劝杨光宇一家人搬到香港或者中国内地去住，当然并没有成功。[33]

杨振宁曾经说过，他的父母是中国人，他的子女是美国人，他和他的太太是介于两者之间。他也说，他自己这一代因为背后有强大的中国文化做后盾，并没有少数民族的感觉，真正的少数民族是他的孩子这一代。[34]

正如同杨又礼说的，父亲年纪大了以后，中国传统的东西在他的身上更明显了。1983年杨振宁为了60岁所出版的《论文选集》的扉页上，写着四个汉字“献给母亲”。他在1997年写的文章《父亲和我》中，提到他在香港参与回归盛典的心情，想到他父亲如果躬逢此一历史盛典，恐怕会改吟陆放翁的名句：

> 国耻尽雪欢庆日（陆游诗原句为：“王师北定中原日”——编者注），家祭无忘告乃翁。[35]

注 释

1 杨振宁访问谈话，1999年5月7日，纽约州立大学石溪分校办公室。

2 杨振宁:《父亲和我》，载香港《二十一世纪》，第四十四期（1997年12月）；收入《杨振宁文集》，上海，华东师范大学出版社，1998年。

3 同上。

4 杨振玉:《杨振宁文集·父亲、大哥和我们》，上海，华东师范大学出版社，1998年，第991页。

5 同2。

6 同4。

7 杨振宁:《经济发展、学术研究和文化传统》，答《新加坡新闻》记者刘培芳问，原载于《新加坡新闻》，1987年2月2日；收入《杨振宁文集》，上海，华东师范大学出版社，1998年，第620页。

8 吴相湘:《冯友兰五十年前邮笺如今已变成珍贵史料》，载《传记文学》，1995年（第六十七卷第二期）。

9 杨振汉:《杨振宁文集·家家教教育》，上海，华东师范大学出版社，1998年，第901页。

10 谭茀芸访问谈话，1998年9月26日，香港赤鱲角国际机场。

11 杨振宁:《读书教学四十年·在杨武之先生追悼会上的讲词》，香港：三联书店，1985年。

12 杨振宁:《“宁拙毋巧”——和潘国驹谈中国文化》，原载于新加坡《联合早报》，1988年1月17日。

13 江才健:《杨振宁七十岁自述再展大师风范》，载《中国时报》，1992年6月12日。

14 杨振宁:《父亲和我》，载香港《二十一世纪》，第四十四期（1997年12月）；收入《杨振宁文集》，上海，华东师范大学出版社，1998年。

15 杨振玉访问谈话，1999年9月10日，纽约州立大学石溪分校办公室。

16 萨拉·库兰特（Sara Courant）访问谈话，2001 年 2 月 12 日，纽约市曼哈顿家中。

17 杨振宁访问谈话，1999 年 5 月 7 日，纽约州立大学石溪分校办公室。

18 杨光宇脾脏破裂开刀的故事，最早是由邓稼先的太太许鹿希提到，后来多人访问中也证实了这件事情。杜致礼访问谈话，2001 年 4 月 23 日，台北市福华饭店房间。

19 作者和乔玲丽等几位和杨振宁比较熟的朋友都有类似的观察经验。

20 杨振宁访问谈话，1999 年 5 月 7 日，纽约州立大学石溪分校办公室。

21 同上。

22 除了杨振宁之外，他的家人和亲戚朋友都没有否认这件事情。

23 杨又礼访问谈话，1999 年 7 月 17 日，蒙大拿州李文斯顿山中瑞士式木造屋家中。杨光宇访问谈话，1999 年 9 月 13 日，纽约市曼哈顿 J. P. Morgan 办公室。

24 同上。

25 杨又礼访问谈话，1999 年 7 月 17 日，蒙大拿州李文斯顿山中瑞士式木造屋家中。

26 杨振宁:《杨振宁文集·关于怎样学科学的一些意见——对香港中学生的谈话》，上海，华东师范大学出版社，1998 年。杨又礼访问谈话，1999 年 7 月 17 日，蒙大拿州李文斯顿山中瑞士式木造屋家中。

27 杨振宁访问谈话，1999 年 5 月 7 日，纽约州立大学石溪分校办公室。

28《杨振宁专辑》，杰出华人系列，香港电视台，1998 年 8 月 23 日。

29 杨又礼访问谈话，1999 年 7 月 17 日，蒙大拿州李文斯顿山中瑞士式木造屋家中。

30 杨光诺访问谈话，1999 年 9 月 12 日，纽约市曼哈顿。

31 杨又礼访问谈话，1999 年 7 月 17 日，蒙大拿州李文斯顿山中瑞士式木造屋家中。

32 杨振宁访问谈话，1999年5月7日，纽约州立大学石溪分校办公室。

33 杨光宇访问谈话，1999年9月13日，纽约市曼哈顿J. P. Morgan办公室。

34 杨振宁访问谈话，2000年7月31日，香港中文大学办公室。

35 杨振宁:《父亲和我》，载香港《二十一世纪》，第四十四期（1997年12月）。

第十三章

追求科学美感的独行者

杨振宁是追求科学美感的独行者（江才健摄）

和一般人想象的不同，真正的科学创造非常类似于艺术的创作，其实并不全然是井然有序的理性思维过程。只有极少数真正在科学知识最前端的独行者，他们面对全然未知的宇宙新境界之时，才得以完全领会那种孤独的心灵感受。一般科学行外之人，或者纵然是受过良好完整科学训练的科学工作者，也很少有机会能够真正领会那种像在蛮荒世界探险的经验：那是大胆的探索，狂野的猜测，以及依靠一种本能的信心面对未知领域的奇特心灵经验。

因此在科学历史中，那些真正撼动人类旧有科学观点的科学创造，便往往带有非常强烈的个人风格，如艺术的创作是一样的。杨振宁曾经引用德国物理学家玻尔兹曼的话说："一位音乐家在听到几个音节后，就能辨认出莫扎特、贝多芬或舒伯特的音乐。同样，一位数学家和物理学家也能在读了数页文字后辨认出柯西（Cauchy）、高斯（Gauss）、雅可比（Jacobi）、亥姆霍兹（Helmholtz）和基尔霍夫（Kirchhoff）的工作。"[1]

但是科学家的创造不全然同于艺术家的创造，他们受到所谓物理真实的规范，有时这不仅只限于实验验证那么简单，还有一种来自长久科学传统的共同信念；这使得他们说共同的语言，辨认出彼此的想法，也能够在其中欣赏真正美妙的创见。

也是因为这个缘故，在当前的科学社群中，已经不容易像艺术领域那样，出现无师自通的科学家。而一个有科学创见的伟大科学家的风格，事实上和他的师承训练、他的环境机缘，以及他的人格特质息息相关。

杨振宁的科学风格之形塑，相对于 20 世纪许多顶尖物理学家来说，可以说是有所不同的。这当然和他来自一个近代科学传统还不那么长久的环境有关，他由他的师长们身上所能够涵泳的科学风范，到底还是赶不上许多和他同一个世代的顶尖物理学家，譬如比他年长 4 岁的费曼和施温格，他们在成长的过程里，能够从欧洲和美国环境中得到涵养。

但是杨振宁在西南联大的科学训练是扎实的。他的老师王竹溪由英国剑桥大学带回来的统计力学的概念，吴大猷所给予他的量子力学和对称观念的启蒙教育，都使得杨振宁对于近代的物理科学有了一个非常好的入门指导。根据他自己的说法，他对于物理科学的品位大部分是 1938 年到 1944 年，他在昆明西南联大做学生的时候形成的。他纯粹经由阅读科学论文，学会了欣赏大科学家爱因斯坦、狄拉克和费米的工作。他说，对于提出测不准原理的海森堡的科学风格，他不能够有深刻的共鸣，他欣赏的是提出量子力学波动方程的薛定谔的科学风格。[2]

杨振宁在科学方面一个明显的早慧天分，是他的数学能力。杨振宁对于掌握数学问题方面的能力，以及他对于数学的特别偏好和品位，事实上对他往后一生科学工作的风格都有着极大的影响。

杨振宁个人在物理科学风格方面所受到的影响，比较重要的是他在芝加哥大学的时期。20 世纪 40 年代到 50 年代的芝加哥大学物理系，可以说是当时美国最好的物理重镇，杨振宁在那里碰到他的两位老师费米和泰勒，他们使得杨振宁对于物理是怎么一回事，可以说眼界为之一开。

根据杨振宁自己的说法，他从费米那里学到了物理不是形式化的东西，而是从最基础逐渐建立起来的扎实过程。他说费米所谈论的物理，总是从实际现象开始，用最简单的方法描述出来，这使得费米的物理工作具有非常具体而清楚的特性。另外，费米和泰勒都非常强调直觉的重要，杨振宁从他们那里学到理论和实验物理的一个基本环节，就是直觉的下意识推理。杨振宁说，没有这个环节，不大容易做出真正重要的贡献。杨振宁说过去在中国受到的物理训练，会使人觉得物理就是逻辑，但是逻辑只是物理的一部分，光有逻辑的物理是不会前进的，还必须要有跳跃。[3]

芝加哥大学以后，杨振宁走出带着他自己风格的科学之路，也建立起他自己对科学的偏好品位。半个世纪后，人们评价杨振宁的物理工作，不但认为其在物理科学上具有重要的意义，他的物理工作中所显现出来的美感，也受到普遍的称赏。

杨振宁以为，物理科学中新概念的发展，有两个重要的指导原则：一方面必须永远扎根于新的实验探索，因为离开这个根基，物理学将有陷于纯数学演算的危险；另一方面，又绝不能总是被符合当时实验事实的要求所束缚，因为依赖于纯逻辑和形式的推理，是物理这个领域中许多重大概念发展的基本要素。[4]

在这个方向上，杨振宁显然同时受到爱因斯坦和费米的影响。他注意到爱因斯坦老年时期的一个固执的观念，就是对“理论物理的基本结构应当是什么”的一种深刻的理解，他认为这种深刻的理解是当代物理研究的一个重要课题。当然对于这么大的一个问题，杨振宁也谨记了费米的教诲，那就是有的时候要适可而止，不去钻没有用处的牛角尖，也许多半的时候要做小的问题，只有偶尔做一下大的问题。[5]

在近代物理科学上，以特别不喜欢看别人论文出名的是物理学家费曼。杨振宁同样也不喜欢看别人的文章，因为他认为许多理论文章是没有什么价值的。特别是对于大多数流行的理论推测，杨振宁都采取一种保守的怀疑态度。在理论观点上他不赶时髦，而是脚踏实地从实验的或理论的基础出发，深入事物内部，努力求得对所涉及物理问题的本质的了解。他不愿意做随意的猜测，因为他相信这样做不会有什么结果，而他对于那些空泛和轻率的想法也表示出强烈的憎厌。[6]

杨振宁本身在粒子物理方面有辉煌的成就，但是他对于粒子物理的发展，却有着根本性的批评。他曾经用天体物理学家开普勒（Johannes Kepler）早期建立行星轨道时的构思办法，来形容当今某些基本粒子物理所使用的构思办法的谬误：为了解释物理学中某些观察到的规则性，理论学家力图使它们与起因于对称观念的数学规则性相匹配。[7] 他在 20 世纪 80 年代不喜欢当时粒子物理上大搞的所谓多重产生唯象理论，认为多数人在这方面的工作毫无价值，因为他们不懂物理是什么。[8] 对于粒子物理"标准模型"中解释质量来源的所谓"希格斯机制"的理论发展，杨振宁也很不满意，认为没有人相信它是最终的理论。[9]

1980 年 12 月在弗吉尼亚理工学院举行的一个高能物理会上，有人希望杨振宁对于粒子物理的发展做一个评论，他同意在不被引述的条件下发表他的看法，他当时说了一句有名的话："The party is over."（盛宴已经结束了）。[10] 根据杨振宁的看法，未来粒子物理要处于一个困难的局面，虽然并不就代表中间没有重要的工作，但是不会再有过去那种蓬勃的局面，而且和过去最大的不同是，不能再随时用实验去验证理论，闭门造车的现象将不可避免。[11] 杨振宁当时那种坦白论断的看法，自然让许多粒子物理学家很不高兴，但是往后 20 年粒子物理的发展，确实出现困难重重的局面。

当前粒子物理理论中把宇宙看作一个高维结构的所谓"超弦理论"，虽然目前相当热门，但是杨振宁说他也很难相信这个理论最后会是对的。他说超弦的理论把场的观念推广，但是没有经过与实验的答辩阶段，这方面的文章没有一篇真正与实验有什么关系，因此他认为它可能是一个空中楼阁。[12]

杨振宁的这些看法，尽管有许多人并不同意，认为他的科学品位过于保守。也有人质疑他当年提出来的规范场论也是一种和实验没有关联的纯理论结构，但是杨振宁认为，规范场论的情况不同，因为它和同位旋守恒以及麦克斯韦方程这两个有稳固实验基础的理论有密切的关系。[13] 另外，年轻一辈的顶尖数学家丘成桐也认为，杨振宁对于超弦理论的这些保留看法，是因为他是老一辈的物理学家，对于几何学不觉得那么自在的缘故。[14] 但是不论如何，杨振宁的这些看法正反映出他对物理科学的一种品位。

杨振宁曾经谈到一个例子，强调品位对于科学工作的重要性。他说在石溪分校的时候，曾经跟一位只有 15 岁的年轻研究生谈过，后来这位年轻的学生到普林斯顿去了。杨振宁说他对于这一个年轻学生的前途发展不那么乐观，原因是虽然这个研究生很聪明，问他关于量子力学的内容，他都会回答，可是当杨振宁问起这个学生量子力学问题中哪一个他觉得很妙的时候，这个研究生却讲不出来。杨振宁认为尽管这个学生吸收了很多东西，但是他没有发展出一个好的品位，而这种能够判断科学知识的价值的能力，是杨振宁觉得做科学成不成功最重要的一个条件。[15]

杨振宁对于物理科学工作品位和价值的一个判断标准，也是来自他在数学方面的强大判准能力和信念。他曾经说，在今天的基本物理里面，有很多很复杂的困难，要解决这些困难，必须引进一些跟数学有密切关系的新观念。他并且以他所提出的杨-米尔斯规范场后来的发展和数学中纤维丛观念有非常密切关系的例子，来说明物理学的新观念与数学里很复杂、很奥妙、很美的观念不止一次的吻合。他也觉得，目前物理学者对于基本粒子有一些不能了解的地方，恐怕就是因为还有一些很美的、很重要的数学观念没有被引进来的缘故。[16]

杨振宁认为，许多理论物理的工作者在某些方面对数学有抗拒，或者有贬低数学价值的倾向。他认为自己也许受到父亲的影响，所以比较欣赏数学。

我欣赏数学家的价值观，我赞美数学的优美和力量：它有战术上的技巧与灵活，又有战略上的雄才远虑。而且，奇迹中的奇迹，它的一些美妙的概念竟是支配物理世界的基本结构。[17]

对于数学的优美结构以及它和物理现象之间的奇妙关联，是杨振宁在他的物理工作中一再得到的惊奇发现。他 1974 年做了规范场的积分形式工作以后，发现从数学的观点来看，规范场在根本意义上就是一种几何概念。杨振宁理解到这一点以后，说他难以形容自己喜不自胜的得意忘形之状。[18]

杨振宁也特别要强调物理和数学基本上的不同，他曾经说过，如果一个物理学家学了太多的数学，他将可能被数学的价值观念所吸引，并因而丧失自己的物理直觉。[19] 杨振宁曾经给他在石溪分校的一位物理学家同事布朗写的一张字条上说道：

希望你不要误解，我要强调的是，物理学不是数学，这一点是清楚的。但是，数学在基础物理中起着非常重要的作用，这一点也很清楚。[20]

杨振宁也说，因物理的需要而发展出来的应用数学，和理论物理之间应该只有“强调”上的一个小的区别，那就是强调从物理现象到数学公式的归纳过程，与从数学公式到物理现象的演绎过程的不同。理论物理学家更强调归纳的过程，应用数学家更强调演绎过程。[21]

杨振宁说，理论物理靠的是“猜”，而数学研究的是“证”。理论物理的研究工作是提出“猜想”，设想物质世界是怎样的结构，只要言之成理，不管是否符合现实，都可以发表。一旦“猜想”被实验证实，这一猜想就变成真理。如果被实验所否定，发表的论文便一文不值。杨振宁曾经说起理论物理中许多文章的产生过程：先是某人发表了一篇论文阐述他自己的理论，第二个人说他能够改进前一个人的论文，后来又有一个人出来说第二个人的理论是错的，可是最后却往往发现最原始的那一个人的概念完全是错的，或者根本没有意义。[22]

数学就不同了。发表的数学论文只要没有错误，总是有价值的。因为那不是猜出来的，而是有逻辑的证明。逻辑证明了的结果，总有一定的客观真理性。[23]

为了避免落入这种无的放矢的理论物理猜测的错误，杨振宁认为理论物理的数学猜测由物理现象入手比较容易成功。他也曾经说过，如果他今天再回头来做科学，由于目前物理科学的分支太细，离开最原始的想法太远，所以他可能要做数学而不做物理，因为数学的价值可以比较长久，不像物理的许多工作后来就烟消云散了。[24]

杨振宁对于解释客观宇宙现象的物理理论，居然会和数学中的纯粹逻辑概念如此之相互吻合，感到印象深刻。他说几何的观念适用于物理，可以说是相当自然的，这在历史上已经有很多人讨论过。牛顿在300年前就说过："几何的辉煌之处就在于只用很少的公理而能得到如此之多的结果。"20世纪德国大数学家希耳伯特（David Hilbert）也说："19世纪最具有启发性、最重要的数学成就，就是非欧几何的发现。"[25]

后来，杨振宁自己了解到普遍的规范场和几何上纤维丛的密切关系，而纤维丛的概念是在完全不涉及物理世界的情况下发展出来的，更使他十分惊讶。他和大数学家陈省身谈起来，认为数学家能够凭空想出来这些概念，令他震惊而且迷惑不解。陈省身回答他说，这些概念不是凭空想出来的，它们是自然的，也是实在的。[26]

由于对物理科学和数学有着他个人不同常凡的观点和很高的品位，所以20世纪最伟大的物理学家爱因斯坦，就很自然地成为杨振宁在科学中的一个典范人物。从1949年到1955年爱因斯坦去世以前，两人都在普林斯顿高等研究院。杨振宁说那时候爱因斯坦已经退休了，他们这些年轻人觉得不应该去打扰他。所以除了一次爱因斯坦要他的助理来请杨振宁和李政道去和他见面谈话以外，另外就是有一次杨振宁带着儿子杨光诺等在爱因斯坦每天到办公室要经过的路上，杨光诺和爱因斯坦合照了一张照片。

杨振宁对爱因斯坦对于几何概念的偏爱，有着深获启迪的感受。他曾经说：

> 如果我们接受爱因斯坦偏爱几何的论点，那么甚至可以把这论点进一步发挥，认为爱因斯坦喜欢波动力学，因为它比较几何化，而他不喜欢矩阵力学，因为它比较代数化。[27]

而这和杨振宁比较偏好薛定谔的波动力学，而比较不欣赏海森堡的矩阵力学的品位，似乎也是相当一致的。

对于爱因斯坦一个人完成了 20 世纪最重要的三大物理革命（狭义相对论、广义相对论和量子力学）中间的两样，杨振宁认为这样伟大的物理成就，是没有人可以比拟的。他特别推崇爱因斯坦最早在广义相对论中应用了的一个基本原则，也就是杨振宁后来提出来的“对称性支配交互作用”，另外爱因斯坦所提出的统一场理论的必要性和物理学的几何化，也都是后来继续影响物理学发展的具有远见的重要观念。[28]

杨振宁特别提到爱因斯坦在 1933 年的斯宾塞（Herbert Spencer）讲座发表的《论理论物理学的方法》中的一些概念：

> 理论物理的基本假设不可能从经验中推断出来，它们必须是不受约束地被创造出来……
>
> 经验可能提示某些适当的数学概念，但可以非常肯定地说，这些概念不可能由经验演绎出来……
>
> 但创造寓于数学之中。因此，在某种意义上我认为，单纯的思考能够把握现实，就像古代思想家所梦想的那样。

杨振宁认为爱因斯坦所提到的这些论述深具启发性，[29] 特别是爱

1954 年某一天，杨振宁父子等在爱因斯坦每天必会经过的地方，得到了这一张杨光诺和爱因斯坦的合照
（杨振宁提供）

因斯坦提到可以由纯粹的推理得到物理概念的说法，对杨振宁来说实有“深获我心”之感。

杨振宁曾经提到，爱因斯坦从自己的经验及20世纪初物理学的几次大革命中认识到，虽然实验定律一直是（而且继续是）物理学的根基，然而，数学的简和美对于基础物理概念的形成，起着愈来愈大的作用。杨振宁特别引述爱因斯坦的话说：

> 一个理论科学家就愈来愈被迫让纯粹数学的、形式的思考来引导他……这种理论学家不应该被指责为空想家，相反，他应该有自由想象的权利，因为，要达到目的，别无他法。[30]

当然杨振宁深刻地认识到，爱因斯坦的博大精深和令人惊叹的洞察力，是没有人能与之相比的。因此有人曾经问起杨振宁，说爱因斯坦的广义相对论和杨振宁的规范场论发展中，数学概念的影响是否有类似性的时候，杨振宁并不同意，他认为数学渗入广义相对论和规范场理论的过程是全然不同的。他说爱因斯坦没有黎曼几何就不可能写出广义相对论，而对于规范场论来说，方程式早已写出来了，但后来是透过数学才了解其中的深意。[31]

爱因斯坦在他的晚年，拒绝接受量子力学中的随机概念，甚至和大物理学家玻尔进行公开辩论但并没有获得胜利。而爱因斯坦在20世纪30年代以后遭到其他物理学家同侪的批评，说爱因斯坦从事的是毫无价值的研究，与物理真实性无关。但是爱因斯坦还是坚持他的信念，成为科学探索路途上的一个独行者。杨振宁说，爱因斯坦不相信现有的对量子力学的解释是最后的结论，他同样也不相信这一点。[32] 杨振宁虽然没有在科学界遭遇像爱因斯坦这样大的反对，但是他对于近代物理的许多热门潮流发展的批评，也使他成为科学探索路途上的一个独行者。

1982年，杨振宁曾经在意大利西西里岛埃里切一个由修道院改成的科学中心，和英国一流的物理学家狄拉克谈话。狄拉克问杨振宁什么是爱因斯坦最重要的物理贡献？杨振宁说："1916年的广义相对论。"狄拉克说："那是重要的，但是不像他引入的时空对称的概念那么重要。"杨振宁曾经引述这个故事，表露出他对于狄拉克在物理科学上透彻看法的钦佩之意。

狄拉克是创建20世纪量子力学的伟大物理学家之一。杨振宁对于狄拉克的科学工作非常钦仰，他曾经说狄拉克的著作无论重要和不太重要的部分，总是坚持形式上的完美和逻辑上的无缺点，使得他的论文具有独特的创造性的色彩。他特别提到狄拉克本人曾经说"完美是唯一的要求"。[33]

杨振宁认为狄拉克科学工作最重要的特点，就是对问题的认识常常能正中要害，而且他的逻辑与别人的逻辑不一样，但是非常富有吸引力，他认为狄拉克的科学工作常常让人有"神来之笔"的赞叹。[34]

杨振宁曾经用"秋水文章不染尘"来形容狄拉克不带一点渣滓的干净文章。1997年，杨振宁在一个演讲中引用唐朝诗人高适在《答侯少府》中的诗句"性灵出万象，风骨超常伦"来描述狄拉克的科学工作。[35]

现在物理学界都公认，杨振宁在20世纪的物理学中，是继爱因斯坦和狄拉克以后，同样以优美数学风格的物理工作建立不朽贡献的伟大物理学家。[36]

在和他自己差不多同一个世代的物理学家中间，杨振宁对于费曼的物理直觉非常推崇，认为费曼的物理工作未来会有长远的价值。和费曼同时得到诺贝尔奖的施温格，杨振宁认为他的数学能力比费曼要强，但是他的物理工作过分修饰，不像费曼那样浑然天成。杨振宁认为在他认得的物理学家当中，数学能力最强的是戴森，他一再推崇戴森在量子电动力学发展中的重要贡献，认为戴森也应该得到诺贝尔奖。[37]

本来是数学家的戴森曾经说过，他并不完全认为自己是一个物理学家。爱因斯坦曾说过的，因为自己在数学领域里的直觉不够，不能辨认哪些是真正重要的研究，哪些是不重要的题目，所以选择了做物理学家，戴森曾用这句话来说明他自己因为相反的缘故，而认为自己是一个数学家。[38]

对于盖尔曼，杨振宁认为他的贡献是重要的，但是和费曼的贡献比较起来，杨振宁认为费曼的贡献更为长久，而且费曼的物理工作的直观洞察也比较深刻。另外，温伯格和格拉肖虽然物理风格和他的很不一样，但是都做出了相当重要的物理工作。对于整个物理科学的进展，杨振宁认为是要由许多不同品位的人在不同的方向上去工作，才能得到进展。他曾经在他的退休仪式上说：

> 我们相信我们所喜爱的物理题材是既分散又单一的。也提醒我们物理学家是在一个分立但是紧密结合的大家庭中。[39]

20 世纪的著名物理学家维格纳曾经说，科学（近代科学）的一个特点就是它的年轻。[40] 近代物理学一般从牛顿算起，到今天还不满 400 年时间，相对于人类存在的时间，或者是人类有历史记录的时间，都是短暂的。

但是因为近代科学对于人类文明生活面貌的巨大影响力量，使得科学家取代了人类过往历史中的祭司、伶人、哲学家、诗人、音乐家、画家和雕塑家，成为人类文化创造中的新贵。特别是 20 世纪科学发展所展现的威力，更大大提升了科学家作为一种文化新贵的神秘地位，也使得他们成为人类思维启蒙的新英雄。

因此在人类对英雄崇拜的一种社会文化的内心需求驱动之下，科学家成了“天才”的代名词，他们被形容为具有魔法般的思维和智力，可以看透宇宙的奥秘。英国的经济思想大师凯恩斯（John Keynes）曾经形容牛顿的科学心灵有如“解谜的魔法师”。

但是近代的科学社群已经避免用“天才”这样的名词来描述伟大的科学心灵，他们会用“原创性的”这种说法和一般“常态性的”科学工作做一个区分。以写《混沌》一书而闻名的《纽约时报》前记者格莱克（James Gleick），在以《天才》为名所写的费曼传记中，引用费曼的一句话却是："我们并不真的比其他的人聪明那么多。"[41]

人类社会对于天才的英雄崇拜需要，和真实科学运作中的一个落差，就是英国最出名的罹患肌肉萎缩重症的物理学家霍金（Stephen Hawking）的例子。虽然霍金在一般大众和媒体间享有天才的称号，但是包括杨振宁在内的物理同僚却没有把他的物理工作评价得如此之高，原因是霍金的工作离开实验太远。[42]

对于杨振宁的科学的评价，和杨振宁同在石溪理论物理研究所的物理学家聂华桐的说法很好：

> 近几十年来科学里有这么大成就的人为数不是很多的。但如果说这是由于他是个天才，我看就浮于表面了。[43]

通过在石溪20多年对杨振宁的近距离观察，聂华桐认为：

> 这个不寻常人物的心智，是代表了保守和创造之间、物理的直觉和数学的抽象之间，以及超凡分析能力与概念透视力之间的一种平衡。正是这种个性和智力质量的结合和平衡，使杨振宁成为本世纪最伟大的物理学家之一，也造就出这么一个独一无二的精彩人物。[44]

很显然，对于杨振宁的物理成就来说，除了诺贝尔奖的工作之外，他在统计物理方面的贡献，特别是他的杨-米尔斯规范场论，已经确立他一代物理大师的地位，许多重要的物理学家都认为，杨振宁是目前还在世的最重要物理学家。[45] 诺贝尔奖得主丁肇中曾经说过，中国人在国际科学上建立不朽之功绩者，乃自杨振宁始。[46]

杨振宁曾经引述他心仪的20世纪大数学家外尔在其名著《经典群》前言中的一段话：

> 数学思想可达到的严格的精确性，使得许多作者按照这样的一种模式写作，它必定会使得读者感觉像是被关闭在一个很亮的小室之中，在其中每一个细微之处都以同样的炫眼的清澈伸展出来，但是景色却单调平淡。
>
> 我却喜欢在晴空下的开阔景色，因为它有景象深度，附近由鲜明轮廓确定的大量细节逐渐消失在地平线处。[47]

杨振宁说，这一小段叙述非常清楚地表达了外尔在智力上的偏好。这当然也正是杨振宁在智力上的偏好。

注 释

1 杨振宁演讲:《科学工作有没有风格?》，1997 年 1 月 17 日在香港中华科学与社会协进会于中文大学主办的演讲，以《美与物理学》收入《杨振宁文集》，上海，华东师范大学出版社，1998 年，第 841 页。

2 Chen Ning Yang, *Selected Papers 1945-1980 with Commentary,* New York: W. H. Freeman and Company, 1983, p.45.

3 杨振宁演讲:《几位物理学家的故事》，1986 年在中国科技大学研究生院，原载于中国《物理》杂志，第十五卷，第十一期（1986 年），收入《杨振宁文集》，上海，华东师范大学出版社，1998 年。

4 杨振宁演讲:《当代基本粒子物理中的某些概念》，1972 年 9 月在意大利崔埃斯特庆祝狄拉克七十岁诞辰会议，收入 *Selected Papers 1945-1980 with Commentary,* New York: W. H. Freeman and Company,1983, p. 445。

5 杨振宁演讲:《几何学和物理学》，1979 年 3 月在耶路撒冷爱因斯坦一百周年诞辰纪念会，收入《杨振宁文集》，上海，华东师范大学出版社，1998 年。杨振宁访问谈话，1999 年 5 月 8 日，纽约州立大学石溪分校办公室。

6 Hua Tong Nie, "Twenty Six Years: In Celebration of Prof. C. N. Yang's 70th Birthday," *Chen Ning Yang, A Great Physicist of the Twentieth Century,* ed. C. S. Liu and S. T. Yau, Boston: International Press, 1995.

7 杨振宁:《对称和物理学》，原载于 The Klein Memorial Lectures, Vol. 1, ed. Ekspong, World Scientific, 1991。收入《杨振宁文集》，上海，华东师范大学出版社，1998 年，第 691 页。

8 杨振宁:《谈谈物理学研究和教学在中国科技大学研究生院的五次谈话》，原载于《中国科学技术大学研究生院学报》，1986 年 10 月，收入《杨振宁文集》，上海，华东师范大学出版社，1998 年，第 520 页。

9 同上，第 518 页。

10 杨振宁访问谈话，1999 年 5 月 7 日，5 月 14 日，纽约州立大学石溪分校办公室。

11 同 8，第 510 页。

12 同 8，第 514、515 页。

13 同 8，第 518 页。

14 丘成桐访问谈话，1999 年 5 月 22 日，纽约长岛石溪假日饭店房间。

15 杨振宁:《科学人才的志趣、风格及其他在美国和复旦大学倪光炯教授的谈话》，原载于中国《百科知识》，1987 年，第一、二期，收入《杨振宁文集》，上海，华东师范大学出版社，1998年，第408页。

16 杨振宁演讲:《对称与二十世纪物理学》，1982 年 1 月 21 日在香港中文大学，收入《杨振宁文集》，上海，华东师范大学出版社，1998 年，第 364 页。

17 Chen Ning Yang, *Selected Papers 1945-1980 with Commentary,* New York: W. H. Freeman, 1983, p. 74.

18 同上。p. 73。

19 张奠宙:《杨振宁和当代数学——接受张奠宙访问时的谈话纪要》，收入《杨振宁文集》，上海，华东师范大学出版社，1998 年，第 740 页。

20 G. E. Brown, "C. N. Yang Influence My Life and Research, " *Chen Ning Yang: A Great Physicist of the Twentieth Century,* ed. C. S. Liu and S. T. Yau, Boston: International Press, 1995.

21 杨振宁:《关于应用数学的数学和研究》，1961 年 11 月 4 日在"应用数学：在研究和教育中需要什么?"研讨会上的发言。载于美国《工业与应用数学评论》，第四卷，第四期（1962 年）。中译文载于《杨振宁演讲集》，韩秀兰译，南开大学出版社，1989 年。

22 张奠宙:《杨振宁文集·杨振宁谈数学和物理的关联》，上海：华东师范大学出版社，1998 年，第 746 页。张奠宙,《杨振宁和当代数学接受张奠宙访问时的谈话纪要》，收入《杨振宁文集》，上海，华东师范大学出版社，1998 年，第 738 页。

23 同上。

24 杨振宁访问谈话，1999 年 5 月 8 日，纽约州立大学石溪分校办公室。

25 杨振宁演讲:《从历史角度看四种交互作用的统一》，1978 年在上海物理学会，原载于《世界科学译刊》，1979 年第一期，收入《杨振宁文集》，上海，华东师范大学出版社，1998 年，第 256 页。

26 Chen Ning Yang, *Selected Papers 1945-1980 with Commentary,* New York: W. H. Freeman, 1983, p. 530.

27 杨振宁报告:《爱因斯坦对理论物理影响》，1979 年在意大利崔埃斯特举行的会议，原载于 Physics Today June 1980。中译文载于《读书教学四十年》，甘幼玶、黄得勋译，香港：三联书店，1985 年。

28 杨振宁演讲:《爱因斯坦和现代物理学》，1980 年 1 月 3 日在香港大学，原文为 "Einstein and Comtemporary Physics"，香港物理学会，1980 年。中译文载于《杨振宁演讲集》，吴寿煌译，南开大学出版社，1989 年。收入《杨振宁文集》，上海，华东师范大学出版社，1998 年，第 319—320 页。

29 同 27。

30 同上。

31 张奠宙:《杨振宁和当代数学——接受张奠宙访问时的谈话纪要》，收入《杨振宁文集》，上海，华东师范大学出版社，1998 年，第 734 页。

32 同 28，第 332、335 页。

33 杨振宁演讲:《当代基本粒子物理中的某些概念》，1972 年 9 月在意大利崔埃斯特庆祝狄拉克七十岁诞辰会议，收入 *Selected Papers 1945-1980 with Commentary,* New York: W. H. Freeman, 1983, p. 445。

34 杨振宁演讲:《几位物理学家的故事》，1986 年在中国科技大学研究生院，原载于中国《物理》杂志，第十五卷，第十一期（1986 年）；收入《杨振宁文集》，上海，华东师范大学出版社，1998 年。

35 杨振宁演讲:《科学工作有没有风格?》,1997 年 1 月 17 日在香港中华科学与社会协进会于中文大学主办的演讲会,以《美与物理学》收入《杨振宁文集》,上海,华东师范大学出版社,1998 年,第 842—843 页。

36 这种说法不但常见于物理的文献,在接受本书作者访问的物理学家也都一致同意这个看法。

37 杨振宁访问谈话,1999 年 5 月 7 日,纽约州立大学石溪分校办公室。*Selected Papers 1945-1980 with Commentary,* New York: W. H. Freeman, 1983, p. 65.

38 戴森访问谈话,1999 年 5 月 22 日,纽约州立大学杨振宁退休研讨会会场。

39 杨振宁访问谈话,1999 年 5 月 7 日,纽约州立大学石溪分校办公室。杨振宁退休研讨会晚宴演讲,1996 年 5 月 22 日,纽约州立大学石溪分校。

40 Eugene Wigner, "The Limits of Science, " *Proceeding of the American Philosophical Society , 94.5 (Oct. 1950).*

41 James Gleick, *Genius: The Life and Science of Richard Feynman,* New York: Pantheon Books, 1992.

42 同上。另根据杨振宁访问的谈话。

43 聂华桐演讲:《我所知道的杨振宁》,1982 年 9 月访问中国科技大学。原载于《物理》杂志,第一三卷,第六期,收入《杨振宁——20 世纪一位伟大的物理学家》,甘幼玶译,丘成桐、刘兆玄编,广西师范大学出版社,1996 年,第 97 页。

44 Hua Tong Nie, "Twenty Six Years: In Celebration of Prof. C. N. Yang's'70th Birthday," *Chen Ning Yang: A Great Physicist of the Twentieth Century,* ed. C. S. Liu and S. T. Yau, Boston: International Press, 1995.

45 接受本书作者访问的许多重要物理学家都有这种看法。

46 丁肇中:《杨振宁——20 世纪一位伟大的物理学家·杨振宁小传》, 甘幼玶译, 丘成桐、刘兆玄编, 桂林, 广西师范大学出版社, 1996 年。

47 杨振宁演讲:《外尔对物理学的贡献》, 1985 年在纪念外尔诞生一百周年大会, 原载于中国《自然杂志》, 第九卷, 第十一期 (1987 年), 由李炳安、张美曼翻译自英文原稿。收入《杨振宁文集》, 上海, 华东师范大学出版社, 1998 年, 第 483 页。

第十四章

君子之交淡如水

杨振宁和黄昆的深刻友谊并不随时空的隔绝而变化（杨振宁提供）

许多人都同意，杨振宁不是一个感情外露的人。如果头一次和他见面，也许会因为他比较严肃的外表，而感觉到一种有距离的印象。事实上，杨振宁的内里热情充沛，他天生的热情之所以会被他有些冷峻的表面掩盖，是他童年时和母亲在大家庭中的生活经验让他变得谨慎而早熟，还是他后来意识到感情应有所节制的个性使然？这是许多人都感兴趣的。

但是谨慎而早熟的杨振宁并没有失掉他个性里的真正热情，这使得他常常因为内在的不能改变的热情，而有许多感情洋溢的浪漫作为，这反映了他对中国的深刻民族感情，是一种真正的内在热情。除此之外，在对于人间世事方面，杨振宁也一直保有着一种含蓄但是非常纯真挚烈的热情。

一位和杨振宁在学术和生活上有较多接触的人曾经说过，杨振宁初与人见面，总是给人有点距离的拘谨感，但是一旦你和他有了可以沟通的基础，他对你的热忱是毫无保留的。[1] 和杨振宁有合作和师承关系的人，也都对于杨振宁的耐心，以及完全没有科学界大人物通常会有的架子，而印象深刻。当然最出名的形容杨振宁个性中慷慨热情的，是和杨振宁合写了经典论文“杨–米尔斯场论”的米尔斯所说的：

杨振宁是一个才华四溢，又是一个非常慷慨地引导别人的学者。我们不仅共享一个办公室，杨振宁还让我共享了他的思想……[2]

杨振宁的学生不多，合作者也很有限，但是如果观察他的这些学生和合作者，似乎可以发现一些普遍的共同性，就是这些人多是个性内敛寡言深思的，不是那种飞扬外露的类型。[3] 这些似乎也间接反映出杨振宁为人和个性上的一种偏好。

对于学生，杨振宁是中国式大家长的态度，非常尽心地照顾，对于合作者的提携，也是不遗余力。[4] 杨振宁的学生阎爱德就说，有一年他到欧洲开会，因为杨振宁正好在瑞士日内瓦的欧洲核子研究中心访问，于是两人就约好到日内瓦见面。阎爱德坐飞机到日内瓦机场那天，原想住好旅馆再去看杨振宁的，所以下飞机时走在后面，没想到出来竟看到面露焦急神色的杨振宁在机场等他，让阎爱德十分感动。后来杨振宁带阎爱德回到住处吃饭，第二天还一起去参观了博物馆。[5]

对于一般人的态度，杨振宁也是比较平等公正的。杨振宁的外国好朋友曾经说，杨振宁和费曼是他们认得的两个和小孩都能平等交往，有孩子般天真个性的科学家。[6] 杨振宁如果和一个并不认识的人谈起话来，也总是持非常诚恳的态度，从不会摆出许多出名科学家拒人于千里之外的姿态。也就因为如此，往往在一些研讨会的休息喝茶时间，会看到杨振宁陷入跟一个年轻学生辩论不得脱身的窘境。[7]

和杨振宁在学术上有些来往的人士，虽然他们在学术上是向杨振宁请教的居多，但是他们说杨振宁常有的一个口头禅却是“这个问题我们来辩论辩论”，没有非听他不可的态度。对于物理上的一些问题，有时候杨振宁会很坦率地说“这个我不懂”，让崇敬他的科学界人士颇有错愕意外之感。[8]

以写《爱因斯坦传》出名而且和杨振宁颇有交谊的派斯认为，杨振宁是一个有分际的君子，不浪费他的语言，说话简洁而且直来直往。[9]

曾经担任过布鲁克海文国家实验室主任的著名实验物理学家戈德哈贝尔和杨振宁很熟，他也说杨振宁心胸开阔，会对人提出真诚的建议。[10] 和杨振宁同船赴美，后来也多有交谊的何炳棣，因为在国际历史学界颇有地位，自视很高，在学术界有发言批判直率的名声。但是何炳棣对杨振宁十分推崇，说杨振宁虽然感情不轻易流露，是“君子之交淡如水”，但说话非常真诚。有一次，何炳棣在一公开场合发言，后来杨振宁对何炳棣说：“你今天如果不讲这个话的话，就不是你何炳棣了。”何炳棣说他听了杨振宁的话，可说是点滴在心头。[11]

杨振宁的为人处世，他自己认为是采取了中国传统的中庸之道，也就是不采取一种不可一世或者十分骄人的态度。[12] 杨振宁在石溪理论物理研究所的同事范·尼乌文赫伊曾是从荷兰到美国来的物理学家，他说杨振宁的做人态度，和美国的方式正好是相反的。[13]

除了对自己的科学才分采取一种中庸的态度之外，杨振宁对于科学学术也没有高人一等的看法。从他的许多演讲可以看得出来，他不会特别美化科学家的形象，也不会让人认为科学家是什么都懂的专家。而在中国的学术界相当普遍的有一种看法，认为做学术比其他的成就来得重要，杨振宁没有这种观念。[14]

杨振宁对于科学学术的看法，可以由他对于诺贝尔生理医学奖得主沃森（James Watson）所写的《双螺旋》一书的评价看得出来。沃森是一个非常聪明的美国生物学家，他在1953年和克里克（Francis Crick）共同发表DNA的双螺旋结构，开启了分子生物学的新时代，并在1962年共同获得诺贝尔奖。20世纪60年代中期以后，沃森写了一本《双螺旋》的书，记叙50年代他们进行这个科学大发现的过程。沃森这本书特别的地方，是他真实呈现了当时他们摸索进行研究的过程，其中不但坦白说出自己对于许多知识的生吞活剥，还夹杂着大量科学家之间名利争夺和个性冲突的内容，所以刚出版的时候，引起了一些学术界的批评。

杨振宁认为，沃森的《双螺旋》是一本科学写作的经典，将来必成为一个传世之作。杨振宁说，沃森在书中所要强调的，正是在说一个年轻的、初生之犊不畏虎的美国科学家，纵然没有足够的知识，只要有够多的热情，有够多的聪明，有够多的坚持，一样可以做出非常重要的工作。杨振宁说，沃森的这种态度，是美国的科学家和欧洲的科学家对于做学问的态度的一个根本不同的地方，而这种情形在物理学里面也看得出来。[15]

在科学学术以外，杨振宁也有广泛的兴趣和好奇心，对文学和艺术有相当造诣，特别是科学界的一些历史发展和人际的纠葛，杨振宁有着相当深刻的了解和兴趣。总体来说，杨振宁不是一个象牙塔里的学者。[16]

因为他知识和兴趣的广博，加上涵养丰厚，所以在学术界杨振宁是一个出名的演讲者。他的学术演讲自然反映了他学术工作的简洁清晰、风格优雅，杨振宁的通俗演讲，也以知识内涵深刻、典故旁征博引著称，他的演讲反映着杨振宁的个性：简单直接的形式内蕴含着充沛的感情。有人认为，杨振宁是近代继胡适以来最注重演讲的大学者。[17]

对于写文章，杨振宁的态度十分慎重，他在60岁出版的杨振宁《论文选集》扉页上，写着的是杜甫的名句“文章千古事，得失寸心知”。他常说，自己的文章写得很慢，学术文章定稿前也总是经常修改。但是一般认为，杨振宁文章风格典雅，言词简洁而意境深远。

他曾经写过一篇短文《一个真的故事》，是谈论看到中国著名女物理学家谢希德的父亲谢玉铭早年的一项工作，后来如何和谢希德谈起她和她父亲深刻感情的故事。杨振宁童年一块长大的好友，著名雕刻家熊秉明就说，杨振宁的这一篇文章，有俄国文学家契诃夫小说的风格。[18]

对于文字简洁形式之最的诗，杨振宁有着很深的爱好，在有些场合他会自然地吟诵一些古诗，显现出他对古文学的涉猎，偶尔也自己写一些诗。一般来说，他自己写的诗不算特别的好，不过在文章里引用的古诗，却总让人感受他不凡的品位，也益增文章的余味。

当然，杨振宁不可避免地有时让人觉得有一些成功人物给人的印象，譬如说个性上比较紧绷，竞争性强，对事求好，要求完美，自我和个性很强，有时候说话让人觉得有教人的口吻。也有人觉得杨振宁虽然非常控制自己的情绪，但是在许多事情上，他还是给人要掌控的压力。[19]

在近代科学历史中，著名大科学家傲慢自大的例子是屡见不鲜的，杨振宁很少给人这样的印象。他个性上可以说有些洁癖，虽然他十分小心地不将自己物理上的优势才分，想当然引申到其他领域去，但似乎仍难免别人对他的评断。譬如杨振宁在香港中文大学参与《二十一世纪》杂志编委会，有一次他对于一篇文学史的文章不大满意，就有了文学史其实没有什么道理的发言。还有一次杨振宁和学化学的儿子杨光宇谈起关于有机金属化合物的一个问题，杨振宁发表了一些意见，结果被杨光宇回敬了一句："爸爸，这个东西不是你想象的那么简单的。"[20]

整体来说，学术界对杨振宁的人格和学术，普遍是相当推崇和尊敬的。而一般讲到中国科学界代表人物，大家也是立刻就会想到杨振宁。[21]

虽然在中国学术界是成就顶尖的代表人物，但是杨振宁的为人态度是比较平等和不讲究外在形式的。在许多正式访问的场合，特别是在中国，杨振宁常常穿着一件普通的衬衫和领带，在许多讲究衣着的人群中，特别地显出他的随和。他十分了解中国经济条件的情况，所以不仅不讲究飞机舱和住宿地点的接待规格，还常常主动要求花费较少的普通待遇。

这种情况有的时候也会给他带来不便。1995 年夏天，华人物理学会在广东汕头开会，许多参与这个会议的物理学家都坐同班飞机由香港前往，杨振宁穿着一件短袖衬衫和太太杜致礼坐在后面经济舱中，结果下飞机时坐在前舱的几位重要人物都被接待人员接走了，杨振宁还在后面的队伍中排队。[22]

杨振宁的演讲在简单直接的风格中，蕴含着丰沛的动人感情（杨振宁提供）

许多人观察杨振宁的处事作为，认为他似乎有一种本能上的直觉，能够洞悉世事和人情背后的困局，而在恰当的时机表达出他对一切了然于心的敏感。他对于一些人和事观照的周全，也显现出他似乎有着一种天生的世故。

杨振宁过人的记忆力，常是让人印象深刻的。有的时候，他会拿出笔记本记下所看到的事情，似乎有意地让人了解到，他所达到的一切成就，事实上是用心经营而来的。[23]

杨振宁西南联大时代认识的老友黄昆就说，杨振宁是“一个最正常的天才”。[24]

如同杨振宁的妹妹杨振玉说的，杨振宁比较喜欢坦诚和诚实个性的人。[25] 1995年杨振宁在汕头一个和学生的讨论会上，特别提到中国农民的素质，他认为中国农民的素质在世界上来说是最淳朴的。他后来说，那一次他会提起这问题，是因为有记者访问他的时候，问起中国的一些问题是不是因为中国人素质太差所造成，而引起了他心中的一些反感。

他说现在中国某些地区人民的生活习惯，譬如说随地吐痰或者不排队等问题，有很大原因是和经济条件密切相关的。他特别举当年香港建造地铁的例子，说英国的统治者起初认为香港绝对不能造地铁，原因就是中国人太脏，结果现在香港的地铁一点问题也没有。杨振宁认为，香港地铁的例子，说明了经济条件的改变会影响日常生活的习惯。

杨振宁以为，日常生活习惯固然是人的素质之一，不过他认为人的素质中更重要的是人的基本品格，以中国农民的基本品格来看，他们的素质不但不低，而且是很高的。[26]

在他的好友当中，对中国核武计划有重大贡献的邓稼先，就被杨振宁认为是一个有中国农民个性的人。杨振宁曾经如此形容邓稼先：

杨振宁对于邓稼先的为人十分推崇，将其引为自己永恒的骄傲（杨振宁提供）

> 邓稼先则是一个最不引人注目的人物。和他谈话几分钟就看出他是忠厚平实的人。他真诚坦白，从不骄人。他没有小心眼儿，一生喜欢“纯”字所代表的品格。在我所认识的知识分子当中，包括中国人和外国人，他是最有中国农民的朴实气质的人。[27]

杨振宁和邓稼先从小在清华园认识，后来在北京崇德中学同学一年，昆明时代也都在西南联大念书。后来杨振宁先出国念书，1948 年邓稼先到美国普渡大学，两人又见面来往。1950 年邓稼先完成物理博士学业之后，立刻回到中国，后来参加了中国的原子弹和氢弹计划，到 1971 年杨振宁首访中国，两人才再次见面。杨振宁和邓稼先虽然并没有很长时间的相处，但是因为邓稼先的个性朴实，他们 50 年的友谊“亲如兄弟”。[28]

杨振宁对于邓稼先在中国核武计划中的重大贡献和成就，甚受感动，曾经有接到邓稼先的信而泫然泣下的故事。[29] 后来杨振宁回到中国，也都和邓稼先见面叙旧，在北海仿膳共餐谈笑，1972 年还到邓稼先家中访问，了解到邓稼先生活的清贫。20 世纪 70 年代晚期，杨振宁回到中国访问，曾经一次想和邓稼先骑脚踏车出游，当然后来并没能如愿。[30]

邓稼先在从事核武实验过程中，曾有一次意外受到辐射伤害，到 20 世纪 80 年代罹患了癌症。后来杨振宁曾经委托当时的中国驻美大使韩叙，将他特别买来的治癌新药，送回来给邓稼先用。

1986 年 7 月邓稼先去世以前，杨振宁在前两个月中两次到医院探望，他以他一贯很节制的感情，和邓稼先家常谈话，只另外给邓稼先送了一盆花。

稍早杨振宁曾向邓小平建议，应该公开中国原子弹工作中科学家的贡献和事迹。到 1986 年邓稼先去世以前，中国便正式公开了邓稼先在核武计划中的事迹和贡献，后来并在 1996 年邓稼先去世 10 周年那一天，公开向世界宣布停止核试爆的决定，表示对邓稼先的一种敬意。[31]

杨振宁的另外一位老友黄昆，也是谦谦君子型的人物。20 世纪 50 年代他由英国留学回到中国以后，便投身中国的科学研究和教育工作，是中国半导体研究方面的先驱人物。黄昆和他的英国妻子李爱扶就住在中关村附近一个很旧的小楼上，只有两个房间。一直到 90 年代中关村外头已经造起了高楼，黄昆还安然自在地住在那一栋老楼中的一个单位里，甚至不愿意搬到政府要给他的新家。

1997 年杨振宁到北京开会访问，去探视黄昆的时候，特别买了一张 CD 唱片，这是当年他们在西南联大常常听的，由英国的吉尔伯特和苏利文（Gilbert and Sullivan）所写的一个歌剧。黄昆说，杨振宁还记得当年黄昆常常哼唱这个曲调，所以特别去找到了这张 CD，结果到黄昆家里才发现黄昆没有 CD 播放器，后来杨振宁又要清华大学的人给黄昆也买了一个 CD 播放的设备。[32]

除了对自己老友很自然的感情，杨振宁对于其他一些人的真切感情表现，也显现出他个性里内在的热情。譬如说中国大陆著名的文学家巴金，杨振宁 20 世纪 80 年代回到中国，听说巴金喜欢喝法国的白兰地，就托人买两瓶送给他，并且还要去看望巴金。[33]

对于他认为对的事，杨振宁也会很坚持地去做。和杨振宁有密切合作关系的吴大峻的太太吴秀兰，是高能实验物理学家，曾经是丁肇中得诺贝尔奖的工作团队中的成员。后来吴秀兰离开，参加另外一个实验团队工作，20 世纪 80 年代在德国汉堡的 DESY 高能物理实验室，两个团队因为互相竞争发现胶子（gluon）的重要物理实验成果，曾经有过很大的纷争。

20 世纪 90 年代吴秀兰获提名竞选台湾“中研院”的院士，但是遭到丁肇中的反对而一直没有选上。1996 年，吴秀兰再次得到杨振宁等人提名，成为台湾“中研院”院士候选人，杨振宁也知道丁肇中总是要反对，所以这一次找了重要的物理学家推荐，还在一次电话中直率地对笔者说，可以告诉丁肇中，这一回丁肇中恐怕要失望了。[34]

结果 1996 年吴秀兰第三次竞选“中研院”的院士，在院士会议上丁肇中提出理由反对吴秀兰成为院士。杨振宁对此很不满意，于是就对丁肇中说，丁不应该因为自己在高能实验物理领域，就不要其他的人进来。杨振宁还说，连丁肇中的老师佩尔（Martin Perl）都支持和推荐吴秀兰，问丁还有什么意见？没想到丁肇中起来对杨振宁说："你应该知道，佩尔和我的关系不好，那就好像李政道和你的关系是一样的。"[35]

杨振宁的老友都说，杨振宁对朋友的感情是忠诚如一的。他曾经写过一篇《现代物理和热情的友谊》的文章，提到他和黄昆、张守廉三人在西南联大的求知生活，文章最后提到他20世纪60年代出版了一本小书《基本粒子——原子物理上一些发现的简史》，他说他选了一本并且小心地在书上题了辞，托人带给黄昆。他说今天那本书还在黄昆的书架上，但是题词因某种原因而不见了。

杨振宁的文章上写着：

> 我们记得那题词是这样的："给黄昆：纪念我们共同了解现代物理奥秘的时日。当时形成的热情的友谊，没有随时空的隔离而消逝。"[36]

杨振宁也曾经在一篇文章里，引述邓稼先逝世以后，他写给邓稼先太太许鹿希电报和书信中的几段话：

> 稼先为人忠诚纯正，是我最敬爱的挚友。他的无私的精神和巨大的贡献，是你的也是我的永恒的骄傲。
>
> 稼先去世的消息使我想起了他和我半个世纪的友情。我知道我将永远珍惜这些记忆。希望你在此沉痛的日子里多从长远的历史角度去看稼先和你的一生，只有真正永恒的才是有价值的。
>
> 邓稼先的一生是有方向、有意识地前进的。没有彷徨，没有矛盾。

是的，如果稼先再次选择他的途径的话，他仍会走他已走过的道路。这是他的性格与品质。能这样评价自己一生的人不多，我们应为稼先庆幸！[37]

注　释

1 江才健:《大师访谈录 · 识见精准宽博情怀热烈诚挚——杨振宁》,台北,牛顿出版社,1987 年,第 40 页。这位人士是台湾清华大学物理教授阎爱德。

2 和杨振宁有师承合作关系的如赵午、邹祖德、吴大峻、郑洪、撒德兰等人都提到杨振宁对他们没有保留的帮助。米尔斯的说法是在 1984 年 12 月北京举行的纪念杨–米尔斯规范场论发表 30 周年会议上所说,参考倪既新《杨振宁和他的规范场》,原载于上海《文汇报》,1995 年 7 月 22 日。

3 杨振宁的学生譬如赵午、阎爱德、郑国顺、冯明光,以及合作者米尔斯、吴大峻、邹祖德等人,都给人这种印象。

4 同上。

5 阎爱德访问谈话,1998 年 8 月 10 日,新竹清华大学物理系办公室。

6 库兰特夫妇(Earnest and Sara Courant)谈话,2001 年 2 月 12 日,纽约市曼哈顿家中。

7 这是作者经常观察到的景象。

8 葛墨林访问谈话,1998 年 9 月 21 日,清华大学近春园。

9 派斯访问谈话,1999 年 5 月 12 日,纽约市洛克菲勒大学办公室。

10 戈德哈贝尔访问谈话,1999 年 9 月 9 日,纽约长岛布鲁克哈芬国家实验室办公室。

11 何炳棣访问谈话,1998 年 11 月 23 日,美国加州洛杉矶厄湾市家中。

12 杨振宁访问谈话,1999 年 5 月 7 日,纽约州立大学石溪分校办公室。

13 范 · 尼乌文赫伊曾访问谈话,1996 年 9 月 8 日,纽约州立大学石溪分校办公室。

14 张立纲访问谈话,1998 年 9 月 25 日,香港科技大学办公室。

15 杨振宁访问谈话,1998 年 10 月 25 日,纽约州立大学石溪分校办公室。

16 接受本书作者访问的物理学家都有类似的看法。

17 金耀基访问谈话，1998 年 9 月 25 日，香港启德机场饭店。

18 熊秉明访问谈话，2000 年 5 月 13 日，巴黎市区中餐厅。

19 这是和杨振宁比较熟悉的如凌宁、黄克孙、丘成桐、赵午、丘和范·尼乌文赫伊曾、克罗尔等人的看法。

20 陈方正访问谈话，1998 年 9 月 25 日，香港中文大学办公室。

21 张立纲访问谈话，1998 年 9 月 25 日，香港科技大学办公室。

22 本书作者因工作的缘故，听闻过许多著名科学家非常计较接待规格的故事，也目睹杨振宁随和自在的态度，1995 年在汕头的华人物理学会是其中一个最明显的例子。

23 这些观点是本书作者长期观察杨振宁并和他的亲友讨论得到的共识。

24 黄昆访问谈话，1998 年 5 月 6 日，北京中关村家中。

25 杨振玉访问谈话，1999 年 9 月 10 日，纽约州立大学石溪分校办公室。

26 杨振宁访问谈话，1999 年 5 月 14 日，纽约州立大学石溪分校办公室。

27 杨振宁：《邓稼先》，原载于香港《二十一世纪》，第十七期（1993 年 6 月）；收入《杨振宁文集》，上海，华东师范大学出版社，1998 年，第 800 页。

28 同上。

29 此段过程见本书第一章《去来中国情》。

30 许鹿希、葛康同访问谈话，1998 年 9 月 22 日，清华大学工字厅。

31 同上。

32 黄昆访问谈话，1998 年 5 月 6 日，北京中关村家中。

33 葛墨林访问谈话，1998 年 9 月 21 日，清华大学近春园。

34 这是在那一次院士选举前一年，本书作者打电话给杨振宁时，杨振宁亲口所说的。

35 此段过程系两位“中研院”院士告知。吴秀兰最后依然没有选上院士。

36 杨振宁:《现代物理和热情的友谊》，本文原载于香港《明报月刊》，1991 年 8 月号，沈良译；收入《杨振宁文集》，上海，华东师范大学出版社，1998 年，第 708 页。

37 杨振宁:《邓稼先》，本文原载于《二十一世纪》，第十七期（1993 年 6 月）；收入《杨振宁文集》，上海，华东师范大学出版社，1998 年，第 803 页。

第十五章

历史价值的信仰者

杨振宁对于历史和文化价值有着深刻的信念（杨振宁画像，1986 年曾善庆画，江才健摄）

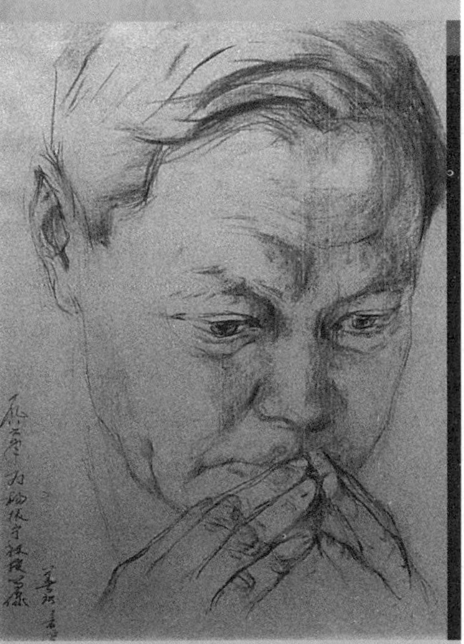

和近代中国的许多知识分子一样，杨振宁也因为近代中国受到西方文化价值强烈影响，但在历史人文传统上又与西方有极大差异的客观现实，而有着必须在思想上求得调适和平衡的问题。在这一方面，杨振宁既有中国传统文化深刻涵养而来的一贯信念，也有思想上明显挣扎和相互矛盾的冲突。

1922 年出生的杨振宁，可以算是近代中国受到良好而且完整西方科学教育的第三代科学家。他在 20 世纪 40 年代初念大学的时候，西南联大已经有一批受过良好西方近代科学训练的老师。当时的杨振宁，和近代中国知识分子有着同样的一种思维：学习近代科学除了追求知识的乐趣之外，同时也有着对当时相对积弱的中国的一种责任和使命感。

年轻时代的杨振宁，对于自己在学习新知识方面的表现是满意的。他曾经说过，自己所受到的教育，从小学开始，已经和西方的教育有很密切的关系了。他认为他的经验跟老一代，也就是像他的父亲那一代的经验很不一样。

杨振宁说，他和他父亲那一代所受到的教育不同，主要是他在小学、中学学习历史和地理这些科目的时候，所用的教科书、所用的学习方法，跟西方已经基本上步骤一致了，但是他父亲在念小学、中学时完全没有这种教与学的方法。杨振宁认为，像他那个年纪的中国人，做科学研究的时候，已经没有必要全面改变思维方式和意识形态来适应研究科学的新要求了。[1]

果然，杨振宁学习近代科学的成绩是惊人的。他 1946 年到芝加哥大学念研究所的时候，立刻就显现出在物理科学方面过人的认知和才分，他的许多芝加哥大学的美国同学，对于从战时中国来的杨振宁居然能够对近代科学有这么好的认识，都感到印象十分深刻。

不过杨振宁很快就在芝加哥大学的许多有名科学家身上发现，不同的文化背景和人格特质，对于一个科学家所创造科学工作的风格的影响。这也就是杨振宁后来所说过的："在创造性活动的每一个领域里，一个人的品位加上他的能力、气质和际遇，决定了他的风格。而这种风格又进一步决定了他的贡献。"[2]

好学深思的杨振宁，很快对于科学的哲学思维以及它背后的文化影响的关联，发生了兴趣。1961 年 4 月 8 日，在他得到诺贝尔奖 4 年后，杨振宁在麻省理工学院 100 周年的一个小组座谈会上，发表题为《物理学的未来》的一个简短报告，展现他对近代科学发展在哲学和文化方面的洞见。[3]

杨振宁在这个和著名物理学家费曼、考克饶夫和帕尔斯（R. Peierls）同席的小组座谈会上表示，20 世纪到 60 年代为止，物理科学的成就是惊人的，尤其是这些科学成就对于人类造成了无可比拟的巨大影响。但是杨振宁说，物理学的荣耀并不是建立在这类影响之上的，物理学家最看重的也不是这些影响。

杨振宁说，物理实验深入范围的不断扩大，虽然很重要，却也不是物理学家最感到满意和引以为自豪的。物理学家最注重的是去形成这样一些概念的可能性。杨振宁用爱因斯坦的话说，就是一个"完整的可用的理论物理系统"能够被建构起来。这样一个理论系统体现了普适的基本规律："用这个系统，宇宙能够用纯粹推导的方式建造起来。"杨振宁认为，20 世纪前 60 年物理科学方面的成就，恰如一首英雄诗，不仅有大量的拓宽人类对物质世界知识的重要发现，还有三个物理概念上的革命性变化：狭义相对论、广义相对论和量子理论。这三个物理概念的革命，形成了一个深刻的、完整的、统一的理论物理体系。

但是随着物理科学的继续进展，由于物理学界普遍的对于一个“未来基本理论”有着无限的自信心的倾向，杨振宁说，他想发表一些悲观的意见。

杨振宁在他的报告中首先强调，纯粹的知识累积尽管是有趣的，对人类是有益的，但是与基本物理的目标十分不同。

其次他提到，当时研究次原子（比原子尺度更小）物理的内容与人类直接感觉的经验已经相距很遥远，而且随着探究空间的缩小，这种远离感官经验的遥远性质还会增加。杨振宁说，根据著名物理学家维格纳的计算，要达到当时场论研究的水平，物理学家至少必须贯穿四个不同层次的概念，杨振宁说维格纳的计算或许有主观的成分，不过他认为，要想达到比较深入和比较完整的理论体系结构，至少必须要有多于一个层次的贯穿。在这一方面物理学家面对了一个不利的条件，原因是理论物理最终的判断是在现实之中，这与数学家和艺术学家不同，因为理论物理学家不能凭自由的想象去创造新的概念，建构新的理论。

杨振宁接着提出英国著名天文学家和作家爱丁顿（A. S. Eddington）在他写的科学哲学书中举的一个例子，说一个海洋生物学家用六英寸网眼的渔网，经过长时间捕鱼研究，得到所有的鱼都比六英寸长的结论。杨振宁说，这个结论看起来很荒谬，但是在现代物理学中却很容易找到这样的例子。由于实验的复杂性和间接性，人们没能认识自己所做实验的选择性质。选择是建立在概念上的，而这个概念也许是不合适的。

最后杨振宁提出，物理学家日常工作中很自然地有着一种概念，就是人类的智力是无限的，而宇宙现象的深度是有限的。杨振宁说，这种信念是有用的，或者说是健康的，因为从这样的信念中可以得到勇气。但是相信自然现象的深度是有限的想法，并不能自圆其说，而相信人类智力是无限的信念，也是错误的。杨振宁的结论是，每个人创造力的生理极限性和社会局限性，可能比自然的局限性更为严重。[4]

杨振宁在这个座谈会上表达的观点，展现了他在科学哲思方面深刻的洞见。后来杨振宁曾经将他的短文给了著名物理学家维格纳，以物理哲学思维和著述闻名的维格纳看了以后，给杨振宁回了一封信，对于杨振宁的深刻物理洞见和哲思表示赞赏。[5]

杨振宁并没有将自己沉陷在这种哲学思维之中，他谨记着芝加哥时代费米老师的教诲，不钻牛角尖，不将精力浪费在过分庞大的哲思问题上，而是去研究一些在物理科学上可以得到解答的问题，也因此在近代物理科学上做出带有他个人风格的经典工作。

就像所有科学上的大师一样，杨振宁在他的科学工作中，总还是不能回避他所探究宇宙结构背后的哲学思维。不过杨振宁比较喜欢探究的，不是哲学家的那一种哲学，而是科学研究中的哲学思维，他曾经解释这种哲学是一个物理学家的看法如何，注意什么问题等。杨振宁认为这种哲学对于物理科学有长期关键性的影响，因为它影响了物理学家的喜好，也决定了物理科学发展的方向。[6]

杨振宁曾经说过，许多从欧洲到美国的老一辈科学家，比较喜欢讨论哲学问题，喜欢讨论哲学对科学的影响，譬如维格纳就是一个代表。杨振宁认为，老一辈科学家受到哲学家影响比较多，到他这一代的科学家，受到这种哲学影响就比较少。他说，现在的情形是科学影响哲学，而不是哲学影响科学。[7]

作为物理学家，杨振宁事实上很清楚近代科学有一直朝向化约论（reductionism）方向发展的问题。不过杨振宁认为，尽管这种方向有许多不够周全的地方，许多的结果也不是最后的解答，但是在这种方向上继续做下去，还是目前最有效的一种研究方法。他以为，一下子想要解决一个根本上的大的问题，有的时候会落入一种虚无缥缈的情况，不容易成功。[8]

对于文化在科学中的影响的问题，杨振宁说当年他得到诺贝尔奖的时候，就有新闻记者来问他，说他们做的宇称不守恒讨论左右对称的问题，是不是与他们出身中国文化的背景有关系。虽然杨振宁当时认为，这其中并没有互相关联的地方，不过他现在也承认，就广义的文化来看，对于科学思维的影响还是有的。

他特别举出一个例子，就是20世纪50年代左右，德国人特别喜欢钻研最尖端的逻辑问题，譬如说当时很红的一种理论叫作公理化理论（axiomatic theory），在其他国家就很少有人做。另外他认为，中国人现在要去研究物理中所谓“弦理论”的就比较少，原因是在中国文化里面，比较讲究实际，对于推向极端的虚无缥缈理论，兴趣比较低。[9]

对于这种受到文化影响而来的不同价值观，杨振宁认为对于科学的学习态度和选择题目的偏好都会有所影响。他认为中国和西方在对彼此文化的认识上有一些问题：对中国文化的价值，西方虽然有一些在理性上觉得可以了解，不过并不能有真正的认识；同样的，中国传统教育出来的人，对于西方的一些事情，可以说也是有理性上的了解，但并没有办法把它变成自己的一部分。杨振宁以为，文化传统是非常根深蒂固的一件事情，西方和东方的文化传统的确是不大一样的。[10]

在西方的文化中，杨振宁认为宗教的影响非常大，这和中国文化中宗教的影响很不一样。他特别提到18世纪到19世纪，西方的许多哲学文化讨论里面喜欢谈“理性”（rational）和“非理性”（irrational）的问题，这都与西方宗教对科学的影响有密切的关系。因此1992年杨振宁到山西访问，曾经在一次题词的时候写下了“科学与宗教本是一家”这几个字。[11]

对于这一方面，杨振宁曾经在任教的纽约州立大学石溪理论物理研究所的一次演讲中提到，被认为是近代科学创始者的牛顿，在他总共有一百多万字的论文中，除了数学著作之外，还有他研究神学问题和炼金术的大量记录，看得出来牛顿其实深深沉浸在神秘与玄奥的思考之中。杨振宁说，牛顿在这么多纷杂的思考中竟能集中注意力完成他的科学巨著《自然哲学和宇宙体系的数学原理》，真是伟大的历史奇迹。[12]

杨振宁在演讲中提出，英国伟大的经济学家凯恩斯曾经搜集并重新编定牛顿的论文，1946 年凯恩斯写了一篇有趣的文章《牛顿这个人》，其中有两段文字，杨振宁认为对牛顿在人类知识历史上的地位做了有洞察力的评价：

> 从 18 世纪以来，牛顿曾被认为是近代第一个最伟大的科学家，一个理性主义者，一个教导我们按照客观的和不加色彩的理智来思考问题的人。我却不用这种眼光来看待他。
>
> 牛顿不是理性时代的第一人。他是最后的一位巫师、最后一个巴比伦人和苏美尔人、最后一位伟大的智者，他看待周围世界和知识世界，和几千年前开始建立我们知识遗产的那些人的眼光一样。[13]

对于不同文化背景的中国之接受西方科学的进程，杨振宁有着乐观的看法。他说 19 世纪下半叶，中国开始有派留学生到外国做研究工作的想法，后来有“中体西用”以及张之洞著名的文章《劝学篇》的思想辩证，但是因为结果不大成功，一度造成中国人对自己文化自信心的大幅降低。

杨振宁说，但是到 20 世纪以后，中国的近代科学从无到有，在大约三四十年的时间里，跨了三大步：在 1919 年“五四运动”之时，中国可以说还没有自己的近代自然科学研究；到 20 世纪三四十年代，已经有一批受到良好近代科学训练的老师，教育水平也已达到西方一般大学的水平；而到了 20 世纪 50 年代他这一代科学家，已经得到获诺贝尔奖的成就。[14]

对于科学实验工作中动手的问题，杨振宁也认为中国文化对于中国科学家并没有负面的影响。他指出中国第一个在德国波恩大学得到物理博士学位的李复儿，就是做光学实验的；他也举出西南联大的老师吴有训早年在芝加哥大学做康普顿效应的验证，得到康普顿很高的评价的事实；另外他还指出，赵忠尧、王淦昌、吴健雄、丁肇中等人都是以实验物理著称的科学家。

杨振宁曾经以中国在 20 世纪下半叶，自力发展出原子弹、氢弹、人造卫星、喷射机、计算器、半导体组件和集成电路等的技术成就，来说明中国引进近代科学在先进技术方面所获得的成就。他也特别用美国科学院和工程学院中有数十位中国血统的院士的事实作为一个指标，来展现中国学习近代科学文化方面的成就。[15]

杨振宁说，中国众多人口中的许多人才，加上注重忠诚、人伦关系，以及勤奋、忍耐的文化特质，过去抗拒吸收西方科学思想的儒家文化保守性的消失，以及近年经济建设的成功，使得中国在科学发展所需的才干、纪律、决心和经济支持的条件，可说是四者俱备。他特别提出经济学家罗沃（Jim Rohwer）在英国《经济学人》杂志上所说的，中国将在 2010 年左右变成世界上国民生产总值最高的国家。[16]

对于同样引进西方文化和科学的日本，杨振宁观察到和中国有相类似却不尽相同的情况。杨振宁说，日本开始学习西方的文化与科学，可以说比中国早 50 年。日本在 1868 年开始了明治维新，到 19 世纪末、20 世纪初叶，日本物理学家长冈半太郎已经成为第一个在国际上出名的日本物理学家。中国在 1898 年设立北京大学前身的京师大学堂，1905 年废止科举制度，以及 1896 年开始派遣学生东渡日本留学，可说是正式开始引进现代科学的作为，而到 1907 年已经有 10000 名中国学生在日本留学。

杨振宁观察日本引进西方科学的经验，认为是可以参考的一个例子。他特别提到日本虽然引进西方科学技术，却没有丧失自己原来的传统文化。杨振宁以为，以中国这样悠久长远的文化传统，也不会因为引进西方的科学文化，就丧失自己的传统文化。

在美国长时间生活的杨振宁，因为美国物理学界有许多犹太裔物理学家，所以对于同样是少数民族的犹太人在美国社会中的心理状况，也有许多的观察和看法。杨振宁以为，许多从欧洲到美国去的犹太裔物理学家，之所以都显现出比较尖锐的竞争个性，与他们以前在欧洲受到的不愉快经验有关系，这些经验造成了他们比较复杂的一种心理状态。在这一方面，杨振宁认为中国的科学家在美国没有这样沉重的压力，原因是中国科学家没有犹太裔科学家心理上的那一种不安全感。[17]

不过也由于犹太人有过去的这些经验，使得他们对于自己同胞的处境，愿意全力地给予协助。杨振宁曾经提到他在纽约参加一个犹太人组织的大宴会，他除了对那个几千犹太人对犹太社会组织的热诚颇有感触之外，也听到参与宴会的一位犹太人告诉他的一个故事。

那个犹太人说，他在英国曾经和一个很大的百货公司的犹太裔老板谈话。那个老板说，在 20 世纪 50 年代的时候，为了帮助以色列工业发展，虽然知道当时以色列的一些产品不能真正在世界市场上竞争，他还是愿意在自己的百货公司里销售这些产品。杨振宁说，他听了以后有很多的感想。[18]

杨振宁说，他因为工作缘故在许多地方旅行，慢慢得知许多中国人在海外受到歧视和迫害的事情。譬如说在澳大利亚，第二次世界大战以前政府规定，所有中国人工厂做出来的木具，都必须打上“中国人制造”的印子，这样澳大利亚的很多白种人就不会去买这些木具。另外在印度尼西亚，杨振宁也看到那里中国人的一种恐惧。

杨振宁说他曾经看到一篇文章，提到中国人过去在美国旧金山所受到的歧视。在这篇外国作家的文章中说：

事实上你听到、读到愈多关于中国人在加州的经验，你就会愈倾向于做出以下的结论：除了印第安人，在美国各民族中，没有别的少数民族曾经受到中国人所遭遇到的无理性的迫害。也没有另外一个少数民族今天能像中国人一样，在经过这些迫害后有这么少的心理伤害。[19]

杨振宁说，中国人受到了许多迫害是一个事实，但是他问道：

在美国的中国人果然没有心理伤害吗？

杨振宁说，中国传统的社会制度、礼教观念、人生观，都对中国人产生极大的束缚力量，这些对个人的约束使得中国人缺少大胆进取的精神，缺少反抗的动力。杨振宁举出在1970年一个日本人写了一本叫作《二世》的书，所谓“二世”是日本人自己对在美国生长的第二代日本人的称呼。这本书讲的是美国的日本人的历史，其中对于日本人在二次大战期间被关在集中营的事情，有很详细的描写。这本《二世》的书是贡献给“一世”的。

杨振宁问道，是不是中国人在美国的历史没有日本人的重要呢？是不是中国人在美国的经历没有日本人那么值得记载呢？他说，如果回答是“不然”，那么为什么中国人没有类似的详尽的历史呢？为什么我们只能常常在报纸杂志上，看到阿Q式的自欺欺人的争面子的报道呢？

杨振宁说，中国人受了传统的影响，有一个观念就是：“算了，又何必要找事情呢！”他以为，这是一个万分错误的观念。他说犹太人在第二次世界大战时有600万人被杀掉，今天几乎一年有几十本新书来研究他们受到的残酷待遇。杨振宁说，这些书很多是犹太人写的，而且他们所写的历史不见得都是说犹太人的好话，也说了许多为了保存自己性命出卖朋友的犹太人的事情。

杨振宁说，一个犹太人描述犹太人的悲惨命运，譬如受压迫下的可耻行动，是需要一些勇气的。一个在美国生长的日本人攻击美国对日本人的待遇也需要有勇气。中国人似乎缺少这些勇气。杨振宁问道，是不是这就是因为所谓的没有“心理伤害”呢？[20]

杨振宁也特别提出，在近代科学发展以后，人类对于生存资源的竞争变得更加激烈，各个国家为了争夺资源和发展经济，科学成为一个更有效的工具，其背后的问题，是人类不可抑止的一种消费欲望。他认为这种情形还要继续发展下去，恐怕除了用宗教办法，是不可能遏止的。[21]

杨振宁以为，如果整个世界没有发生巨大的冲突，也许到 2030 年或者 2050 年，人类就要渐渐进入生存资源激烈竞争的时代，那个时候整个世界的观念会改观，道德看法因为生死存亡也要改变。杨振宁说，在那种情况下，他对于现在世界上先进国家譬如美国的文化，并没有信心，因为那是非常具有侵略性的，就是在 20 世纪，美国还发生了驱赶印第安人、把土地分给白种移民的所谓“宅地法案”（Homestead）。[22]

对于中国现在发展成功变得强大以后，许多人把中国当作一个敌人，并且认为中国可能非常有侵略性，杨振宁表示不能同意。他说，事实上近代中国跟别的国家签订条约，多是中国让步，而且中国因为在清朝时候不懂得条约的道理，常常被西方国家批评中国不遵守条约，所以后来新中国签订条约都是严格遵守的。[23]

作为一个顶尖的科学家，杨振宁认为科学家的社会责任，将变得愈来愈重要。未来的科学发展，譬如说生命科学的发展带来的道德和社会问题，是现在无法想象的。因此科学家和政府的领袖以及社会上一般的人，相互之间思想上的沟通跟了解，就变得愈来愈重要了。[24]

杨振宁说他并不认得很多政治人物，不过他却不认同美国学术界常常流传的一种看法，就是认为做政治的人智力上有问题，他觉得这个想法完全是错误的。他说不要说一个人能做到总统、国务卿或者是内阁阁员，就是任何一个参议院和众议院的议员，都是相当聪明的。因为他们如果不够聪明，就不能掌握选民的心理，是不可能被选上的。

杨振宁曾经谈起，20世纪80年代因为中国有些人对他不大满意，所以有谣传说杨振宁想做一个政客，要想变成参议院的议员云云。杨振宁说，如果他真能够成为参议院的议员，他一定会去做的，因为这是非常重要而且值得做的一件事情。他还说，那时也还有杨振宁开了100多家饭店的传说，他说开100多家饭店岂是容易之事。杨振宁以为，这些说法所反映的，是有些人还认为做学术教授就清高一点，而政治和商业是比较污秽的。[25]

虽然杨振宁在近代物理学中做出了优雅而美妙的工作，也曾经说起科学家在面对许多不可思议的美丽自然结构之时，会有一种触及灵魂的震动之感。但是对于物理科学发展的困境以及人类认知宇宙现象智力方面的局限性，杨振宁也有十分清楚的意识和十分深刻的反省。

他曾经说，物理学家在物理里面做了一段工作之后，有时候会有一种倾向，就是忘掉了他们正在研究事物的全面含义。对远景的洞察淹没在细节之中，可能对于原来重要的问题变得盲目而没有远见。[26]

因为有这样的一种信念，所以杨振宁对于他自己所从事的高能物理研究领域，不但有不同于热门潮流的看法，他还曾经说过：

> 对物质结构认识的不断增加，将物理实验不断深入到更微观的领域，以及对其他未知领域的创造和影响，当然都是很大的成就。但是，如果我们认为这些成就就是高能物理的唯一目标，那就大错特错了。因为这一学科的本质，在于探索对实验事实加以综合的新观念和新定律。

杨振宁说，这种综合就是物理学家马赫（Ernst Mach）所说的“对观测到的东西的简洁描述”，而对这种描述的探索，才是高能物理真正的目的。[27]

也因为如此，他 1961 年在麻省理工学院发表“物理的未来”的观点之后，1982 年在为这一篇文章所写的后记中也提到，虽然从 1961 年以后的 20 年，物理学不论是实验还是理论都曾经有过令人激动的时刻和重要的进展，但是他还是感到，物理学的困难有增无减。他以为，一方面实验的复杂和经费的增加，造成高能实验物理的困难；另外这个学科本身内容的日益复杂，不但使理论物理学家隔行如隔山，和实验物理学家的阻隔也更加的巨大，新进研究者有愈来愈脱离物理现象的问题。[28]

不只是对于高能物理的进展方向有着保留的看法，对于整个量子力学的理论，杨振宁也认为其中仍然有某些严重不稳妥之处。他同意爱因斯坦的看法，认为这不会是最后的结论。[29]

就像他在 1961 年“物理的未来”中间所阐明的意见，杨振宁认为人类对自然界认知能力的局限，是影响科学发展的一个因素。他指出薛定谔提到过的，就是量子力学对于物理世界的解释跟人的智慧和意识的关系。这一方面杨振宁曾经指出来，未来对人类智力最大的一个挑战，是了解脑的组织的问题：记忆储存的基本机制是什么？在人的身体的化学过程和脑中间非常特别而非统计运作之间的关系是什么？尤其是概念是如何在人的脑中形成的？这一方面的问题会不会使得人类对宇宙认知有新的观点，杨振宁说他不敢讲。[30]

对于宇宙的结构和宗教的关系，杨振宁说，科学家认识到自然结构有这么多不可思议的奥妙时候的感觉，和最真诚的宗教信仰是很接近的。他认为不论用什么态度来面对宇宙是不是有一个最后主宰的问题，这个问题一直存在。对于这个问题，杨振宁认为是永远不能有最终答案的。[31]

对于物理学最精粹的发展结果，杨振宁认为它们以极浓缩的数学语言，写出了物理世界的基本结构，可以说它们是造物者的诗篇。杨振宁说学物理的人了解了这些诗一样的方程的意义以后，对它们的美的感受是既直接而又十分复杂的。他曾经引用英国诗人布莱克（W. Blake）的一首诗，来说明这些物理方程极端浓缩和包罗万象的特点：

一沙一世界
一花一菩提
握无穷于掌
刹那即永恒[32]

他又说，这些物理方程式的巨大影响也许可以用蒲柏（A. Pope）的名句来描述：

自然与自然规律为黑暗隐蔽。
上帝说，让牛顿来！一切即臻光明。[33]

杨振宁说，这些都还不够，不能全面说出学物理的人面对这些物理中精粹方程式之美的感受。他说这似乎还缺少一种庄严感，一种神圣感，一种初窥宇宙奥秘的畏惧感。杨振宁说，这中间缺少的，恐怕正是筹建哥德式教堂的建筑师所要歌颂的崇高美、灵魂美、宗教美、最终极的美。[34]

注 释

1 杨振宁:《创造与灵感》, 1985 年 1 月 7 日在香港中文大学与杜渐先生的谈话,原载于香港《明报月刊》, 1985 年(第二〇三期)。

2 Chen Ning Yang, *Selected Papers 1945-1980 with Commentary,* New York: W. H. Freeman, 1983, p. 4.

3 同上。p. 319。

4 同上。p. 319−321。

5 维格纳致杨振宁信函, 1961 年 4 月 12 日,杨振宁提供。

6 杨振宁:《谈谈物理学研究和教学——在中国科技大学研究生院的五次谈话》,原载于《中国科学技术大学研究生院学报》,1986 年 10 月;收入《杨振宁文集》,上海,华东师范大学出版社, 1998 年。

7 杨振宁访问谈话,2000 年 8 月 21 日,纽约州立大学石溪分校办公室。

8 杨振宁访问谈话, 1999 年 5 月 7 日, 2000 年 8 月 21 日,纽约州立大学石溪分校办公室。

9 杨振宁访问谈话, 1999 年 5 月 13、14 日,纽约州立大学石溪分校办公室。

10 同 1。

11 杨振宁访问谈话, 1996 年 5 月 14、19 日, 纽约州立大学石溪分校办公室。

12 杨振宁:《关于理论物理发展的若干反思》, 原载于纽约州立大学石溪分校理论物理研究所预印本, 编号 ITP-SB-92-55。

13 同上。

14 根据杨振宁 1982 年 6 月 20 日在纽约州立大学石溪分校对中国访问学者和研究生的演讲, 以及与张奠宙的谈话中的意见。此二文《在石溪对中国访问学者的演讲》《华人科学家在世界上的学术地位——和华东师范大学张奠宙教授的谈话》皆收入《杨振宁文集》, 上海, 华东师范大学出版社, 1998 年, 第 378、825 页。

15 杨振宁演讲:《近代科学进入中国的回顾与前瞻》,1993 年 4 月 27 日在香港大学;载于《明报月刊》,1993 年 10 月号,沈良译。

16 同上。

17 杨振宁访问谈话,2000 年 7 月 31 日,香港中文大学办公室。

18 杨振宁演讲:《我对一些社会问题的感想》,1970 年 10 月 3 日在纽约香港学生联谊会,原载于《纽约香港学生月报》,1970 年 12 月(第十二期);收入《读书教学四十年》,香港,三联书店,1985 年。

19 Vincent Mchugh, "Vincent Mchugh, San Francisco, Little China," *Holiday Apr. 1961: 100.*

20 同 18。

21 杨振宁访问谈话,1996 年 12 月 3 日,香港中文大学办公室。

22 杨振宁访问谈话,1996 年 12 月 3 日,香港中文大学办公室。

23 杨振宁访问谈话,1999 年 5 月 7 日,纽约州立大学石溪分校办公室。

24 杨振宁访问谈话,1999 年 5 月 19 日,纽约州立大学石溪分校办公室。

25 杨振宁访问谈话,1999 年 5 月 11 日,纽约州立大学石溪分校办公室。

26 杨振宁:《自旋》,中译文载于《杨振宁谈科学发展》,张美曼译,台北,八方文化企业公司,1992 年。

27 杨振宁 1964 年在美国物理学会华盛顿会议上关于高能物理的讲话,中译文载于《杨振宁演讲集》,韩秀兰译,天津,南开大学出版社,1989 年。

28 同 2,p. 51。

29 杨振宁:《爱因斯坦对理论物理的影响》,1979 年在意大利的崔埃斯特的一项会议后,回答问题的意见;收入《杨振宁文集》,上海,华东师范大学出版社,1998 年,第 335 页。

30 同 2,p. 443。杨振宁访问谈话,2000 年 8 月 21 日,纽约州立大学石溪分校办公室。

31 张文达:《上穷碧落下微尘——接受香港专栏作家张文达访谈》,原载于香港《明报》,1983 年 3 月 11 日至 14 日。收入《杨振宁文集》,

上海，华东师范大学出版社，1998 年。

32 布莱克的原文是：

To see a world in a grain of sand
And a haven in a wild flower.
Hold infinity in the palm of your hand
And eternity in an hour.

33 蒲柏的原句是：

Nature and nature's law lay hid in night.
God said, let Newton be! And all was light.

译文是杨振宁自己写的。

34 杨振宁演讲：《美与物理学》，1997 年 1 月 17 日在香港中华科学与社会协进会与中文大学主办的演讲会；收入《杨振宁文集》，上海，华东师范大学出版社，1998 年。

第十六章

何须惆怅近黄昏

但得夕阳无限好（江才健摄）

如同杨振宁自己说的，他的一生可以说是一帆风顺。从小时候念书开始，到他进入西南联大，以及后来到芝加哥大学进修，进入普林斯顿高等研究院等，都是在最恰当的时候，碰到最良好的机会，使得他的兴趣和才分得以充分发挥。他说在他开始物理研究之时，当时高能物理或是场论这些领域，可说是遍地黄金。他搞统计物理，也是在方兴未艾的时候进入，因此成功机会是比较大的。他回顾自己一生的际遇，觉得这一切是既偶然又不偶然：偶然的是他碰上了这些机遇，不偶然的是他自己具备的兴趣、个性和能力上的偏好。他常说，自己是极端幸运的。[1]

极端幸运的杨振宁，和一般人的人生经历确实大不相同：他不但在科学上获有顶尖成就，在社会政治和学术文化方面的影响，也是近代学术中少见的代表人物。意气风发但是并没有踌躇满志的杨振宁，到 60 岁才猛然发现人生的一个事实。

杨振宁说，他 60 岁的那一年，到芝加哥大学参加人类第一个核反应堆运作成功的四十周年纪念会，在那里碰到芝加哥大学时代的老同学沃尔芬斯泰因（Lincoln Wolfenstein）。杨振宁告诉沃尔芬斯泰因说他最近有一个大的发现，沃尔芬斯泰因还以为他在物理上有什么新的创建，结果杨振宁说，他发现了“人生是有限的”。[2]

虽然认知到人生的有限，但是到 1992 年杨振宁 70 岁的时候，在各个方面他依然保持着令人惊讶的活力和冲劲。那一年在好多地方都有庆祝他 70 岁生日的聚会，生日会上，他难免有年岁渐增人生无常的感喟，好几个庆生会的演讲，他都引用陆游的诗句“形骸已与流年老，诗句犹争造化工”自况心境，看得出来在感慨之余，还有老骥伏枥的雄心。

一点也不错，以他的年岁来看，70 岁的杨振宁是令人惊叹的，他不但一直没有老花、近视，没有假牙，甚至还行动轻盈敏捷，可以由一个不太高的讲台跳下来，让旁观的人替他捏一把冷汗。难怪他的老朋友戈德哈贝尔说，他曾经在杨振宁的生日聚会上开玩笑地说：“Frank, may you always be young (Yang).”（弗兰克，愿你永远年轻。）[3]

杨振宁 70 岁的那一年，曾经在北京、天津、山西、安徽和上海等好几个地方旅行一个多月。在合肥的一天他谈起来，说有人讲人年纪大了譬如说到 60 岁，是以 10 年为一个单位来看未来，到 70 岁是以 3 年为一个单位，80 岁以一年为一个单位，90 岁也许是以一个月一个月来看的。他当时说，虽然他已经 70 岁了，但是却没有这种感觉。他提到有一年他在黄山上给周培源先生照了一张相，那个时候周培源 75 岁，他说将来年纪大了也要像周培源一样，自己走上黄山。他还讲到要走一趟从新疆的南疆越过山口到巴基斯坦去的行程，可说是豪气干云。[4]

不过杨振宁终究未能免于生理老化的自然法则，1997 年 11 月 8 日，杨振宁在纽约长岛石溪的家中突然感到胸口闷痛。原来还以为是胃溃疡或者胃酸作祟，未料后来进医院检查，才发现原来是一次轻微的心肌梗塞，而且他的心脏大血管已经有七处堵塞，因此医生建议他做四条血管的绕道手术。[5]

杨振宁住院心脏开刀的消息，很快在亲朋好友和物理学界传开。他们送了花篮，华人物理学界还致送数百人联名签名的问候卡。住在外州、本身也是医生的杨又礼说，她当时听到父亲的电话留言，虽然只说要她回电，但是觉得父亲在电话中语气哀伤。她打电话回去时，父亲已进了医院，她立刻赶回石溪，发现医院病房外花多得都走不进去。[6]

11 月 17 日，杨振宁在他任教的纽约州立大学石溪分校医院，进行心脏血管绕道手术，手术十分成功。杨振宁复原很快，3 个月后又回到办公室工作。

杨振宁后来谈起，他当时面对此一突发的生命变故，心中难免一惊。他说，虽然他以前就已经写了遗嘱，不过在开刀以前，还是特别用英文再写下来一些事情，交代给太太杜致礼。手术成功之后，杨振宁形容他历经此一生死关头的心境，说是“奈何桥边猛回首，此身犹在堪惊”。[7]

事实上，杨振宁早些年便感受到了年岁在自己身上的影响。1984 年，他一次到伯克利探望在那念书的二儿子杨光宇，两人到旧金山一个叫电报岭的地方游玩。杨振宁在那挑战杨光宇一起跳过一个沟，26 岁的杨光宇一跃而过，杨振宁跟着跳，未料却扭伤了右脚。这件事使得当时年逾六旬的杨振宁意识到，自己已上了年纪。[8]

1992 年他过 70 岁以后，虽然还是壮志雄心不减，没有减缓他在学术工作上以及参与外界事务的步调，但是熟识杨振宁的人还是渐渐发现，他的外观难免现出了一些老态，除了年轻时有过后来偶尔复发的背痛宿疾影响，导致背脊有些不直之外，脸上出现了一些老人斑，听力有些衰退，在做心脏绕道手术以前，有一段时候还发生心律不齐的毛病。

面对这种无可奈何的年岁天限，杨振宁说自己的态度，一是保持自己心智的活力，不要对什么事情都不发生兴趣；另外就是要看得开。杨振宁说，不过很遗憾的是，大多数人都做不到后面的一点。[9]

他说人年纪大了，对人生的想法不可避免地要有所改变，他也是在自己年纪大了，才渐渐了解到年纪大了的人的心理。他谈起和自己合作写过论文的普林斯顿大学物理学家崔曼几年前的去世，2000 年又有和他熟识的物理学家斯诺以及因写《爱因斯坦传》享有盛名的物理学家

1977 年，杨振宁（右）和周培源（左）在黄山的合影
（杨振宁提供）

派斯的突然过世，言谈中虽不露伤感，却难免对生命有限的感慨。[10]

面对有限生命，杨振宁没有多愁善感。他以跟时间赛跑的态度，更加积极地做他一直想做的事情。他更多地公开演讲，推动科学的教育和研究，特别是帮助中国科学研究的发展。

对于中国传统的教育方式和价值观念，杨振宁有许多不同于寻常的看法。他曾经说，在中国人社会中的教育制度，比较强调会考试的能力。杨振宁以为，一个人太会考试，老是想考试考得好，就会产生一种认为知识都是人家已经做好的，只要等着去学习的观念。有这样思考习惯的人，不利于需要创新精神的科学研究。[11]

1987 年，杨振宁在新加坡倡议设立了“陈嘉庚青少年发明奖”，鼓励一些很有动手能力但是不会考试的年轻人，使这些原来被考试制度摒弃在外的年轻人，能够发挥他们的贡献。杨振宁说，中国过去的考试制度，是歧视一些擅长动手的人，而这些人恰恰是中国最需要的人才。[12]

对于做学术研究的人才，杨振宁也认为，并不是每一个念书念得不错的学生，都可以在研究工作上做出成绩的。他说，中国传统社会的家长和老师总是有一个想法，认为如果一个小孩念书念得不错，就让他念研究生，念完研究生，就要得博士学位，假如有大博士学位，大大博士学位还应该继续念下去。杨振宁说，这是一个错误的观念。[13]

至于已经进入研究领域的研究者，杨振宁认为应该放开视野，多涉猎本行以外的一些知识。杨振宁说“博士”顾名思义是要“博”，英文叫作“doctor of philosophy”。“philosophy”指的是总的思想方向，一个人兴趣比较广，才可以应付整个学术界前沿方面的千变万化的新情况。[14]

他也特别提到，做研究工作到最后必须要做自己所做的东西，不是在那儿跟着别人跑。老跟人跑的研究工作，是不大可能有真正重要的建树的。[15]

对于做学问，杨振宁不但反对苦读的观念，也不同意许多人热衷于培养神童的想法。他曾经举著名数学家维纳（Norbert Wiener）的自传小说《昔日神童》（*Ex-Prodigy: My Childhood and Youth*）为例，说到其中的许多神童的悲惨际遇。维纳在书中写道：

> 一个早熟儿童在智能上预支了他一生的精力资本，因而注定是要失败的。即使他不靠救济过活，不进疯人院，也注定他只是二流角色。
>
> 天才由于一半属于成人世界，一半属于他周围的儿童世界，而多了一层痛苦。神童比其他儿童要经历一个更为矛盾的阶段，他的处境就难有美妙可言了。[16]

杨振宁特别提到他的幼年时候功课很好，中学时代就在数学上有早慧的天才，但是他的父亲没有进一步要他去念微积分这些大学教材，反而请人来教他读《孟子》，杨振宁认为他父亲这种顺其自然发展的作为，使得他受益良多。

杨振宁相信，让一些孩子学习超前太快，很早地送他们到大学里去，会迫使他们面对沉重的压力，形成不健全的性格。他提到有一个叫罗章雄的神童，他父亲曾经来向杨振宁询问升学之道，杨振宁劝他不要急于把儿子送出国读大学，应该让他像平常孩子一样享有童年。杨振宁说他后来听说罗章雄和一般的孩子一样在草场上踢球，他很高兴。[17]

谈到中国的物理科学教育，杨振宁在 1986 年的演讲中说，中国物理教育中认为物理就只是逻辑，以及觉得物理就是要做许多演算，都是错误的想法。而物理课程中所谓的“四大力学”，也压得学生透不过气来。他特别举出自己在芝加哥大学受到费米和泰勒的启发，认为要特别重视物理的现象以及直觉下意识的推理，才是学习物理重要的方法。他说物理学除了要有基本知识作为骨干，还要有血有肉。有血有肉的物理学，才是活的物理学。[18]

他特别还提到中国人才的不流动，以及平均主义的观念，都必须要寻求改变。对于知识分子的贡献，杨振宁也认为应该要建立一个健全的评价体制，打破“论资排辈”的评价方式。[19]

除了坐而言，杨振宁也起而行之。他除了20世纪70年代开始访问中国，推动科学学术，并且差不多是独力反对中国在当时发展没有优先紧迫性的高能物理。80年代，他又成为香港中文大学的博文讲座教授，每年到港三个月的时间，为香港中文大学和香港学术文化贡献心力。1986年，他首次赴台参加“中研院”院士会议，后来也成为“中研院”学术咨议总会的召集人和台湾“理论科学中心”的咨议委员会主席，与闻台湾的科学学术。

1995年，杨振宁接受成为设立在汉城（现首尔）的“亚太理论物理中心”的总裁，希望以他在科学上的国际声望，在亚太地区建立一个新的科学中心，来引领亚太地区的科学发展。这个理论物理中心后来因为韩国政治的变动以及经济情况的衰退，并没有达到原来预期的目标。

1997年，清华大学成立了一个“高等研究中心”，本来他们希望杨振宁回到这个他度过童年的校园中，担任研究中心的主任。杨振宁因为一时不能长时间回到北京，所以只同意担任中心的名誉主任，由他石溪理论物理研究所的同事聂华桐担任主任。不过他热心参与这个中心的筹划，并为这个中心成立基金会，除了自己捐出100万美金，还亲自出外募款。

当然杨振宁还是没有离开他住了30多年的纽约长岛石溪。几年以前他由原来海边的大房子，搬到邻近圣詹姆斯镇一个小山丘树林里较小的房子，他还是开着老旧的日本车，到不过10分钟车程的学校里的理论物理研究所工作。

在石溪的校园里，并不是人人都认得他。虽然理论物理研究所给他保留了一个一号牌子的停车位，有时候还是被其他的汽车占用，杨振宁也只是无可奈何地在那个汽车车窗上留下一个字条。

在石溪的街上，杨振宁常到那里的两家中餐厅吃饭，老板都认识他，知道他以前常喜欢吃的是香干肉丝。心脏开刀以后，杨振宁遵从医嘱，开始改吃鸡肉。他也上超级市场和书店，认得他的人不多，有时候因为听力退步，还得再问那些年轻的柜台小姐说了些什么，她们当然也不知道杨振宁是何许人也。

这是杨振宁的第二故乡了。这里有他的家，美国有他的三个孩子，还有两个孙女，但是年近 80 岁的杨振宁，难免有落叶归根的想法。2001 年他写了两篇关于海森堡和费米的文章，纪念他们两人的百年诞辰，这些文章中也透露出杨振宁内心里的一些想望。

在纪念海森堡的那一篇文章中，杨振宁谈到海森堡在 20 世纪 70 年代晚年时出版的自传，谈到海森堡在书中谈起在战后成为美军俘虏的过程，讲到海森堡被美军带走前，对于德国家乡美景的依恋。杨振宁在文章中写道：

> 海森堡在事过 30 年之后，所写下的这一个轻描淡写的过程，事实上心中经历了何等的痛苦，何等的爱，何等的回忆以及何等真实的感情。[20]

在费米的文章最后，杨振宁也谈到了 20 世纪 70 年代他在中国与芝加哥大学老同学寒春的重逢，谈到寒春去中国以前他们在芝加哥给她举行的惜别聚会，谈到寒春告诉他离开美国以前，告诉了费米她要去中国的决定。杨振宁也提到，寒春说她一直感激费米同意了她的决定。[21]

在 20 世纪 90 年代晚期以后，杨振宁常常由美国飞到东亚，到中国香港、台湾或者是中国大陆，有时候一年超过四五次。他知道自己的成就来自科学上的贡献，他最心仪的科学家是他办公室墙上许多照片中的爱因斯坦。他曾经自我评价，说自己的风格是三分之一来自狄拉克，三分之一来自费米，三分之一来自爱因斯坦。[22] 但是当有人问他一生最大贡献的时候，他的答案却是：

帮助改变了中国人自己觉得不如人的心理作用。[23]

1999年1月一个寒冷的冬天，杨振宁在石溪理论物理研究所上完了最后的一堂课，他正式退休了。那一年的5月，在长岛山茱萸盛开的季节，石溪理论物理研究所特别为杨振宁举办了一个退休的研讨会，这是一个科学上的盛会。

5月22日这个退休研讨会的第二天晚上，有一个为杨振宁退休举行的晚宴，和杨振宁惺惺相惜，并且以一手做科学、一手写人文成为美国科学文化界传奇人物的理论物理学家戴森，由普林斯顿高等研究院来到石溪参加这个盛会，并且应邀成为晚宴上的头一个演讲者。

戴森说，他自己最喜欢的一本书，就是杨振宁为自己60岁所出的《论文选集》。本身以文字优美著称的戴森，推崇杨振宁在论文选集前面所写下的许多评注，他认为那是一本经典之作。

戴森在演讲中说，他和杨振宁同样景仰大科学家费米，并同样受到费米的科学思想启迪。戴森特别提出杨振宁在《父亲与我》文章中对父亲和中国的感情，戴森说这篇文章动人地描述了杨振宁和他父亲亲密的关系，以及因分离而造成的痛苦：

没有美国，杨振宁不会成为世界一流的科学家，
离开了中国、他的父亲，将成为无根之树。

戴森说，对杨振宁来说，他个人的离开父亲，以及政治上的离开中国，是同一悲剧的两个部分。

戴森特别提到杨振宁在《父亲与我》文章结尾写到目睹香港的回归，想到他父亲那一代所经历的苦难而引起情绪激动的回忆。戴森说，他十分能够分享杨振宁的感情，因为他来自英国，和杨振宁同样是另外一个古老的文化传统；他能体会杨振宁对于美国爱恨交织的复杂感

1999 年，戴森在杨振宁退休仪式上，推崇杨振宁科学和文章的优美风格（杨振宁提供）

情。因为美国对他们是如此之慷慨大度，但是对于他们古老文明的了解又是如此之少。

戴森说，他喜欢杨振宁《论文选集》前言中所引用的杜甫的诗："文章千古事，得失寸心知。"他推崇杨振宁是继爱因斯坦、狄拉克之后，为20世纪物理科学树立风格的一代大师。他称赞杨振宁是一个有所节制的保守革命者。[24]

在这个晚宴上，纽约州立大学石溪分校的校长肯尼（Shirley Kenny）正式宣布，将石溪的理论物理研究所，改名为杨振宁理论物理研究所。

杨振宁最后上台说，他原本要推辞这番为他办退休研讨会的好意，结果却使得他在山茱萸盛开的5月里，有两个美好的日子。他说自己到美国50多年，经历芝加哥、普林斯顿和石溪三个研究所，他感激美国所给予他的发展机会，也谢谢在座的太太杜致礼。他说虽然他们在家里还常常辩论，当年在普林斯顿的中国餐馆里，到底是谁先向谁打招呼的，不过对于结褵49年的太太杜致礼给他的支持，他公开地表示感谢。

自知自己极端幸运、人生一帆风顺的杨振宁说，他在1982年60岁时，发觉了人生是有限的，而过去的一年半当中，他自己和太太也一共经历了四次手术。他在演讲最后用幻灯片先打上唐代诗人李商隐的诗句：

夕阳无限好，
只是近黄昏。

杨振宁说，年岁使他对人生有了新的体认，他接着打出民国时期大文学家朱自清的新句：

但得夕阳无限好，
何须惆怅近黄昏。[25]

1999 年 5 月，在纽约州立大学石溪分校理论物理研究所为杨振宁举行盛大的退休仪式，研讨会出席的科学家有：戴森、戈德哈贝尔、丁肇中、施泰因贝格尔、库珀（L. Cooper）、克罗宁（J. Cronin）、法捷耶夫、霍夫特、韦尔特曼、丘成桐、辛格、周光召、巴克斯特、库兰特、罗森布卢特、吴大峻、郑洪、朱经武、赵午、乔玲丽、吴秀兰、杨振平等人（杨振宁提供）

尾　声

三年以后，杨振宁满 80 岁了。清华大学的高等研究中心在 1999 年 10 月 2 日正式挂牌运作以后，杨振宁的参与比以往更多。他努力帮忙募款，也安排请到几位在美国最顶尖的年轻研究者，每年短期到访。本来他预备先回清华大学教一学期的物理，但是因为太太杜致礼的身体情况不佳，未能实行。清华大学为他和其他几位大师所盖的两层楼西式住宅，他也无法回去常住。

2002 年的 6 月，清华大学特别为他举行 80 岁的庆祝研讨会，当代数学大师陈省身和 13 位诺贝尔奖得主以及一位数学菲尔兹奖得主在内的几百个科学家，都来参加盛会。6 月 17 日，在庆祝杨振宁 80 岁生日的晚宴上，多位科学界以及外界的友人都上台祝贺杨振宁生日快乐。香港中文大学副校长杨纲凯特别提出，杨振宁从生日到两篇历史性论文的三个“10 月 1 日”的巧合。

杨振宁幼时旧识，也是著名雕刻家的熊秉明，写了一幅“八十”两个大字的屏框送给杨振宁。他并且上台说，杨振宁的物理学已经拓展到形而上学，把诗和美包容进去。他说，杨振宁生活实践是入世的，有着强烈的忧患意识和历史使命感。杨振宁的许多散文弥漫着对祖国、对民族的关切，并且在实践中表现出来。熊秉明说，称杨振宁为任重道远的科学家是最恰当的了。[26]

最后杨振宁也上台说话。他提到中国的巨大变化，提到美国布什总统在长城上所说的：“一样的长城，不一样的国家！”他说在 1961 年自己的一篇谈论费米的文章中说：

> 有人说，一个人的生命长短不应用年份来度量，而应历数他所经历过的成功事业。

2002 年 6 月杨振宁在清华大学的 80 岁庆祝研讨会，出席者中包括沃尔夫奖得主陈省身、菲尔兹奖得主丘成桐，以及 13 位诺贝尔奖得主。在照片中出现的诺贝尔奖得主有：韦尔特曼（第一排左三）、莫斯鲍尔（Rudolf L.Mossbauer，第一排左四）、杨振宁（第一排右四）、汤斯（第一排右三）、科恩 - 塔诺季（Claude Cohen-Tannoudji，第一排右二）、朱棣文（第二排左三）、霍夫特（第二排右一）、施泰因贝格尔（第三排左一）；另外未于照片中的有：康奈尔（Eric Cornell）、菲奇（Val Fitch）、盖尔曼、劳克林（Robert Laughlin）、丁肇中（杨振宁提供）

他提到莎士比亚在戏剧《皆大欢喜》(*As You Like It*)中说，人生就像一出七幕戏，而其第七幕即最后一幕是：

返回童年，返回茫然，无牙齿，无眼睛，无味觉，无一切。

杨振宁接着说，

假如我的一生是一出戏，那么我实在十分幸运，今天不但我有牙齿，有眼睛，有味觉，有几乎一切，而且我还有机会开始一个新的事业——清华大学高等研究中心。

他说，

清华园是我幼年成长的地方，我一生走了一个大圈。那么我的最后事业，也将是我一生中特别有意义的一幕。[27]

注 释

1 杨振宁访问谈话，1998 年 11 月 2 日、1999 年 5 月 8 日、5 月 18 日，纽约长岛石溪家中以及纽约州立大学石溪分校办公室。

2 杨振宁访问谈话，1999 年 5 月 18 日，纽约州立大学石溪分校办公室。

3 戈德哈贝尔访问谈话，1996 年 9 月 9 日，布鲁克哈芬国家实验室办公室。杨振宁的英文名字是 Frank，这句话最后是用了一个英文同音的双关语。

4 这是杨振宁 1992 年和本书作者的谈话。

5 同 2。

6 杨又礼访问谈话，1999 年 7 月 17 日，蒙大拿州李文斯顿山中瑞士式木造屋家中。

7 同 2。

8 杨光宇访问谈话，1999 年 9 月 13 日，纽约曼哈顿 J. P. Morgan 办公室。杨振宁致作者传真，2001 年 8 月 13 日。

9 杨振宁访问谈话，2000 年 7 月 31 日，香港中文大学办公室。

10 杨振宁访问谈话，2000 年 8 月 21 日，纽约州立大学石溪分校。

11 倪光炯:《杨振宁教授一席谈》，原载于中国《百科知识》，1987 年第一、二期。收入《杨振宁文集》，上海，华东师范大学出版社，1998 年。

12 潘国驹:《与杨振宁谈陈嘉庚青少年发明奖及教育问题》，原刊于新加坡《联合早报》，1986 年 12 月 31 日及 1987 年 1 月 1 日，收入《宁拙毋巧——杨振宁访谈录》，新加坡，世界科技出版社，入《杨振宁演讲集》，天津，南开大学出版社，1989 年。

13 同上。

14 同上。

15 杨振宁演讲:《在石溪的一篇演讲》，1982 年 6 月 20 日在石溪对中国访问学者和研究生的演讲，收入《读书教学四十年》，香港，三联书店，1985 年，第 98 页。

16 张奠宙，1991 年 5 月 22 日在纽约州立大学向杨振宁提出有关“神童”问题，杨振宁的谈话记录，以《关于神童》收入《杨振宁文集》，上海，华东师范大学出版社，1998 年，第 752—753 页。

17 同上。

18 杨振宁演讲:《谈谈物理学研究和教学》，1986 年 5 月 27 日至 6 月 12 日在中国科技大学研究生院的五次谈话，原载于《中国科学技术大学研究生院学报》，1986 年 10 月。杨振宁演讲:《几位物理学家的故事》，1986 年在中国科技大学研究生院，原载于中国《物理》杂志，第十五卷，第十一期（1986 年）。皆收入《杨振宁文集》，上海，华东师范大学出版社，1998 年。

19 杨振宁演讲:《中国知识分子与国家前途》，1983 年 3 月 10 日在香港《大公报》讨论会，收入《读书教学四十年》，香港，三联书店，1985 年。《关于中国科技的发展》，1986 年 5 月应邀在中国科学技术促进发展研究中心的谈话，原载于中国《科学报》，1986 年 10 月 4 日，收入《杨振宁文集》，上海，华东师范大学出版社，1998 年。

20 Chen Ning Yang, “Werner Heisenberg (1901-1976),” *Contribution to the Centennial Celebration in 2001 of the birth of Werner Heisenberg on December 5, 1901.*

21 Chen Ning Yang, “Enrico Fermi (1901-1954),” *Contribution to the Centennial Celebration in 2001 of the birth of Enrico Fermi on September 29, 1901.*

22 M. Dresden, “On Personal Styles and Tastes in Physics, ” *Chen Ning Yang, A Great Physicist of the Twentieth Century*, ed. C. S. Liu and S. T. Yau, Boston: International Press, 1995.

23 杨振宁:《杨振宁文集·接受香港电台记者的访问记录》，上海，华东师范大学出版社，1998 年，第 817 页。

24 Freeman Dyson, “A Conservative Revolutionary, ” *Remarks at the*

banquet in honor of the retirement of C. N. Yang, 22 May 1999, Stony Brook.

25 Chen Ning Yang, *Speech after banquet, 22 May 1999, Stony Brook.*

26 熊秉明:《杨振宁先生八十寿辰赠书法讲话》, 2002 年 6 月 17 日，北京香格里拉饭店宴会厅。

27 杨振宁:《在八十岁生日晚宴上的讲话》, 2002 年 6 月 17 日，北京香格里拉饭店宴会厅。

/ 后记 /

原以为自己不会再写一本传记的。想不到后来开始写《杨振宁传》，竟有如冥冥中的一个宿命。

1996年，我写完了《吴健雄传》。《吴健雄传》是1989年我到纽约做一年访谈工作开始的，那是一个“初生牛犊不畏虎”的作为。纽约回来，又花了六年才完工。书写得如此慢，难免受到许多质疑，那时在报社工作，自然不免分心，但是看在许多“下笔千言，一日数稿”的同事眼里，多觉得我还是慢得令人狐疑。一位女同事甚至以玩笑口吻说，我写《吴健雄传》期间，她不但写完两本书，还生了两个孩子。她说的都是事实，我听了只能苦笑。

书写完了，心头落下一个重担。有人好心、善意地给予鼓励，年轻的学界友人，也有揄扬过甚之评。吴健雄那时八旬有四，身体日衰，1996年她来台北，已是嫛然龙钟了，9月在纽约见她，未料竟是最后一别。据说她自己是喜欢那本传记的，但是我心中明白，那些真实的生命历程，是轻是重，都不是我真正写得清楚的。

因为自知没有历史家臧否人物的本事，也逃避承受生命必然鼎盛而衰的伤感，因此在后来的一个访问中我也说，虽然有人建议再写杨振宁或他人的传记，我都不愿再面对这种感情的负担。

1997 年海外华人物理学会在台北召开，一天在台湾“中研院”碰到新竹清华大学前校长沈君山，他劝我写杨振宁的传记。当然，杨先生在近代物理科学上已有的远超过一个诺贝尔奖得主的大师地位，是理由之一。沈君山还告以一位名闻海内外的大作家也想写杨传，不知是不是激将之计。

那年 11 月，杨振宁在无预警情况之下，突有一次轻微心脏病发作，幸运的是他完全没有受伤，后来就动了心导管手术。动手术之前，杨振宁太太杜致礼的妹夫邓天才来电，告知杨先生即将动手术的消息，也同时说起杨先生对自己传记的一些想法。

1998 年农历年后出外休假，自己一人反复思考，决定应该进行写作《杨振宁传》的计划。于是写了一封信给杨先生，说明我的想法，由于怕再干扰报社的工作，还提出一些变通办法，看看是否可以不像写吴传那样，一定到美国做长期停留访谈。

在信上也提到，由《吴健雄传》的经验，我学到或许经由一些有争议的事件入手，更可以凸显传主的真实个性。我会如此写，正是因为许多年来和杨先生接触往还，他总是说起一些传记写得很好，因为真实地描绘了传主个性。不论杨先生是不是意在言外，我总是钦仰他的胸襟的。

事实上，先前使我踌躇不决是否写杨传记的一个原因，是杨振宁和与他共同得到诺贝尔奖的李政道的纷争。杨、李二人的争吵和决裂，是物理界许多人知道的事，但是对于内情如何，则传闻纷纭，莫衷一是。我在写《吴健雄传》期间，曾经和李政道有过访谈，在那以前和之后，亦因工作需要，访问过他。对于他们二人对彼此的态度，亦有认识。

1992 年李政道来台力促台湾参与美国的一个高能物理计划，此事我与他看法不同，在报上亦写了许多专论。这件事到 1993 年终于演变成科学界公开的争论事件，李政道后来还在以“中研院”署名的报纸广告中，公开表示对我的不满。此事曲折起伏，非此处可以说清，一言以蔽之，就是我和他的关系搞坏了。

在这样一个情况下，如果要写《杨振宁传》，就碰上了一个问题，那就是在这本传记中必须面对的杨、李争吵问题，我可能无法得到李政道的看法。那时候正好香港电视台在做杨振宁的电视专辑，他们自然也想访问李政道，但是李政道拒绝了。这一来，我知道任何人写杨振宁的传记，李政道都不会接受访问，我不是唯一例外之人，也使我觉得，写杨传还是可为之事。

事实上，后来我正式开始写《杨振宁传》以前，还是给李政道去了一信，希望他对于两人的关系，提出他的意见。信上我还特别提到，虽然 1993 年因对 SSC 高能物理计划看法不同，他曾经对我公开表示了意见，不过在到 1996 年才写完的《吴健雄传》中，他应该看得出我是秉持着客观公正的立场。我也强调，写这本传记是严肃而有历史意义之事，必持一个可向历史交代的严正立场。当然，我并没有得到回信。

后来写杨振宁传记的计划，还是不能避免必须要到美国做长期的停留，原因不只杨先生自己的访谈，要访问的他的许多亲人、朋友和同侪也多住在美国，但是在美国待上一年，还要四处访谈，就必须解决经济上的问题。

在这一方面，我要特别感谢某科学教育基金会，他们破例同意我提出的申请，给予我一笔经费，解决我在美国停留一年必然面临的额外开支问题。

但是报社工作的问题却令我感到不安。我自己深知，1989 年我去纽约一年的特遇，很引起一些非议，也给当时特许我成行的《中国时报》董事长余纪忠先生带来许多困扰。1998 年 8 月 3 日我在余先生办公室中向他谈起我的计划，这个谈话最后是一个极度个人感情流露的结果；一位人生历练圆达的长者，对于我个人生命中的情感际遇，给予了最温暖的关怀。我成为时报派驻洛杉矶的特派记者（当时时报在洛杉矶没有记者），利用暇时去完成写杨传的计划。余先生虽已在今年

4 月去世，他的关怀却会一直留在这本完成的传记里。

那年 9 月 28 日开始的杨振宁传记计划，比起吴传辛苦许多。杨振宁任教的纽约州立大学石溪分校，位在美国东岸纽约的长岛地区，我以每次去几个礼拜的方式，进行和杨先生的访谈，不时地还得到美国其他一些地方访问他的同侪、亲友。

一般人知道的，杨振宁在近代科学上，是开创一个世代局面的大师，这也使得他在物理学界，已被誉为是目前世界上最重要的理论物理学家。他科学工作所显现的一种特殊数学风格的美感，也使物理学界公认，他是继爱因斯坦、狄拉克之后，为 20 世纪物理学树立风格的一代大师。

事实上，杨先生物理科学的品位，展现出的一种令人欣羡的优美风格，使他在物理世界里，已然成为一个臻于艺境的创造者。我称呼他是“追求科学美感的独行者”，因为就某种意义而言，他可以说是没有“同侪”的。

由于他的物理科学工作，都有很深邃的数学风格，因此不但一般人难窥其究竟，就是物理界中人，亦少有人深识其神。因此写他传记的科学章节，追溯阐明他的思维脉络，就是非常困难的挑战。相对来说，他得诺贝尔奖的宇称不守恒工作，倒是容易了解的工作，正如杨先生自己说的，宇称不守恒没什么可说的，就是猜出来就是了。这也使我想起他的一个物理好友，美国普林斯顿大学物理学家崔曼说的：“宇称不守恒完全有资格得到诺贝尔奖，但是却不能作为一篇博士论文。”

崔曼是早年和杨振宁合写过论文的杰出物理学家。我 1998 年 10 月底在普林斯顿大学物理系所在的杰德温馆和崔曼谈话，是一次愉快的经验。我们除了谈杨先生的物理和人，也谈到我们共同认识、当时已去世的《纽约时报》杰出科学记者苏利文。我还记得那天告辞时，看到崔曼办公室墙上，有几张著名的物理学家费曼送给他的费曼自己画的女性素描。后来在杰德温馆外走廊上，看到一面墙上，有许多曾经在普林斯顿待过的一流物理学家的照片，最上面第一排三人是奥本海默、费曼和杨振宁，下面有戴森、李政道、派斯等人。

那时我因心情不佳，只感到普林斯顿深秋的寒冷。后来整理崔曼的访问录音，才看出来他这个人观察力异常敏锐，智慧很高，个性细腻有趣，声音中也充满了人性的温暖感情。

2000 年 4 月，我和杨先生在香港机场会合，一起到中国内地去访问。那一天我在机场将稍早《科学》(*Science*) 杂志上刊出的一篇谈崔曼写的一本量子力学的书的书评，交给杨先生，那个书评中透露，崔曼已经因癌症去世。

和杨振宁早年同在普林斯顿高等研究院的另一杰出物理学家派斯，后来因写了一本《爱因斯坦传》(*Subtle is the Lord*) 享誉物理学界，杨振宁十分推崇派斯的这本传记，认为是爱因斯坦传记中的一个经典之作。事实上，这本传记是爱因斯坦的科学传记，一般人难窥其奥，后来派斯又写了较通俗的爱因斯坦传，以及大科学家玻尔的传记和他自己的自传，成为著名的科学作家。

1999 年 5 月，我在纽约市曼哈顿洛克菲勒大学的办公室见到派斯，这个在杨振宁口中当年不好相处的犹太裔物理学家，那时已是一个戴着红框眼镜的和蔼小老头。他很坦率地回答了我的问题，特别是他早年就认识的杨、李二人的关系。当然，在物理科学上他推崇杨振宁的伟大贡献，但是在对杨、李二人的争吵立场上，他采取了等距的态度。

我还记得那时曼哈顿的春天方至，气候宜人，派斯办公室窗外的东河，丰沛的河水十分湍急。派斯最后以一个写传记的老手，给了我这个后生许多忠告。我记得他说，有的时候写不下去，就起来出去走一走，回来就可以写了。我后来好多次碰到写不下去的困难，也好多次记起他出去走一走的忠告。

2000 年 8 月，海外华人物理学会在香港开会，我在杨振宁香港中文大学的办公室里，听到杨先生告知派斯几天前突发心脏病去世的消息。我的脑中记起的是，派斯站在办公室里矮矮的身躯，戴着一副红框的眼镜，窗外是纽约东河汹涌的河水。

那一天，杨先生也有点伤感，除了派斯和崔曼，他还谈起另一位老友斯诺的猝逝，此外“杨-米尔斯规范场论”的米尔斯，也在早一年去世。

当然，1998 年北京中关村外街一片鼎沸商机，窄巷旧楼小屋中杨振宁西南联大老友黄昆的恬淡自在，以及 2000 年巴黎地铁轰隆声中，杨振宁儿时玩伴、著名雕刻家熊秉明凝神哲思的悠然专注，也都是杨传访谈中的难忘记忆。

传记开始写作之后，情绪慢慢沉淀下来，但有时埋在数据和访谈录音记录之中，却失了感觉。我总是在阅读中找回感情的力量，也在一再阅读黄仁宇的回忆录《黄河青山》中，找到给杨振宁在中国历史中定位的指标。我常常自问，如何在反映传主对自身生命历程的想望，以及大众对英雄人物想当然的认定之间，找到平衡点。我自觉像历史长河中的一个工具，在这个时空命定的被赋予了描摹杨振宁的使命。

写杨振宁的传记，是一个难遇的人生机缘。杨振宁是一个精彩人物，不只在物理科学，在人生世事之上，他都用心地刻下印记。他有着天才人物的禀赋，而且他一点也不放松，他使你感受到他过人的才分，也使你看到他用心营造的谦抑。写这样的一个人，本来就是难事。

总算，我赶在他的 80 岁生日前交稿了。本来我们是预备在他的生日出版这本传记的。

杨振宁是 1922 年农历八月十一日出生的，那一天是阳历的 10 月 1 日。另外杨振宁得到诺贝尔奖的论文，以及奠定他一代物理大师地位的那篇“杨-米尔斯规范场论”论文，令人难信的也都是 1956 年和 1954 年的 10 月 1 日，在美国《物理评论》期刊刊出。还有什么更大的理由，不让我们正视这一个历史的巧合呢？

这本传记的完成，是因为得到许多人无私的奉献和帮助，这包括了我的亲人、好友，以及和写这本传记有关的许多不同国家的人士和机构、学校，我不在这里一一罗列你们的名字，因为我一定会有记忆不全的疏漏，在此谨致上我最诚挚的感谢。

另外，要感谢最后协助这本书完成的天下文化出版公司的工作团队，尤其是负责校定编辑的徐仕美小姐、林荣崧先生。

杨振宁曾经在谈论物理发展时说过“当尘埃落定之后”的这么一句话。是的，“尘埃落定，视眼清明”，像杨振宁这样天才的创造成就，成为人类心灵知性启蒙的明灯，人们惊叹他们超卓的心智能力，而在评断议论声中，这个创作者本身的反思，是最后他自己在自我历史评价中最真实的论断。

江才健

2002 年 9 月 27 日凌晨

/ 再版后记 /

东篱归根

杨振宁是2003年12月24日由纽约石溪搬回北京的。这离他1945年11月24日坐船初抵纽约，整整58年零1个月。杨振宁住进清华大学早几年替他和其他几位大师所盖的两层楼西式建筑，开始58年来的一个全新生活，之前他虽然也到北京、香港等地长住，但石溪是他的家。

杨振宁在1999年5月由纽约大学石溪分校退休，本来就打算回到清华大学。早几年起，他已答应帮助清华大学建立一个高等研究中心，这个中心颇有师法他自己工作过的普林斯顿高等研究院的味道。可是中心成立初始，杨振宁还在美国教书，1999年杨振宁退休后仍不能回北京长居，因为与他结褵多年的太太杜致礼生病，因此中心许多事务是由过去也在石溪分校任教的物理学家聂华桐主持。

其实从1997年开始，杨振宁和太太杜致礼就一连串地进出医院，先是他在11月初有一次无预警的轻微心肌梗塞，于是在11月18日进行了四条心脏血管的绕道手术，然后是太太杜致礼因为软组织肿瘤而有一连串的手术。

2000年杜致礼的病情渐稳，杨振宁和杜致礼有四次远程旅行，到了土耳其、希腊、韩国、梵蒂冈和中国台湾、云南等地。2001年杜致礼再动白内障手术，那一年他们去蒙大拿州看女儿又礼，也到过泰国、韩国和中国香港等地。

后来杜致礼的病情日趋严重，除了软组织肿瘤，也还有老年痴呆和帕金森病。2003 年 1 月 19 日，杨振宁在石溪为杜致礼的 77 岁举办一个盛大的生日会，那一年 10 月 19 日杜致礼病逝石溪。

杨振宁失去 53 年的生活伴侣，那年年底一个人搬回北京长住，清华大学盖的三幢“大师邸”早已落成，三幢房子一幢是给杨振宁，一幢给林家翘，另外一幢给了杨振宁后来由美国普林斯顿大学请回清华的杰出计算机数学专家姚期智。清华大学这三幢单门独院的两层住宅，是有点美国新住宅形式的两层小楼，虽说和校园中较陈旧的住宅比较，显出讲究得多，但也算不上豪华。之前因为太太杜致礼一直生病，为治疗和家人照顾方便，所以他们一直住在美国。

2003 年底杨振宁离开生活了 58 年的美国，搬进已空置年余的住宅，过起清华大学的一人生活。虽然白天有一位女士帮忙处理家务，但那是一个全新的经验和感受。2003 年底，杨振宁在北京给弟妹家人写了一封信，道出他回到中国，看到中国的快速发展和改变，使得在那个年尾岁末时节，特别地有一种难以言喻的深刻感触。

2004 年间，杨振宁应邀在“中国科学与人文论坛”上演讲，他的讲题是《归根反思》，谈论他经过一甲子重回到清华大学居住，以及深入观察大陆变化的感触，也发表了他当时所写的一首五言古诗《归根》：

昔负千寻质，高临九仞峰。
深究对称意，胆识云霄冲。
神州新天换，故园使命重。
学子凌云志，我当指路松。
千古三旋律，循循谈笑中。
耄耋新事业，东篱归根翁。

后来杨振宁在刊出的讲稿文章中，说明此诗首联取自唐代骆宾王诗句。诗中的“三旋律”源自他当时一个演讲，谈论 20 世纪理论物理中的“量子化、对称与相位因子”三个主题旋律。诗文最后以“东篱归根翁”自况。

这个演讲反映的是杨振宁重归故国，目睹社会家国的前进巨变，感受文化艺术的蔚然勃兴，面对未来世局与生存的挑战，对于中国文化的高度乐观与信心。

2004 年还发生了一件对杨振宁影响深远的事。那年年初，杨振宁到了香港中文大学，2 月他在香港收到一张贺年卡，是翁帆由广州寄到美国石溪给他和太太杜致礼的贺年卡，再由杨振宁美国的秘书转寄到了香港。

杨振宁和翁帆的初次见面，其实是在 1995 年。那一年 8 月在汕头大学举行海外华人物理学会大会，杨振宁、李政道、丁肇中等几位先后的诺贝尔奖得主与会。汕头大学给每位诺贝尔奖得主分派一位接待学生，翁帆正是杨振宁和太太杜致礼的接待生。几天相处，他们很喜欢翁帆，往后翁帆与他们偶有通信往来。2004 年再有联络时，翁帆是广东外语外贸大学英语翻译专业硕士研究生。翁帆在贺卡上写了她的电话，杨振宁给翁帆打电话，后来翁帆到香港看杨振宁，两人开始交往。

杨振宁说翁帆第一次是到香港中文大学来看他，他将自己用计算机软件剪接的一个过去生活和家庭的电影，放给翁帆看。后来杨振宁把这个自己剪辑的影片，送给香港电影巨子邵逸夫的夫人方逸华，方逸华是电影专业人士，她认为杨振宁虽然没有受过专业训练，但这个电影做得极好。

2004 年 11 月，杨振宁突然给极少数几位亲友发送一封电子邮件，告知他的订婚消息。这封用英文写的电子邮件内容是：

这是一封重要的信，向你介绍我的未婚妻，她的名字叫翁帆，她的朋友叫她帆帆。我现在也这样叫她。我们在 2004 年 11 月 5 日订婚。

翁帆 28 岁，出生在广东省潮州。致礼和我 1995 年夏天到汕头大学参加一项国际物理学家会议时碰到她。那个会议有四位诺贝尔奖得主参加，因此学校挑选学生来做接待向导，当时还是大一学生的翁帆是我们的接待向导。那是一个只有上帝才会做的安排。

致礼和我立刻就喜欢翁帆。她漂亮、活泼、体贴而且没有心机。她是英文系学生，英文说得极好。离开汕头之后，我们和她偶尔的有些联络。

大学毕业后，她结婚了，几年以后离婚。几年以前她进入在广州的广东外语外贸大学，很快就要得到翻译系的硕士学位。

有如天意，因为好几年没有联络，她今年 2 月给我们一封短信。信是寄到纽约石溪，后来转到我所在的香港，也因此我们在过去的几个月中逐渐熟识。

我发现现在已是一个成熟女人的翁帆，依然保有九年前致礼和我特别欣赏的率真。我最近写的一首关于她的诗，其中有下面的几句：

没有心机而又体贴人意，
勇敢好奇而又轻盈灵巧，
生气勃勃而又可爱俏皮，
是的，永恒的青春！

青春并不只和年纪有关，也和精神有关。翁帆既成熟又青春。我深信你们看到她都会喜欢她。

我也知道，虽然在岁数上已经年老，在精神上我还是保持年轻。我知道这也是为什么翁帆觉得我有吸引力的部分原因。

我们当然都清楚地知道，我们有很大的年岁差距。但是我们知道我们都能够也将会以许多不同的方式，奉献给我们的结合。我们的亲人都祝福我们。

请读一下下面的句子，这些句子说明了我对于她在我生命中扮演的以及即将要扮演角色的感觉：

噢，甜蜜的天使，
你真的就是
上帝恩赐的最后礼物，
给我的苍老灵魂，
一个重回青春的欣喜。

接到杨振宁电子邮件的笔者立即与杨振宁联络。据他告知，他和翁帆是在电话里订婚。他也说之后他便将翁帆以及他们订婚的消息，告诉他在美国的孩子和他的弟弟妹妹，他们都祝福他。他当时也说，另外一位也接获讯息的物理学家朋友回信，特别举出西班牙大提琴家卡萨尔斯 81 岁时和他 21 岁学生结婚的例子，作为对杨振宁的祝福。杨振宁说他知道自己和翁帆 54 岁的年纪差距，难免要引起议论，但是自己在心理上已经有了准备。他也说将来大家会知道，他和翁帆是一个浪漫的爱情故事。

杨振宁订婚的消息很快在笔者当时创办的《知识通讯评论》刊出，消息也由台北的报纸刊布，立时引起轰动，各个媒体也纷纷跟进。

其实那年 10 月，杨振宁在美国的弟弟杨振平一家还到清华大学暂住，杨振宁、杨振平一家也与住在香港的弟弟杨振汉夫妇同去九寨沟旅游。当时他的弟弟并不知情，结果不到一个月获知此事，自是意外。

杨振宁传出喜讯后，受到媒体紧密追踪，原本还有些担心的杨振宁立即和翁帆办理了结婚手续，然后到海南岛度蜜月。媒体紧迫盯人，两人在饭店晒太阳以及同骑双人脚踏车的照片，都登在报上。那年年底南亚突然发生大海啸，新闻焦点于是转移。

杨振宁和翁帆结婚之后，生活上有了伴侣和照料，杨振宁在清华大学教书，演讲，偶尔住到香港中文大学，出席邵逸夫奖的颁奖，并且到新加坡访问多次，其间还有去日本和欧洲出席会议的行程，都有太太翁帆做伴。

2006 年 3 月底，杨振宁偕太太翁帆去美国，这是翁帆头一次到美国。他们除住到杨振宁原来纽约石溪的家中，也和杨振宁在美国的家人见面。杨振宁有两个儿子和一个女儿，都是在美国出生长大，那时两个儿子都已在北京和香港与翁帆见过面，在美国的弟弟和妹妹，也都到北京见过翁帆。那一次杨振宁也带翁帆同去了蒙大拿州，看望住在那里做医生的女儿，也在女儿家小住。

其实那一次的美国之行，杨振宁还参加了一个特别的会议，那也让杨振宁回想起 49 年前的事，那年他初得诺贝尔奖时才 35 岁。如果看他去瑞典斯德哥尔摩领奖的照片，瘦瘦的杨振宁，有着两个特别大的眼睛，显得特别年轻，看起来还像是一个大孩子。但是比起较他早一辈的大物理学家海森堡和狄拉克，杨振宁似乎也并不特别的青稚。1933 年，32 岁的海森堡和 31 岁的狄拉克，在同一年去斯德哥尔摩获颁诺贝尔奖，他们两人都是由母亲陪着去的。1957 年杨振宁是和太太杜致礼同行，也已经有一个 6 岁的大儿子杨光诺。

2006 年杨振宁会回顾近 50 年前他的生命历程，其来有自，原因是 4 月间在美国德州的达拉斯，举行了一个宇称不守恒 50 周年的研讨会。研讨会由当年首先做出实验结果，证实那个物理观念革命的吴健雄的一位女弟子库勒（N. Koller）筹划，吴健雄实验得到确实结果，是在 1956 年的年底，那年正好是第 50 年。

吴健雄最早做出了实验结果，造成杨振宁和李政道得到诺贝尔奖。被许多人认为应该共同获奖的吴健雄，1997 年已经去世，无缘与会。吴健雄的儿子袁纬承也是物理学家，他出席会议讲述母亲的生平和工作，此外李政道以及当年也做了一个实验证实了宇称不守恒，后来因他项工作得到诺贝尔奖的莱德曼（L. Lederman），都在会上发表演讲。

杨振宁在会中的演讲，题目是《门在哪个方向？》(*In which direction is the door?*)。杨振宁讲这个题目，是因为1957年初，杨振宁得知吴健雄实验有了确实的结果之后，给当时在维京群岛度假的奥本海默发了一封电报，告知了这个结果。二战时曾领导美国原子弹发展计划的奥本海默，与杨振宁可说亦师亦友，他给杨振宁的回电只有短短几个字，"走出房门"。奥本海默之所以回这样一个电报，是因为杨振宁在1956年的一个报告中，曾经将当时物理学界面对宇称不守恒的情况，比喻为一个在一间黑暗房子里的人，他知道在某一个方向一定有一扇门，但是门在什么方向呢？

2006年的4月22日，当年曾经密切合作，后来争吵决裂的杨振宁和李政道，在达拉斯的这个会上碰面。李政道先做的演讲，讨论了一些微中子的研究，也谈到吴健雄和她的实验，没有触及当年与杨振宁的合作。接下来莱德曼的演讲，谈论他当年做另外一个证实宇称不守恒实验的过程，杨振宁都在座上。

杨振宁在下一会程中演讲《门在哪个方向？》，也没有触及敏感的与李政道的合作问题，他在演讲中引述了当时方甫去世的杰出物理学家达利兹1982年在巴黎一个物理学历史会议中的谈话，达利兹谈到当年自己如何错失了宇称不守恒的想法。杨振宁演讲中有一句话，大意是"李和我写论文之后，也不认为宇称一定是不守恒的，于是我们转而研究统计物理"。

这时坐在台下的李政道立刻大声说，"这是你的想法。"(That's what you think.) 杨振宁没有理会。接着打出一张有名的照片，那张照片当年曾经登在美国物理学会的《今日物理》封面上，照片是一页物理的笔记，是杨、李写出宇称不守恒论文之后李政道的一个笔记，而内行的物理学家一看便知道，笔记上多半都是统计物理的问题。杨振宁说，李政道看到这张投影片，又在台下大声说："这是我的，与你无关。"(That's mine, nothing to do with you.) 这是那一年杨振宁3个月美国旅程中的一个插曲。

2006年6月间，杨振宁和翁帆由美国回到中国香港，再度受到新闻界的关注，也问起他们怀孕生子的传闻，后来杨振宁私下谈起此事，说他们也曾考虑此事，但是还是决定不宜有孩子。7月初杨振宁偕翁帆一同到台北参加“中研院”院士会议，由于是两人婚后头一回到台北，自然引起新闻的热潮，也有人再追问怀孕之事，杨振宁神情愉畅，翁帆应对自在，两人出入都拉着手。在媒体访谈中，杨振宁谈到有翁帆做他的伴手，让他觉得安全，他也不讳言谈到生死问题，显见他们缘近气投的情感，得到普遍的好评。

当然，正如杨振宁在和翁帆订婚时所说的，他知道两人年岁的差距，免不了要引起议论，后来也有人以诺贝尔奖得主是有权势地位的，而对这样的婚姻提出严厉批评。在香港也曾经有一位出名的女性作家，以性别主义和传统文化的角度，对杨振宁和翁帆的结婚提出批判。杨振宁和翁帆还联名写了一篇短文回应，这先后的两篇文章，后来都收录到杨振宁出版的一本新书《曙光集》中。杨振宁在新加坡的一次访问中也说，他并没有做过统计，不过觉得在报纸、杂志和网络上，对于他和翁帆的结婚，百分之七八十是正面的，只有百分之一二十是负面的。

对于老年丧偶再婚这样的事，杨振宁是采取一种务实的态度。他在与翁帆结婚后曾公开说过，如果没有和翁帆结婚，他也可能和别的女士结婚。他曾经举出一个例子，那就是杨振宁认为曾经做出十分重要数学工作的19世纪英国数学家哈密顿（W. R. Hamilton），哈密顿在太太过世之后，过了相当漫长的孤独日子，甚至书页上都有饮食的污渍。杨振宁说，他不要过那样的日子。

杨振宁直到逾八旬之龄，健康情形都很好，思虑清明、眼力未衰，只有在大演讲厅里，需要助听器帮忙改善听力。过去一向有惊人记忆力的杨振宁，还是旧事新物、博闻强记，不过私下会半开玩笑地承认，过去如果有人说他会记不住事情，他绝对不信，后来开始相信了。

他和翁帆的生活，除了在外旅行，多是居家生活。翁帆过去并不长于家事烹饪，不过杨振宁对饮食不讲究，有时翁帆在家做些简单的食物，杨振宁也都很能欣赏。两人在家有时消遣会看一些电影，对许多事认知能力过人的杨振宁，对于电影中的角色关系，常会弄不明白，总要靠翁帆的解说。杨振宁也承认自己认识人的眼力，似乎比较慢。他还犯过一个错误，就是头一天见到一位知名的女作家，第二天再见面时，居然很高兴地把这位女作家称呼作另一位女作家。

翁帆的个性一如杨振宁在宣布他们订婚短信中形容的，开朗乐观，虽然她认为杨振宁很固执，做事的性子很急，但是她并不会把两人的关系推向一个僵局，有着比她年龄更成熟的历练。在物理界一向以不善于动手出名的杨振宁，也是翁帆眼中不动手的人，不过杨振宁倒是很热衷于在计算机上编制他过去生活和家庭的电影。

杨振宁也曾经说过，一个人年纪大了，对于婚姻的态度和年轻的时候会有不同，不会想要去改变你的配偶。他说和翁帆在一起后，使他更了解了像翁帆这一代中国年轻人的想法。

杨振宁的研究兴趣是物理数学方面，有时也会出个数学题目让翁帆试试。两人在外访问旅行，如果参观博物馆或美术馆，会玩一个小游戏，就是在里头参观时不讨论，出来后交换意见，看各自最喜欢哪一幅画。翁帆觉得杨振宁是一个很有意思的人，不会令她沉闷，她也十分尊敬杨振宁为人的品德。

如果是在清华大学或者香港中文大学，杨振宁每天早上都会到办公室工作，下午基本不去，也会睡一个多钟头的午觉，他在计算机网络上相当积极，一般来说电子邮件的回复相当迅速。

耄耋之龄的杨振宁，虽然也已不如过去那样奋力在物理前沿工作，但是仍然写了几篇很好的论文，发表在一流期刊。这些工作是延续他 20 世纪 60 年代所做的统计物理研究，这方面研究当年因为没有实验技术可以证实，所以到 70 年代他就不再做了。近年这方面的实验技术精进，有了许多极其美妙的新的实验，成为一个被称之为“冷原子”的热门领域，他 20 世纪 60 年代的工作也多被证实，杨振宁于是重拾旧笔，再成新篇。

杨振宁也说自己十分幸运，到了这样的年纪，还有机会和能力能够在科学前沿上工作；他说在科学历史上，这样的情形是很少见的。

搬回北京之后，杨振宁除了在清华大学高等研究院教书，更多关心广泛的教育、文化甚至政治问题，他不但经常受邀在中国各地公开演讲，也在新加坡等华人地区多次演讲。

对于中国的大学教育，杨振宁以他在美国大学教书 50 多年的经验，认为中国大学学生的平均贡献，并不低于美国的顶尖大学，这种言论与中国知识界的一种“批评才是硬道理”的潮流，似乎形成对立之势，因而有些人就批评杨振宁的看法是为了讨好中国政府。

2004 年杨振宁做了一个题为“《易经》对中华文化的影响”的演讲，他提出《易经》影响了中华文化的思维方式，也认为是造成近代科学没有在中国萌芽的重要原因之一。另外他大胆提出假设，认为《易经》的浓缩、精简和符号化精神，影响了单音汉字的发展，以及中华文化的审美观。

杨振宁的这个演讲和后来写成的文章，并没有批评《易经》和中国传统的哲学，主要还是在指出中国文化的发展是与西方走了一个不同的方向，但是同样是不符合中国近年来的某一种以西方为进步思维的影响，尤其是他说的《易经》没有演绎法，而造成中国没能发展出近代科学的观点，更引起《易经》专家和一些持科学进步论点看法人士的大力批评。

另外一回，他回答记者中国该如何创新的问题，说现在全世界都在提倡创新，他认为有四种创新：一是爱因斯坦式的创新，一是杜甫式的创新，一是比尔 · 盖茨式的创新，一是任天堂式的创新。杨振宁认为，这些创新名字是一样的，但是性质很不同。

他认为，必须注意这些性质的创新，哪些对当前社会最为重要。他说，对中国来说，比尔 · 盖茨和发明任天堂的创新，对当今中国是最需要的。他也说比起这些，得诺贝尔奖反而不是最重要。结果，报纸出来，变成杨振宁主张诺贝尔奖无用论，使他又被痛骂。

在许多世事中，他和李政道之间的纷争，也一直萦绕在心。这一本《杨振宁传——规范与对称之美》的繁体字版，早于 2002 年 11 月在台北出版，李政道当时就特别购买了相当数量的《杨振宁传》，分送中国政府高层以及一些学界人士，并附上一封信函，表示《杨振宁传》是扭曲事实，恶意攻讦。

2003 年李政道以回答《科学时报》记者提问方式，先在网络上刊布了一个他反驳《杨振宁传》的回答，到 2004 年又再加上《杨振宁传》中也引用了的李政道过去发表的文章，以及一些新的数据，集成一本小书《宇称不守恒发现之争论解谜》，由甘肃科学技术出版社出版。

2009 年底，李政道再与他多年的助手合作，由国际文化出版公司出版了一本介乎传记和口述历史之间的《诺贝尔奖中华风云——李政道传》，书中除了叙述李政道的生平和科学工作，也有大量篇幅讨论与杨振宁相关的细节。

杨振宁看到《李政道传》之后，十分不以为然，虽然有几位亲近友人都力劝他勿再回应，因为那些技术细节，外人无由分辨弄清，只会徒增反感。但是个性坚执的杨振宁，显然执念于留下一个历史记录，因此未顾劝告，在《中华读书报》发表反驳专文《关于季承的〈李政道传〉及〈宇称不守恒发现之争论解谜〉》，这篇文章后来在 2010 年 4 月号的香港《二十一世纪》双月刊亦刊出。

杨振宁在文章中说，他要响应的理由是“由于《李传》中有大量篇幅涉及我本人，以及我与李合作的细节，而所说的或则没有包括全部事实，或则根本错误，很容易造成歪曲、偏颇的印象，我不得不做回应，以正视听”。这篇文章写作严谨、引征详尽，是一篇极有价值的历史文件。

2010 年 9 月杨振宁从四川回到北京，9 月 13 日突然发生严重呕吐并发高烧，有几小时是半昏迷状态，甚至有神形分离的感觉，虽然意识还清楚，但是说的话别人却听不懂，翁帆也吓坏了。幸好住协和医院一个礼拜，就完全康复出院了。

10月底杨振宁完全康复后，转到香港沙田住处，准备停留较长时间。虽然经过一场突发急恙，杨振宁复原甚佳，气色精神如昔。谈起这次住院，说医生认为是他常年吃抑制胃酸的药，影响了身体对病菌的压制，因而造成感染。他到底是学科学的，谈起自己病中的神形分离经验，说恐怕是人脑中海马区的作用造成。他也谈到，13年前由心脏血管绕道手术的麻醉中苏醒过来，看到恢复室外的家人，当时自己不会说话，想告诉家人神志清楚，还能做微积分，就用手指在空中画了一个积分符号，但是没人能懂他画的意思。

2008年1月份，北京三联书店发行了杨振宁的一本新书《曙光集》，3月间新加坡的世界科技出版公司也发行了《曙光集》的繁体字版。《曙光集》是杨振宁1979年以后的一些文章、演讲、访问以及少数其他人来信和文章的集子。这个集子的出版，反映了杨振宁二十多年来关心的科学与科学以外的问题，他自己生活的重心，以及他对自己科学历史地位的一种评价。整体来说，其重要性和代表性比起他以前出版过的《读书教学四十年》和《读书教学再十年》来得更高。

《曙光集》中除了有文章谈论一些著名的大科学家，也有文章是关于与他合作的科学家，譬如谈与他共同做出“杨–米尔斯理论”的米尔斯过分谦抑而未得应有评价，以及和他有长久友谊的黄昆、邓稼先和熊秉明。这些人都有一个似乎特别吸引杨振宁的特质，综合起来讲，可以用杨振宁过去的一句话来形容，就是“宁拙毋巧”。文章中显现杨振宁对于这些朋友的深厚感情，对于他们为人处世风格的深刻欣赏，也展现了杨振宁自己对于人生的一种评价和标准。

在《曙光集》的前言中，杨振宁说明了他以《曙光集》作为这个集子名称的道理。杨振宁提到鲁迅1918年给钱玄同的一封信，王国维的自沉颐和园留下的遗嘱以及陈寅恪的文章，显现出当时知识分子对于国家处境的一种悲观想法。他的前言中写道，鲁迅、王国维和陈寅恪的时代是中华民族史上的一个长夜，而他自己就成长于这个看似无止境的长夜中。

他继续写道，“幸运地，中华民族终于走完了这个长夜，看见了曙光。我今年 85 岁，看不到天大亮了。翁帆答应替我看到……”这个集子的许多编辑和翻译工作，也正是翁帆做的。

2018 年杨振宁再出版了一个文章集子《晨曦集》，他在书的前言写道，10 年前出版的《曙光集》，是因回顾自己经历过的鲁迅、王国维和陈寅恪的时代，那段时间有如中华民族历史上的一个长夜，他认为中华民族走过长夜，已看见了曙光。当时觉得改革开放 30 年，才迎来了曙光，天色大亮恐怕还要 30 年。他说，没想到 10 年时间，国内与世界都有惊人的巨变，虽然天还没有大亮，但是曙光已转为晨曦，因此新书就用了《晨曦集》的书名。

《晨曦集》中收录有杨振宁自己的八篇文章，虽然不到全书一半篇幅，但是其中几篇文章反映的是杨振宁对物理科学的一种价值视野，在科学历史上有重要代表意义，值得特别一提。

《晨曦集》中的头一篇文章《20 世纪物理学的三个主旋律：量子化、对称性、相位因子》，是 2002 年杨振宁在巴黎国际理论物理学会议所做的报告，这篇文章彰显杨振宁一贯思维中透视近代物理学“对称决定交互作用”的观念。文章之后还收录了 2007 年所写的文章附记，提出他对于 21 世纪理论物理学的主旋律的一些想法。他在附记中写道：“由于人类面临大量的问题，21 世纪物理学很可能被各种应用问题主导，这些当然非常非常重要，但是与 20 世纪的主旋律相比较，它将缺乏诗意和哲学的质量。”清楚展现着杨振宁对于物理科学的一种欣赏品位。

《晨曦集》的第二篇文章《菩萨、量子数与陈氏级》与第三篇文章《麦克斯韦方程和规范理论的观念起源》，阐明的是杨振宁一生最重要工作“杨-米尔斯规范理论”的概念源起，也意在言外展现了他对于物理概念数学完美性的偏好，甚有深意。

《晨曦集》中另外也收录了《物理学的未来——追忆麻省理工学院百年校庆时对物理学的未来的讨论》，主体是2015年杨振宁在新加坡“杨-米尔斯规范理论60年”会议上所发表的《物理学的未来：重新思考》一文，因为文末还加上了当年费曼与杨振宁在麻省理工学院发言的两个附录，因此用了一个更为统合性的文章题目。

杨振宁的“物理学的未来”文章，是1961年他在麻省理工学院百年校庆一个小型座谈会上的发言，参加那个以“物理学的未来”为主题座谈会的有四位物理学家，分别是考克饶夫、帕尔斯、费曼和杨振宁。柯考夫特和佩尔斯当时年过六旬，都是有重要贡献的物理学家，最年轻的杨振宁39岁，费曼长他4岁。

杨振宁在座谈会上是第三个发言，他所讲的“物理学的未来”内容，展现出年轻杨振宁很早便有的一种对于物理学的评价视野，54年后他再续“物理学的未来”前章，重新谈论他对于物理科学未来的展望，更有其特殊的时代意义。

就如同1961年杨振宁在“物理学的未来”中所说，20世纪前半叶物理科学的发展，宛如一首英雄史诗，在物理学领域不但有扩展我们物理知识的重大发现，还经验到不止一个、不止两个，而是三个物理概念的革命性变化，那就是狭义相对论、广义相对论以及量子理论。

但是杨振宁却很清楚地指出来，20世纪第二次世界大战后的物理科学理论发展，“由可观察经验向着非物理范畴经验的延伸解析”和“以外推探究无可探知领域的化约齐一性”，都在一起步便遭遇了困难。这些困难，其实也包括了他自己与米尔斯在1954年所探讨的规范对称性工作。虽说他当年所提出的这个数学探讨解析，对于往后基本粒子物理理论的对称结构数学发展，带来了巨大的突破贡献，但是杨振宁却直观地意识到其中的不周全性，这也正反映在1954年他面对泡利质疑时的回答态度之上。

1961年杨振宁在“物理学的未来”文中，虽然提出那些年中物理科学实验操作层面的大幅进展，也给其他科学带来影响，但是他却清楚地指出，物理科学实验探究能力的扩大，以及对于其他科学带来的影响，并不是物理科学最重要的价值。杨振宁展现他对于物理科学价值的关键字句便是：“物理科学能成为一个独特智力成就，主要在于一些概念形成的可能性。”

杨振宁再指出，“一个实验的结果要有意义，概念必须建构在我们直接感受的经验和实验实际运作的每一个层次”，实际上直接指明了当时所谓的实验证据的瑕疵盲点。大物理学家维格勒说，探究当时的物理理论，概念上至少要穿透四个层次；杨振宁借维格勒此说点出当时要拟想一个更深入、完整的物理理论体系结构，将面临巨大的困境。

接着杨振宁清楚地说明了他对物理科学的信念：“在此物理学家面对了困境，那就是物理学家的最终判断在现实中。物理学家不同于数学家或是艺术家，不能凭借自由想象去创造新的概念、建构新的理论。”

其后杨振宁再借助一些例子，说明人类进行实验设计时受制于先天概念选择的盲点，以及人类构思宇宙自然问题所面对的智能极限挑战，总结他对于物理学未来发展的一种审慎持疑看法。

1961 年麻省理工学院座谈会上接着杨振宁在最后发言的费曼，以他一贯风格的一种善于言辞的表达方式，做了较长论述。简单来说，费曼对于杨振宁的持疑审慎不表赞同，认为任何时代都有困难，但应有勇气。他甚至以一千年尺度来做回溯与前瞻，提出一种乐观态度看待物理学的未来，认为可能会有最终的答案。

2015 年杨振宁在新加坡发表的《物理学的未来：重新思考》，虽说是一篇很短的文章，却是杨振宁物理科学信念的再次清楚阐释，未来将会是物理科学历史中一个极为重要的文献。文章中杨振宁简单重述了当年他自己与费曼的论点要旨，也很直接针对当年提出也许物理科学很快会有终极解决的费曼观点，提出质疑。

杨振宁在文章中说：“费曼是与我同世代一位具有了不起直观的物理学家。看他的这些文句，我好奇的是：（一）1961 年他脑中想的最终答案是什么形式，而（二）他在晚年是否依然有那样乐观的看法。”

杨振宁接着列出了过去50多年物理科学上一些重要的发展，包括一个特殊的对称破缺模型、电弱理论、非交换规范理论的重整化、渐近自由和量色动力学、2012年希格斯粒子戏剧性的实验发现以及一个可运作的标准模型和一个 SU(3) × SU(2) × U(1) 规范场等。

杨振宁说，1961年以后的50多年，在物理概念上更上了一个层次。接着他以一连串的自问自答方式说，是不是有更多的物理概念层次，比我们现在所达到的层次更深一层？我相信有，且有很多。我们何时可能达到下一个层次？如果有可能，我相信也是在遥远的将来。

接着他说，为什么你如此悲观？我不是悲观，我只是实事求是。

2015年7月底在北京，我曾经以他当年那篇先谕式的文章，以及1961年他的看法与费曼十分乐观看法的差异，就教于他。杨振宁的回答是："我在1961年对物理学前途的态度与费曼面对物理学前途的态度，基本反映了两个不同文化背景对物理学前途的认识。我是从中国传统儒家'吾日三省吾身'的教训下引导出来的一种世界观，他是美国文化的世界观。"

在杨振宁十分含蓄的说法中，隐含着一个文化差异性的根本问题。其实看1961年费曼在发言中说的，"科学研究的精神不一定会再度萌生，因为科学精神主要是靠北半球的先进国家在发扬，不是普遍存在于世界各地"，便可以清楚看出来，近代科学与西方文化依违相生的深远关联。

2015年，因为协助《环球科学》制作爱因斯坦广义相对论100年的专题，我与杨振宁做了一次访谈。我特别以他1961年文章所说人类有限智慧探究无穷宇宙的困境，与爱因斯坦所说"我只知道两个事情是无限的，一个是宇宙，另一个是人类的愚昧，我对前一个还不能确定"的说法相提并论，也问他现在物理科学的一些新理论虽说数学推演很好，在物理上却面临是否可以运作的问题，我在提问中说，这既是一个终极的哲学问题，也是一个科学问题。

杨振宁当时回答说："不错。像超弦论，它已有了极重要的数学影响，但是否与物理现象有关还是未知数。另外，我对超对称不那么乐观。有两个原因。第一，一个数学的东西如果被基本物理学采用，就一定是很妙的数学，这有过去很多的例子。可是超对称的数学不是最妙的，所以我猜想不是基本物理的基石。关于这一点我在 1979 年的一次纪念爱因斯坦诞生百周年讨论会上就讨论过。另外，它搞了好几十年，还没有任何与实验相关的结果，所以我对它的未来表示怀疑。"

对于物理科学的价值评断，当然也影响着杨振宁对一些科学计划的态度，其中最显著的例子便是中国近年是否应建造高能量超大加速器的争议。因此《晨曦集》中也收录了 2017 年他在微信公众号"知识分子"上发表的文章《中国今天不宜建造超大对撞机》。

杨振宁这篇文章虽说不长，但是论述却十分清楚。他举出超大加速器过去的发展争议，未来超大加速器的必然耗费不赀，中国人均 GDP 还只是发展中国家以及将排挤其他基础科学经费的几个理由，作为他的反对依据。

他也说虽然过去 70 年高能物理有许多进展，却没有解决引力场及其与质量的根本问题，他认为物理学家希望以建超大加速器来解决一些问题的想法，是不切实际的猜想，不会有成果，而且高能物理建成超大加速器，对于人类的短期到中长期生活都不会有好处，而且以目前高能物理中的人才比例，这个烧大钱的计划既不能自我主导，纵能得到诺贝尔奖也将外落他人。

不出意外的，在中国近年一片热衷于搞大型科学计划的风潮中，杨振宁的逆势而行，遭到了不少的批评甚至怨恨。其实杨振宁对于高能物理的看法，非始于今，在《晨曦集》中就收录了 1972 年杨振宁第二次访问中国一次座谈会的记录《关于大加速器的座谈》，在那个座谈会上杨振宁独排众议，不赞成中国在那个时候建造高能量的加速器、全力发展高能物理实验研究的计划，而这个座谈会的记录，后来在中国科学界有一个"杨振宁舌战群儒"的名称。

经过近半个世纪，中国经济突飞猛进，早非昔日景况，为什么杨振宁依然不改初衷，还是以当年中国经济才起步，投资建大加速器非当务之急的理由反对其事，这当然要引起许多高能物理学家的大不满意。

如果探究杨振宁反对其事的道理便可以知道，杨振宁看似顽固的反对，实出自他对于物理科学价值的一贯思维。近几十年高能物理虽说得到了不少成就，甚至是得到了诺贝尔奖的肯定，但是整体来说，都不是杨振宁认为的有了物理科学最重要的“建构出一个认知宇宙的新概念”，多只是拼凑补缀，因此他不赞成中国以庞大经费去搞超大加速器。

2017 年中国物理学界因是否建造超大加速器引起辩论争吵时，有一份文件公之于众，那个文件是杨振宁与著名的物理学家黄克孙的一段访谈记录。黄克孙是美国麻省理工学院的一位理论物理学家，他在统计物理方面有极为杰出的贡献，曾经与杨振宁合写论文，也英译了中国的《易经》，还把波斯诗人海亚姆的《鲁拜集》译为七言古诗，文采出众。

2000 年黄克孙在香港中文大学做访问学者，曾经和杨振宁有过长时间访谈，访谈中的一段记录，收录在《晨曦集》之中，名之为“‘盛宴已经结束！’——高能物理的未来”。这个约九个问答的短文之所以用了“盛宴已经结束！”作题目，其中有个缘由，因为在这个短文中，杨振宁说出了他 1980 年在一个座谈会上发言的真相。

1980 年美国弗吉尼亚理工学院举行一个高能物理的研讨会，那个研讨会是美国著名物理学家马沙克组织召开的，为的是他十分仰慕的中国物理学家周光召到弗吉尼亚理工学院来做访问研究。周光召是中国非常杰出的物理学家，年轻时在中国造原子弹计划中做出过极重要的贡献，为人称道，后来也担任了中国科学院院长。

在研讨会的最后有一个小组讨论会，主题是高能物理的未来，参与小组讨论的成员有 10 位，马沙克之外，有李政道、温伯格、格拉肖、佩尔、南部阳一郎等几位当时与后来的诺贝尔奖得主，另外有周光召、土耳其杰出物理学家居尔塞伊（Feza Gursey）以及几位欧洲物理学家，当时与会的杨振宁也受邀参与讨论会，不过他以没有许多话要说而拒绝了。

小组会讨论的重点，是前两年才得到诺贝尔奖的温伯格和格拉肖的理论推测会不会有实验证据上的发现，小组会上有些人认为终会有发现，另一派则说不会有结果，但是大部分都认同不被发现比较好。

讨论了近一个小时到尾声时，小组会成员也希望听杨振宁的意见，杨振宁依然拒绝，后来在马沙克持续坚持以及同意了杨振宁要求不公开他说法的条件下，杨振宁才说出他真实的意见。

杨振宁当时的说法是，“在未来的十年，我估计高能物理界上最大的发现就是：‘高能物理的盛宴就要完结了。’”杨振宁说完全场一片寂静，没有人说出一句话，马沙克随即宣布休会。

由于杨振宁在发言前曾提出不公开他说法的但书，因此后来不但马沙克没有公开此事，杨振宁自己在提起此事时，也只用了“盛宴已经结束了”（The party is over）一语带过。（参见本书第十三章《追求科学美感的独行者》）

在《晨曦集》收录的《“盛宴已经结束!”——高能物理的未来》短文之后，还有一个附记，注明是2017年杨振宁写下的。杨振宁在附记开头就写道，“我今天仍然认为我那句话‘The party is over’是正确的。”因为1980年之后所有高能物理的发现与发展，其理论基础都源于1980年以前。他接着提问说，为什么1980年之后理论物理没有重要发展呢？他说在科学历史上，力学、热力学、电磁学、量子力学理论的发展几乎都起源于实验。可是到了1980年左右，由于实验设置已变得极大，高能实验物理变成了大计划、大预算，失去了由小实验探索自然奥秘的精神与感受，高能物理也因此失去了实验结果所带来的启发。

杨振宁最后特别引用1962年他写的一本英文小书《基本粒子》

（*Elementary Particles*）中的几段文句："必须的朝向巨大的趋向是不幸的，因为它阻窒了自由与自发性的动念。它让研究变得较不亲历直接，较少有启发性也较少可控性。但是这却是现实中无可奈何的选择。尽管面对着物理设置、探测器以及实验规模的巨大化，但是让我们抱持着勇气，因为所有这些实验还是建基于有着相同样的简明、亲近直接和可控性的物理概念之上，而那些物理概念也一直带来了令人振奋与启发性的研究。"

《晨曦集》中杨振宁另外收录的一篇文章，也值得讨论，那就是《伯恩斯坦的独白》。这篇文章题目中的伯恩斯坦是一位有犹太血统的理论物理学家，哈佛大学毕业，文笔很好，常在纽约著名的《纽约客》杂志写文章，也出版了许多本书，可说著作等身。他在纽约地区教书研究，与杨振宁、李政道都认识，后来杨振宁与李政道友谊破裂感情交恶，一般认为伯恩斯坦在《纽约客》杂志上写的一篇文章《宇称的问题》正是肇因之一。（参见本书第七章《分合李政道》）

《伯恩斯坦的独白》是杨振宁写的一篇英文文章的中译，英文原文刊登在物理期刊《近代物理通讯 A》（*Modern Physics Letter A*），杨振宁之所以会写这篇文章，是因为伯恩斯坦 2017 年在网上流传了一篇关于他 1962 年在《纽约客》杂志写那篇文章的独白，独白中伯恩斯坦为自己的卷入杨、李之争感觉无辜，说他只是写了一篇传略，却遭到指责。

伯恩斯坦在独白中写了一段话，"开始合作时，李还是个年轻的晚辈，杨年龄稍长而且来自中国不同的社会阶层。在合作过程中，我想，点子大多是李先提出的，荣誉大部分归杨"。这大概也是杨振宁一定要回应的道理。

杨振宁在文中先引述了伯恩斯坦的大半独白，然后他评论伯恩斯坦的独白是老年时的自白。认为"他相当含混，把不同时期的真实事件和凭空想象黏接在了一起"。

杨振宁指出虽然伯恩斯坦在独白中自承内疚，认为对杨、李决裂负有一定责任，但是却没有认识到科学合作虽建立在合作者各自的才具之上，但是合作的成功却需要信任与体谅，任何对于成功合作私密性的刺探公开，都可能造成很强的破坏性。

杨振宁特别以英国两位极具实力的数学家哈代（G. H. Hardy）和利特尔伍德（J. E. Littlewood）为例，说这两个人性格迥异，研究风格也不同，却能够在近 30 年的合作中做出亮眼的数学成果。杨振宁特别引用了替哈代的一本小书《一个数学家的辩白》写了前言的斯诺的话，说哈代虽然和他谈论许多的事，却从来没有和他谈论与利特尔伍德的合作关系。

杨振宁最后结尾说："我想，如果这段话写在 1962 年以前，如果伯恩斯坦读过这段话并且深刻领悟到哈代和利特尔伍德的智慧，不知他是否会意识到自己不应该介入成功的李—杨的合作？"

杨振宁与李政道曾经令人"既羡又妒"的合作，最后以感情交恶决裂收场，无疑是物理科学历史中的一件憾事。2002 年《杨振宁传》出版之后，我曾经写过一篇文章《他们为什么要吵架》，发表在《中国时报》上。文章的最后一段文字是："我曾经问人，也曾经自问，如果换作是我们，会为这样的事争吵吗？许多人认为他们不应该为这样的事再争吵，但是我们不都曾经为更小的事和亲人、朋友争吵吗？那么，这两个坚持追求知识真理、个性又强人一截的人物，怎么会不为这个攸关他们历史地位的事而争吵呢？"我最后写道："他们为什么不能吵，让他们吵吧！"因为他们虽是杰出的科学家，但是再杰出的科学家也还是有七情六欲的凡人，不会是圣徒。

近八年来杨振宁因年过九旬，活动难免受到一些影响而减少许多，但还是在中国出席一些特别重要的学术活动，只是发表公开演讲多是坐着，偶尔也会由清华大学校园内的住处到香港新居小住。2015 年他曾经到中国台湾接受台湾大学颁赠的荣誉学位，也到新加坡出席"杨–米尔斯规范理论 60 年"会议，并发表演讲。2017 年清华大学曾举办杨振宁 95 岁诞辰以及他创办的清华高等研究院 20 周年讨论会，也有小规模的庆祝宴会，参加的多是学术近人与挚友。

杨振宁虽说走长路脚力大不如前，但是如无他事，晨间多还是由住家坐车到五分钟车程的办公室，偶尔下午也去处理文件或与来访宾客见面谈话，大体来说身体不错，偶有些小恙会到医院看诊治疗。2017 年媒体报道了杨振宁放弃美国国籍的消息，引起热议。其实他是 2015 年就正式申请放弃了美国国籍，在那之前他因在香港中文大学任讲座教授多年，香港回归后也早已成为香港特别行政区的居民。

已届九八高龄的杨振宁，平日居家生活正常，与太太翁帆互动很好。翁帆除平日生活，也会陪同杨振宁出外访问。2018 年她也与杨振宁和由美国来访的三个子女同游三峡大坝并且留影。翁帆七年前开始在清华大学艺术研究所攻读西方艺术史的博士学位，2019 年 7 月完成论文毕业，另外她在偶然机缘下参加了清华大学的西洋剑社团，学习西洋剑运动。

2018 年出版的《晨曦集》，翁帆在书的最后写下一个很短也很好的后记。翁帆在后记中写道："《晨曦集》的出版又值先生 95 岁寿诞。先生常说他的一生非常非常幸运。与先生在一起十几年，渐渐明白了，一个如此幸运的人，他关心的必然是超越个人的事情。同样，一个如此幸运的人，自然是率真、正直、无私的，因为他从来不需要为自己计较得失。"

"他本可以简单地做一位居于科学金字塔顶端的活神仙，可是他对国家民族的责任感，让他义无反顾地坚持他认为重要的事情。"

"先生很喜欢《晨曦集》这个名字，因为它寄托了先生一生的期望。"

江才健

2020 年 7 月 22 日

/ 附录一 /

杨振宁致吴大猷信函

(A89a) TD

附件(一)

大猷师：

谢谢您寄下的《在台工作回忆》，是吾师三十年在台工作的总结，读後感慨甚多。

1967年以来吾师在台不愉快的事，自书中多处可以看到。今日公诸於世也好。大公無私，直言不讳的精神是会受到有识者的敬仰的。

关於马仕俊师的剪报我是第一次看到。

多年来知道吾师极关怀政道与我1962年决裂的事，因为我严格遵守"君子交恶，不出恶声"的原则，始终没有向吾师与吴太太谈及详情。今日简要地谈一下：

I。1962年以前与以後我一直不同任何人谈李与我的关係，除了和我父母弟妹和两位家庭朋友以外。这是我的原则。政道则四处乱讲，说我与他在粒子方面的工作主要是他带头的，等等。我虽多次听到关於他这种胡说的谣言，並没有改变自己的原则，直到1979年。那年夏天我大猷师：

谢谢您寄下的《在台工作回忆》，是吾师30年在台工作的总结，读后感慨甚多。

1967年以来吾师在台不愉快的事，自书中多处可以看到。今日公之于世也好。大公无私，直言不讳的精神是会受到有识者的敬仰的。

关于马仕俊师的剪报我是第一次看到。

多年来知道吾师极关怀政道与我1962年决裂的事，因为我严格遵守“君子交恶，不出恶声”的原则，始终没有向吾师与吴太太谈及详情。今日简要地谈一下：

Ⅰ. 1962年以前与以后我一直不同任何人谈李与我的关系，除了和我父母弟妹和两位家庭朋友以外。这是我的原则。政道则四处乱讲，说我与他在粒子方面的工作主要是他带领的，等等。我虽多次听到关于他这种胡说的谣言，并没有改变自己的原则，直到1979年。那年夏天我偶然看到李1970年的文章《History of Weak Interactions》（翻印在李《Selected Papers》中），才了解到谣言并非全无根据，才了解到他背后怎样在歪曲我和他的关系。震惊之余我才决定写出真相，这是1983年我的《Selected Papers》第30页脚注的背景。

Ⅱ. 1983年以后我仍然避免谈李和我的关系，可是政道却继续乱讲。近年来他发表了几篇文章，包括：《Broken Parity》在T. D. Lee《Selected Papers》（1987）中；《Reminiscences》在《Thirty Years Since Parity Nonconservation》中（Birkhauser 1988）。

在这些文章中他主要讲的是：

（a）他和我的关系自1946年始即是平等合作的。

（b）关于Parity的文章（1956）主要是他起头的。

关于（a）点：1946年至1949年我把他当弟弟待。我指点他学场论，学群论，学统计力学，还直接影响了他处世做人的方法与态度。以后我尽力帮他的career：他1949年至1950年在Williams Bay

与 Chandrasekhar 吵翻了，我介绍他去 Berkeley；次年他在 Berkeley 不快活，我介绍他来 Institute，才开始了他在基本粒子方面的 career；1960 年我力主请他做了 Institute 的教授。至于他的研究工作：1948 年底 Rosenbluth 和我在合作关于 Meson Interaction 的文章，那时李还没有写过任何一篇文章，只因为他时常来我的办公室，所以我把他的名字加了上去。那是他生平第一篇文章，也是他 1953 年以前唯一的一篇粒子物理的文章。他今天竟说这篇文章是我们三人平等合作的。1948 年以来我们长期合作的许多文章，不论是粒子方面或统计力学方面的，90%是我起的头，我做的主要突破，我执笔写的文章，包括 Parity 文章在内。

关于（b）点：parity 一文（1956 年）的起源我已于我的《Selected Papers》第 24 页至 37 页有详细的描述：Parity 文中的 reference7 是 Yang and Tiomno（1950 年）的文章，是引入 C 与 C′ 十个 Couplings 之 idea 的来源。该 1950 年的文章，与我 1948 年 Ph.D. 论文，与 1954 年 Snow, Sternheimer and Yang 的 Parity 文章是 1956 年 Parity 文章的起源观念的背景。那时大家都在讨论 θ—τ 谜，可是只有我集此诸背景于一身，所以有了 Parity Nonconservation in Weak Interactions 的观念。（见我的《Selected Papers》第 24 页至 37 页。）

政道今日说 Budde et al. 1956 年（Schewartz 是主要合作者）的一文才是 Parity idea 的起始，是他（李）介绍给 Schwartz 的。（这是他 60 生日会上他所打出的一张王牌。）如果此说能成立，为什么 1956 年我们的 Parity 文一字未提 Schwartz？为什么 1957 年我的与李的 Nobel Speeches 都一字未提 Schwartz？为什么李的 1970 年《History of WeakInteractions》仍一字未提 Schwartz？

Ⅲ. 政道和我的关系在我的《Selected Papers》第 53 页至 54 页有浓缩了的、感情丰富的描述，请吾师参考。大体讲来我们的关系可分四个阶段：

第一阶段（1946—1951 年）：我是他的长兄，是他的老师。

第二阶段（1951—1957 年）：我引导他进入统计力学与对称原理的研究。在这段时间内我们亲如兄弟，合作无间。我知道他不愿被别人认为是我的副手，所以“Keenly aware that he had to get out of my shadow, I bent over backward to attempt to help him in his career while maintaining strict public silence about the nature of our partnership.”（我的选集，第 54 页。）

第三阶段（1957—1962 年）：我们成了名以后，政道内心起了恐惧。他自知对 Parity 工作贡献很小，极怕世人会说他其实不应得诺贝尔奖。这种恐惧与他的强烈的竞争心交织在一起，腐蚀了他的人品。下面一个例子是我永远不会忘记的，显示了我们的复杂心理：

1957 年去瑞典领奖前我们每人写了一份短短的自传（附上复本），这是奖金委员会循例要我们写的。我们交换看了稿子。使我十分惊讶的是政道的稿子中完全没有提到您和 Fermi。我的直觉反应是我要告诉他这样十分不妥，可是继而一想，我了解到他没有写的原因：他受到我的影响远比他受到您或 Fermi 的影响为多，而他不能（is incapable of）公开讲出来我对他的影响。我知道这是他最敏感、最痛苦的地方，所以就没有向他提了。

第四阶段（1962 年至今天）：这阶段里，为了保护他自己（？），为了蒙混世人（？），政道到处散布谣言，前面已经提到过了。

Ⅳ. 政道是一个极聪明的物理学家，吸收能力强，工作十分努力。可是洞察力（Insight）与数学能力（Mathematical Power）略逊一筹，所以 1962 年以后文章虽写得很多，没有什么特别重要的，没有大影响。越是这样，他的恐惧心病就越厉害，这是一个大悲剧。

Ⅴ. 政道和我的合作，和我们的决裂，都是我一生的大事。我对政道有没有做过不道德的事呢？有没有做过错误的事呢？

关于前者：没有。绝对没有。我们决裂以前，我虽然同我父亲母亲在欧洲见过三次，可是我从来没有向他们提起政道和我的关系。决裂以后，于 1962 年秋我写信给我父亲向他交代政道和我决裂的情形时，只说政道和我的关系的发展很复杂，不是一时能讲清楚的，可是我可以向父亲报告的是 1946 年至 1962 年 16 年间我从来没有做过任何对不起政道的事。今天我可以向吾师报告的是 1962 年以来 27 年间我仍然保持了这个纪录。

关于后者：我做过大错事：如果 1956 年 Parity 文章我写了以后，把作者签为 Yang and Lee，就不会发生后来的悲剧。

这封信会给您带来不快甚至痛苦，请原谅。即问

夏安

生振宁上

1989 年 7 月 7 日

/ 附录二 /

吴大猷致杨振宁信函

中央研究院
ACADEMIA SINICA
TAIPEI 115, TAIWAN
THE REPUBLIC OF CHINA

CABLE ADDRESS: SINACADEMY

振寧：

今天讀來信，確是一個多年來我不願意正視的，而所謂多多少少有了一個pathetic的sad story。我並沒有「驚訝」，沒有「完全未想到」的感覺。你說有些是我已知道、已感覺到的，而我不願意「確定」的，現在你說出來了，是我難過的。

總之，整件事是一樁不幸的事。我想truth是不能永遠掩蓋着的。所以我希望大家都不用去替人而爭，而讓truth慢慢的展現出來。

* * *

原信另有三段（從略）

1987.7.14

振宁：

今天读来信，确是一个多年来我不愿真正追探，而心里多多少少有了一个 picture 的 sad story。我并没有“惊讶”，没有“完全未想到”的感觉。你说的，有些是我已知道，已感觉到的而我不愿去“确定”的。现在你说出来了，是我难过的。

总之，整件事是一极不幸的事，我想truth是不能永远掩盖着的，所以我希望大家都不再在世人前争，而让 truth 慢慢地展现出来。

……

（注：原信下另有三段谈他事，略去。）

大猷，July 14, 1989

/ 附录三 /

杨振宁先生简历

生日：1922 年 10 月 1 日　　　出生地：中国安徽合肥

经　历：

1948—1949　芝加哥大学讲师

1949—1955　普林斯顿高等研究院研究员

1955—1966　普林斯顿高等研究院正教授

1966—1999　纽约州立大学石溪分校爱因斯坦讲座教授

1966—1999　纽约州立大学石溪分校理论物理研究所主任

1986—　香港中文大学博文讲座教授

1993—1998　香港中文大学数学研究所主任

1998—　清华大学教授

1999—　纽约州立大学石溪分校荣休教授

奖　项：

1957　Nobel Prize（诺贝尔奖）

1980　Rumford Premium（拉姆福德奖）

1986	National Medal of Science（美国国家科学奖）
1993	Benjamin Franklin Medal（富兰克林奖）
1994	Bower Award（鲍尔奖）
1996	N. Bogoliubov Prize（博戈柳博夫奖）
1999	Lars Onsager Prize（昂萨格奖）
2001	King Faisal International Prize（费萨尔国王国际奖）

荣誉学位：

1958	Princeton University（美国普林斯顿大学）
1965	Brooklyn Polytechnic Institute（美国布鲁克林理工学院）
1974	University of Wroclaw, Poland（波兰弗罗茨瓦夫大学）
1975	Gustavus Adolphus College, Minnesota（美国古斯塔夫阿道夫学院）
1979	University of Maryland（美国马里兰大学）
1979	University of Durham, England（英国杜翰大学）
1984	Fudan University, China（中国复旦大学）
1987	Eidg. Technische Hochschule (ETH, Switzerland)（瑞士苏黎世联邦理工学院）
1992	Moscow State University（俄罗斯莫斯科大学）
1995	Drexel University（美国德雷塞尔大学）
1996	Tsing Hua University, Taiwan（新竹清华大学）
1996	Chiao Tung University, Taiwan（台湾交通大学）
1997	Chinese University, Hong Kong（香港中文大学）
1998	University of Michigan（美国密歇根大学）
1999	State University of New York, Stony Brook（美国纽约州立大学石溪分校）
1999	Washington College（美国华盛顿学院）

1999	Baptist University, Hong Kong（香港浸会大学）
2000	Chung-Cheng University, Taiwan（台湾中正大学）
2002	Hong Kong University of Science and Technology（香港科技大学）
2015	National Taiwan University, Taiwan（台湾大学）
2015	University of Macau（澳门大学）

主　席：

1965	Panel of Theoretical Physics, Physics Survey Committee, National Academy of Sciences（美国国家科学院，物理委员会，理论物理组）
1972—1976	Div. of Particles and Fields of the International Union of Pure and Applied Physics（国际纯粹和应用物理联合会，粒子物理和场论组）
1970—1971	Div. of Particles and Fields of the American Physical Society（美国物理学会，粒子物理和场论组）
1980—1983	Fachbeirat of the Max Planck Institute of Physics, Munich（德国马克斯·普朗克研究院）

会　长：

1977—1980	National Association of Chinese Americans (NACA)（全美华人协会）
1989—1994	Association of Asia Pacific Physical Societies（亚太物理学会）
1996—2001	Asia Pacific Center of Theoretical Physics (APCTP)（亚太理论物理中心，总裁）

会　员：

1963—　Governing Council of the Courant Inst. of Mathematical Science（库兰特数学科学研究所评议会）

1966—1971　Science Advisory Committee of IBM（IBM 科学咨议委员会）

1968—1970　High Energy Physics Advisory Panel (HEPAP)（高能物理咨议委员会）

1970—1976　Board of Trustees of Rockefeller University（洛克菲勒大学董事会）

1962—1978　Woods Hole Oceanographic Institution（伍兹霍尔海洋研究所）

1981—　Board of Trustees of Ben Gurion University(以色列本·古里安大学大学董事会）

1975—1979　Board of Directors of the AAAS（美国科学促进会理事会）

1978—1989　Board of Trustees of the Salk Institute（美国索尔克研究院董事会）

1983—1988　Board of Directors of the Neuroscience Institute（美国神经科学研究院理事会）

1983—1990　Board of Directors of the Scientific American Inc.（科学美国人杂志理事会）

1990—　Council of Scholars The Library of Congress（美国国会图书馆学者评议会）

1981—1999　Board of Trustees, Stony Brook Foundation（石溪基金会董事会）

1998—1999　Board of Trustees, Brookhaven Science Associates（布鲁克海文科学联合会董事会）

讲　座：

Gibbs Lecturer, American Mathematical Society

（美国数学学会吉布斯讲座）

Loeb Lecturer, Harvard University (1957, 1972 and 1997)

（美国哈佛大学洛布讲座）

Vanuxem Lecturer, Princeton University

（美国普林斯顿大学瓦尼克桑讲座）

Lincoln Lecturer, Bd. of Foreign Scholars (Fulbright Bd.) of the State Dept.

（美国国务院富布赖特外国学者林肯讲座）

Pauli Lecturer, ETH, Zurich（瑞士苏黎世联邦理工学院泡利讲座）

Courant Lecturer, New York University（美国纽约大学库兰特讲座）

Fermi Lecturer, Scuola Normale Superiore, Pisa

（意大利比萨高等师范学院费米讲座）

Oppenheimer Memorial Lecturer, Los Alamos

（洛斯阿拉莫斯奥本海默纪念讲座）

Lorentz Professor, Leiden（荷兰莱顿大学劳伦斯讲座）

Klein Memorial Lectures, Stockholm

（瑞典斯德哥尔摩克兰纪念讲座）

Ta-You Wu Lecturer, University of Michigan

（美国密歇根大学吴大猷讲座）

Goudsmit Lecturer, University of Michigan

（美国密歇根大学古德斯米特讲座）

Wu-Zhi Yang Lecturer, Fudan University, Shanghai

（上海复旦大学杨武之讲座）

Primakoff Lecturer, APS

（美国物理学会普马柯夫讲座）

Oppenheimer Lecture, Berkeley

（美国加州大学伯克利分校奥本海默讲座）

/ 索引 /

C

D

E

F

G

H

J

K

L

M

N

P

Q

R

S

T

W

Z